仙台藩家臣録

第三巻

監修　佐々　久
編著　相原陽三

東洋書院

例言

佐々久

仙台藩―徳川初期の武士の俸禄

伊達政宗以前の主君たちは主な家臣には石高を定めず、「宇田庄・上長井庄・下永井庄・道秀在家二ヶ所、納五ヶ所・棟役・田銭共ニ」（天文廿二年正月十七日御判物―三九の6小々高氏宛）「伊達郡六丁目被下置候」（三九22堀野氏）などとあるように大まかに土地を、村や小字で丸ごと与えて領有させた。

伊達氏の領土が最大になったのは政宗が会津の芦名氏を攻略した天正十七年（一五八九）六月である。政宗は旧例に倣って白石若狭には安積郡塩松三三郷、伊達成実には安達三三郷を与え、其他の家臣や一族にも大まかな村郷単位で領地を与えた。留守政景は旧により宮城黒川の旧領を、亘理氏には亘理郡の大部分と伊具郡の東辺の旧領を認めていた。

翌十八年（一五九〇）五月政宗は小田原に至り秀吉に謁し会津・安積・岩瀬を取り上げられた。この地には蒲生氏郷が八〇万石で封ぜられた。八月秀吉は葛西・大崎両氏の地を没収し木村吉清に与えた。かつ秀吉は浅野長政・石田三成・大谷吉隆に命じて奥州を検地させた。

十月木村氏の施政よろしからず、葛西・大崎一揆がおこり、政宗は一揆と通じたと疑がわれ、葛西・大崎の地を与えられて伊達領の南半、鎌倉以来のゆかりの地である置賜郡、伊達、信夫、安達、刈田の地を没収され、北に移された。没収されたこの地は氏郷の歿後その領地と共に百二十万石として上杉景勝の領地とされた。政宗はその以北と葛西・大崎領を合せて約五十万石の地を与えられた。

会津を合せたとき政宗の領地は約百五十万石であった。それが十九年（一五九一）には約五十万石とされた。即ち三分の一の領地となった。

会津から米沢へかへり、そして岩出山へと城を移したが、政宗は秀吉の側近におかれ、伏見にあって、家康、景勝、前田利家等の先輩と共に虚勢を張った生活をせねばならず、財政的に苦しかったと見られる。

東北の領地にあって財政を切りもりしたのは屋代勘解由であり、鈴木和泉であった。家臣の領地禄高を三分の一に減俸したのも彼らの苦しい施策であったらしい。今までの郷ごと村ごとの与え方はなくなり、安達三三郷の伊達成実は伊具一六郷柴田一郷の一七郷とされたというが彼は政宗が伏見にいた時子細あって退去した。他は、

亘理元宗は涌谷に移り八八五貫文

石川民部は松山　六〇〇〇貫

留守政景は黄海　二〇〇〇〇貫

白石若狭は水沢　一五〇〇〇貫

と貫高制にして一円知行よりはずしたがまだ藩主にも旧領主にも一円知行の気分があった。

後に伊達騒動として知られる事件の発端である境界争は伊達安芸の一円知行であるかの如き錯覚と新たにできた田村宗良と伊達兵部という支藩の後見役を軽視し若輩視し、野谷地をわが一円知行の領地として主張し続けたことに端を発したといえる。

禄高は家臣達にも及んだ。

菊地氏（三九の10）は一八貫文であったのを六貫二四文とされ、小関氏（三八の32）は一三貫八七〇文の禄を三貫文とされている。

岩瀬郡で五二〇貫の地を与えられていた須田弥五七（四一の26）が病気のためおくれて岩出山に来たときには堪忍分としてわずかの御切米と扶持であった。白石攻めの時は借馬で出陣し、扶持方を知行に直された時は四貫三百文余であったという。遅れたばかりに百文の一弱とされたのである。

また伏見に御供した家臣や、関ヶ原戦以後江戸勤番の家来達は皆苦労し長くなると災難のように考えていた。中には藩の金を貸りて生活を支えたが、返済できず禄高のうち何貫文かを藩に差し出して借金を帳消しにした例もある。

政宗の時代開墾をすすめ賞与として野谷地を与えた例は多い。政宗に臣事の最初から野谷地を与えられ、開墾した高（起目）をそのまま禄とした例も多い。

政宗より四代綱村の代まで勤めた鷹師六貫余の大窪市兵衛（三八の14）は寛文初年野谷地を与えられた。「野谷地新田被下候。御定之通、御郡司衆書出し、出入司衆末書を以て申請開発仕候につき高二貫三二七文、寛文六年三月被下置」とあり厳重な手続きの後に工事に着手したものと見られる。一貫文は仙台藩では一〇石をさす。

野谷地にも拝領と申請があり、御売野谷地申請という藩から売り出された野谷地もあった。「野谷地起目分田二〇町歩被下置」という記載も見られる。この外に「海新田申請自分開発」と海岸を埋め立てて田とした例もある。

「久荒野谷地新田」は一度開墾したが後久しく荒らされてもう一度作り直さねばならない新田らしい。御蔵新田とは（四一の23）佐藤万右衛門の条に見える例によると、万右衛門の祖父主殿は政宗時代は当座の合力で使われ白石陣にも出馬した。

元和五年名取郡閖上浜《ゆりあげ》の野谷地二五町を、御蔵新田に申し立て、起高の内十貫文（百石の地）を下さる由で開発した。検地の前に主殿は寛永四年に病死した。新田検地の結果二六貫七四四文の地とされた。藩では二〇貫八三九文の地を「御蔵新田」として収め、残る五貫九〇五文主殿の息子に与え、はじめて知行地を有する武士となった。

この例を見ると「御蔵新田に申し立て」の場合には未墾の荒地を耕して蔵入地にすることをさし、後の場合は「開墾された蔵入新田」をさすことを知る。

政宗も封建大名であり伊達郡松沢村百貫文を領した桜田左馬は政宗の命によって娶った妻を離縁したので領地を没収され相馬へ浪人した。政宗が岩出山に移るとき召しかえされ三〇貫文を与えられ、また不調法のことあり七貫文にされている。

政宗が鷹野の帰りに見て「禄高に似合《にあわ》ぬ屋敷の持様不届なり」と十貫文の武士が改易された例もある。

政宗の北移は藩士達の経済を苦しくし、さらに朝鮮役、伏見逗留で藩財政は苦しく、開墾と金山開発が急務とされた。

関ケ原の役後この効果があらわれ、やや豊かになり仙台築城・社寺造営等仙台藩の隆盛が見られた。

家臣は多くなったが、子供が幼少で父が歿した場合は大方禄は減少され、子がなければ後家分をわずか与えて家は消された。また乱心して死んだ者の後は立てず、仙台の武士にも浮沈があった。家を保つために消極的になる原因は徳川初期からすでに存在した。

政宗の晩年は徳川幕府の基礎の固まる時期で先輩大名として政宗の行動は注目され、自然豪奢にならざるを得なかった。財政難からメキシコ貿易を策して家康の了解を得て支倉六右衛門をスペイン、ローマに派遣した。メキシコ貿易の許可をスペイン王より得るためであったが「政宗は日本を代表する者に非ず」と許可されなかったという。

寛永三年（一六二六）北上川はつけかえられて石巻に注いだ、この間に領内の検地も行なわれ税も次第に重くなった。武士の領地にも御役金が課された。米穀を江戸に運ぶことは早くから行なわれた。

葛西浪人の米谷喜兵衛（三三ノ15）が鈴木和泉に「石巻に米蔵を立て奥中の米と大豆を集めおき、江戸・塩釜へ運送するならば藩財政に利するであろう。」とすすめた。この案が政宗に伝えられると原田新兵衛という武士が御蔵場見分を命ぜられ、元和九年に石巻に御米蔵が立てられ喜右衛門は御米積立御役人を命ぜられ、御褒美として六貫三九三文の知行を与えられた。鈴木和泉は元和六年六月に歿したから、それ以前に話がなされ実現までに数年を要したことになる。石巻の繁栄はここに始まる。

政宗は借金を残して寛永十三年に歿した。二代義山（忠宗）は財政立て直しからはじめねばならなかった。寛永十四年大洪水があり幕府より銀八千貫を借りて復旧に尽力した。

この前年政宗の歿した年御判代役目で御割奉行（土地台帳を司どり知行地を割りふりする役目）の四〇〇石の武士加藤喜兵衛の管理する仙台御牒蔵が焼けた。この責任で加藤は禄を没収されている（三五の2）。

この御牒を作らねばならぬわけだが、この機会に、二代藩主義山は領内総検地をし、田畠を上々・上・中・下・下々に分け、六尺五寸四方一坪だったのを五尺三寸四方とし、三六〇坪一反であったのを三〇〇坪一反と定めた旧一反は一、二七七四反となった。幕府はすでに六尺一分竿三〇〇坪を一反としていたという。

一反歩	上々	上	中	下	下々
寛永検地田	一石七斗	一五斗	一三斗	一一斗	八斗
それ以前	ナシ	二石	一七斗	一三斗	ナシ
寛永畑	八斗	六斗	四斗	二斗	一斗
それ以前	ナシ	六斗	四斗	二斗	ナシ

田の収穫を前表のようにしたことにより公平を期し、位づけを下げたことにより気分は寛和されたことであろう。この計画をなした中心人物は古内主膳や山口内記と思われる。内記は義山に召出されて義山後半の財政に当り義山の歿した翌年、万治二年（一六五九）二歳の子権八を残して病歿した。

晩年二千余石、外に六〇〇町の野谷地をうけ検地をうけたが、三代綱宗が家をついだのに御目見もせずに歿したとして領地を召し上げ、息子権八（二歳）に新田五〇貫のみを与えて家を立てさせた。

仙台藩六二万石は総検地の時に一応完成したといえる。

総検地の結果は武士達の知行地も二割出しとし、十貫文知行は十二貫とされた。これは大変な仕事であったろうがこの時定められた田畑の格づけは仙台藩の基準とされた。

この外先述したように組士や下級武士は多く御切米○両○切・銀○匁、御扶持方○人分として実米で与えられた。

知行一貫文（一〇石）以上を領し、さらに御切米、御扶持方を添えて持つ者たちの御切米、御扶持を知行に直したのは寛文二年である。これは奥山大炊が中心となってなさしたらしいが、御蔵入新田が多くなったので実施されたものと思う。

○辞句説明

遠行＝「寛永十一年河内殿遠行遊ばされ」など用いる。「吉岡領主伊達河内殿逝去され」と同じく歿すること。

一風軒大有和尚＝政宗の祖父晴宗の末弟康甫、天文九年六歳で出家、輝宗はその師として虎哉を迎えたという。東昌寺、京都東福寺で修業し帰って仙台東昌寺に住した。元和四年八四歳で入寂した。

御居《スエ》物切役＝新刀の切味を試す役目、罪人の死骸を土壇の上にすえて試したという。

下総国銚子御舟御用＝江戸御用米を運ぶ。船は先には常陸国那珂湊経由し米を江戸に運んだ。後には銚子から利根川を上った。銚子に駐在して運遭船の監督に当った役。

飯坂御前＝福島県飯坂の領主飯坂右近宗康の女、政宗の側室となり、遠江守秀宗（宇和島侍従）・河内宗清の母。

御蔵新田御取立差引＝御蔵新田開墾主任、境論争などが起ると不調法というので禄を半減もされた。

格米＝つかみ米、応分の志による米。

「切捨御免」――という語があるが、仙台では古来武士は百姓を切ることは許されない。百姓の身柄は藩主に属し、武士の田を耕やす（小作と略同様）のみである。正保三年大童某が手前百姓（自分の田を耕やす百姓）が慮外（無礼）だったので成敗した。「届をも出さず切り捨てたのは不可」として知行没収、切腹、子供も勘当された。子供は五年後貞山（政宗）の法事のとき勘当を解かれた。

召出さる＝新たに召して役目につけることであるが、父が改易切腹を命ぜられた者でも救いうる者の子供、改易された本人を貞山や陽徳院の法事の際に召し出して家臣の列に復帰させた例が多い。中には旧禄のままを与えた例もある。これは進退召上の理由と浪人中の行動による。

仙台藩家臣録 第三巻 目次

侍衆（二十九）

侍衆（三十）

侍衆（三十一）

侍衆（三十二）

侍衆（三十三）

片倉甚兵衛　二五三
橋本八郎左衛門　二五五
遠藤勘兵衛　二五六
安久津利平　二五六
小島長右衛門　二五七
安藤玄寿　二五八
船山七左衛門　二五九

侍衆（三十六）

森下惣右衛門　二六一
萱場三郎右衛門　二六二
斉藤七右衛門　二六三
青木小兵衛　二六三
徳江作左衛門　二六四
湯村吉右衛門　二六五
安久津権八　二六六

川地作右衛門　二六七
大波仲次郎　二六八
藤間安右衛門　二七〇
青木平左衛門　二七一
松野権平　二七一
岸三太夫　二七三
木村勘左衛門　二七四
上遠野新八　二七五
佐伯九太夫　二七六
矢野又左衛門　二七七
遠藤庄兵衛　二七八
小木甚三郎　二七八
香味孫助　二七九
大立目清兵衛　二七九
梶田栄甫　二八〇
芦沢三助　二八一

菅野九兵衛　二八一
佐藤弥次助　二八二
岩崎又右衛門　二八三
大石才兵衛　二八四
只野武左衛門　二八五
嶺岸茂右衛門　二八五
富沢次郎右衛門　二八六
安積茂左衛門　二八七
遠藤太右衛門　二八九
粟野藤右衛門　二八九
桜田多利之助　二九〇
伊藤安兵衛　二九一
河野惣左衛門　二九一
富沢助兵衛　二九二
伊藤六右衛門　二九三
玉手八兵衛　二九三

蓬田安太夫　二九四
栗村弥八　二九五
小野安左衛門　二九五
宇津志吉兵衛　二九六

侍衆（三十七）

七宮善五郎　二九八
菊地市兵衛　二九九
飯田勘七　二九九
桑折権太夫　三〇一
高橋八郎右衛門　三〇二
丹野善太郎　三〇三
清野文蔵　三〇三
皆川作左衛門　三〇四
鈴木伝左衛門　三〇五
小野十兵衛　三〇六

侍衆（三十八）

仙台藩家臣録 第三巻

御知行被下置御帳

侍
衆

御知行被下置御牒（二十六）

十七貫八百九十七文より
十六貫七百文迄

1 和田太左衛門

一義山様御代拙者儀寛永拾五年に十三歳之年山口内記を以被召出、御切米弐両・御扶持方四人分・御仕着被下置、御小性組に被仰付候。其後要山様へ被相附候時分、右之御切米・御扶持方御仕着を御切米拾五両・御扶持方七人分に被成下、江戸詰五ヶ年相勤申候。小進にて御奉公相勤兼可申由御意被成下、其以後為御加増御知行六貫百七拾六文、正保元年に古内伊賀を以御足目にて拝領仕、同弐年より地形を以被下置候。然処御当代寛文弐年に御知行へ御切米・御扶持方持添被申候衆之分何も御知行に直被下候並を以、拙者儀も其節御切米・御扶持方を御知行拾壱貫七百弐拾壱文奥山大炊を以被直下候。御黒印と御下書には寛文元年十一月十六日と御座候。右知行取合高拾七貫八百九拾七文に御座候。以上

延宝五年正月廿八日

2 舟山二兵衛

一性山様御代拙者曽祖父舟山二兵衛御奉公仕候。御知行高何程被下置候哉不奉存候。
貞山様御代祖父舟山勘解由御知行高拾四貫文被下置、摂津守殿へ被相付、御小性頭并御賄方御奉公相勤申候。摂津守殿御他界以後、御分領中御金山奉行被仰付、其以後病死仕候。跡式親勘解由に無御相違被下置候。委細之儀不奉存候。
義山様御代親勘解由男子無御座候に付、拙者を聟苗跡に被成下候様に、成田木工を以御披露仕候処、寛永弐拾年奉願候通聟苗跡に可被成下由茂庭佐月を以被仰付候。拙者実父石母田旧筑後三男に御座候。惣御検地之時分弐割出被下置、同弐拾壱年に高拾七貫文之御黒印親勘解由頂戴仕候。明暦四年三月廿九日親勘解由病死仕候。跡式無御相違茂庭故周防を以、同六月五日拙者に被下置候。久荒之地切起願指上申候処、高八百廿文寛文五年極月十四日に右故周防を以被下置、御知行高都合拾七貫八百弐拾文之御黒印頂戴仕候。以上
延水五年正月十三日

3 志賀彦四郎

一拙者祖父志賀内蔵助儀岩城浪人に御座候。
貞山様御代仙台へ罷越候処、御知行拾弐貫五百文被下置被召出候由及承候。誰を以被召出御知行被下置候哉不奉存候。
其後右内蔵助嫡子金太夫には五人御扶持方被下置、
義山様御部屋へ被相付候。内蔵助儀元和八年三月廿八日病死仕、右御知行御扶持方共亡父金太夫に無御相違被下置

候。御申次不奉存候。

義山様御代惣御検地之節弐割出目を以、知行高拾五貫文に被成下候。明暦四年為御加増五百六拾六文被下置候。御申次不奉存候。御黒印所持仕候。寛文元年惣御家中御扶持方御知行直被下候節右御扶持方弐貫弐百五拾文に直被下、都合拾七貫八百拾六文に被成下候。右金太夫儀実子無御座候付、拙者親類に御座候故、養子仕度旨願申上候処に、寛文弐年二月朔日茂庭故周防を以願之通被成下之旨被仰渡候。養父金太夫寛文八年七月廿九日病死仕候。跡式同年極月十六日に原田甲斐を以無御相違拙者被下置御黒印頂戴仕候。以上

延宝五年正月晦日

4 坂本吉郎右衛門

一 拙者先祖大崎譜代に御座候。

貞山様御代拙者祖父坂本次兵衛被召出、御知行拾弐貫文被下置御奉公仕候。

義山様御代寛永拾五年右次兵衛病死仕候。鴇田駿河を以、跡式無御相違拙者親次郎右衛門被下置候。

御同代右次郎右衛門桃生郡之内大森村・福田村にて野谷地拝領、正保三年六月起目五貫五百六拾五文山口内記を以被下置、都合拾七貫五百六拾五文之高罷成候。親次郎右衛門正保三年十月病死仕、同年極月廿五日山口内記を以跡式無御相違拙者に被下置、拾七貫五百六拾五文之御黒印頂戴仕候。以上

延宝五年三月二日

5　石川弥平

一　拙者祖父石川弥平仙道譜代御座候。
貞山様米沢に被成御座候時分被召出候由承伝申候。御知行は五拾貫文被下置候。元和三年祖父弥平隠居被仰付、親弥平に跡式五拾貫文茂庭周防を以無御相違被下置候処、拝借金御座候付御知行被召上、拾弐貫六百文被下置候。親弥平正保弐年十月廿一日病死仕候。跡式同三年
義山様御代茂庭周防を以拙者に無御相違被下置候。然処に拙者知行地尻野谷地拝領開発高四百八拾弐文、寛文元年霜月十六日奥山大学を以被下置、拾三貫八拾弐文之高に被成下候。延宝元年十月廿五日拙者知行切添起目壱貫五百弐拾壱文小梁川修理を以被下置、拾四貫六百三文之高に被成下候。先年野谷地拝領仕候開発新田弐貫八百三文、延宝五年正月十五日右修理・大条監物を以被下置、都合拾七貫四百六文之高に被成下候。御黒印は于今頂戴不仕候。以上
延宝五年四月六日

6　遠藤作兵衛

一　拙者先祖伊達御譜代之由承伝候。
誰様御代先祖被召出候哉、曽祖父以前之儀不奉存候。曽祖父遠藤豊後下長井之内泉村と申所にて、御知行四拾貫文
性山様御代被下置、御国替之節御当地にて、
貞山様御代五貫文に被成置候由、何様之品を以五貫文に被成置候哉、様子一円不承伝候。右豊後隠居仕、実子筑後

に跡式被下置候年号・御申次不承伝候。慶長三年佐々若狭を以野谷地申請、以後起目五貫文祖父筑後拝領仕候。右御加増年号・御申次不承伝候。寛永八年茂庭周防を以御加増五貫百文拝領仕候。都合拾五貫百文に被成下候。右筑後正保弐年之品不奉存候。正保弐年惣御知行割之節弐割出目弐貫三百文被下置、高拾七貫四百文被下置候。右筑後正保弐年五月廿八日病死仕候。

義山様御代山口内記を以跡式無御相違、同年親作内被下置候。委細之儀幼少故不奉存候。右作内明暦弐年六月朔日病死仕候。跡式無御相違、

義山様御代古内故主膳を以同年八月十五日拙者に被下置候。御黒印頂戴仕候。以上

延宝五年五月二日

7 菅野善内

一 拙者先祖御家御譜代之由申伝候。曽祖父菅野五郎左衛門と申者、

稙宗様伊具之内丸森に被成御座候節迄御奉公仕候処、御他界以後、

御後室様致御供、伊達へ参、程無病死之由、其子同苗又八と申者在所伊具之内於金津親に先立病死仕候由、其子同苗次郎左衛門と申者幼少之時分親又八病死仕候付、跡式相続仕儀不罷成、次郎左衛門母方之祖父武田肥前と申者養育仕成長之後は御代も相替、剰先祖被下御判物并遺書等右五郎左衛門及未期親類館内源蔵と申者預置申候処に、源蔵住居火事に付焼失仕候故、右筋目訴可申上様無御座、数年流浪仕候処、

貞山様御代伊達右衛門殿へ被召拘、右次郎左衛門子之内、拙者兄同苗権七と申者、寛永三年八月右衛門太輔殿御死

去に付致追腹候。跡式知行高弐貫弐百八拾壱文之所引続被下、拙者十二歳之時権七為苗跡被召出、同四年十二月十日

貞山様へ中島監物を以御目見仕、夫より段々御奉公仕候。

義山様御代拙者儀、御納戸御用被仰付、十壱ヶ年相勤申候内、小進にて江戸御国之御奉公難相勤趣申上に付、御扶持方五人分為御加増、寛永弐十年四月十三日成田木工を以被下候。

御同代御領中惣御検地被相入に付二割出被下、合知行高弐貫七百三拾七文之御黒印、寛永弐拾壱年九月朔日頂戴仕候。

御同代拙者儀御郡代官被仰付、拾弐ヶ年相勤申候処、

綱宗様御代に罷成、奥山大炊御用相勤申候内、五三年も拙者を被付置被下度旨被申上候付、如望被仰付候。依之江戸御国共御用無障相勤申儀に候間、小進にて進退罷成間敷候条、為御加増御切米五両被下置之由万治三年三月十四日古内中主膳被申渡候。

御当代出入方御用所へ手塚戸兵衛・拙者両人被付置度旨、出入司衆被申上由にて被仰付、品々出入司衆御用に付、承諾之儀も候は承留無遠慮可申達候。其外御用共御国に不限他国又は江戸へも可被召使候。依之小荷駄にも乗候て不相勤不叶趣、何茂吟味之上御後見衆へ被相達、御加増被成下候。拙者儀本知行弐貫七百三拾七文・御切米五両・御扶持方五人分地形に被相直、四貫六百九拾四文合七貫四百三拾壱文へ、御加増七貫五百六拾九文合知行高拾五貫文被成下候。有難存右出入方之御用相勤可申由、寛文二年七月五日於江戸奥山大炊被申渡候。右御黒印同年十二月朔日頂戴仕候。黒川郡之内大爪村拙者在郷屋敷近所野谷地弐町五反之所惣て野谷地新田に被下、如御定

御郡司衆書出に出入司衆末書之書付を以、寛文三年二月三日申請開発仕、同六年に御竿被相入、高壱貫五百八拾七文知行高に結被下、本地拾五貫文合知行高拾六貫五百八拾七文に被成下之由、同年十一月廿一日古内志摩被申渡、御黒印頂戴仕候。右同村に在郷屋敷壱軒所持仕候。知行に被成下度趣、先達申上候処に、御竿被相入、本代八百弐文之所如願今度知行高に結被下、本地拾六貫五百八拾七文合当知行高拾七貫三百八拾九文に被成下之由、延宝五年二月十日柴田中務被申渡候。于今御黒印は頂戴不仕候。右出入方御用十三ヶ年相勤申候処に、延宝元年四月江戸御米売方御用被仰付罷登候処に、右御用は清水勘右衛門被仰付、勘右衛門跡役御勘定頭仮役に拙者被仰付半年相勤罷下候。右色々御用無断絶三十八年相勤、同四年春より御国御番仕候。先祖之儀は右如書面親次郎左衛門承置候趣、拙者申伝候有増申上候。以上

延宝五年四月十三日

8 佐藤五兵衛

一晴宗様御代拙者曽祖父佐藤助左衛門儀被召出、伊達信夫之内にて御知行被下御奉公仕候処に、杉目御城下火難之砌、御黒印焼失仕候故、右御知行高并被召出候年号不承伝候。

御同代天文四年卯月二日御判物右助左衛門被下置候。只今に所持仕候。

貞山様従米沢御国替之時分助左衛門儀、

晴宗様之奥様へ為御意被相付、岩出山へ御供仕罷越候時分御国替に付、以御減少御知行所被召上、御切米弐両四人御扶持方被下置候。年号御申次不承伝候。助左衛門実子同氏金蔵儀

御同代御不断組に被召出、御切米弐両四人御扶持方被下置御奉公仕候。右助左衛門儀、慶長十八年十月八日病死仕候付、家督右金蔵嫡子拙父同氏五兵衛に被下置御奉公仕候。家督被仰付候年号御申次不承伝候。

御同代御知行御割衆に就被仰付候、何も御割衆並に奥山故大学・湯村勘左衛門・和田主水を以、寛永九年極月十三日御知行直被下、三貫七百四拾三文に罷成、其上御買野谷地申請開発仕、起目五貫五百三文被下置候。右新田拝領仕候。年号御取次不承伝候。右二口知行高合九貫弐百四拾六文に被成下、

義山様御代京極山城様之奥様へ為御意、寛永十四年五月十二日被相付、江戸に定詰仕御奉公申上候処、同十八年七月十五日に御大所にて御料理人片平休助と申者乱心仕、抜太刀にて御奥方へ之御廊下へ欠入申候処を、五兵衛追懸其場にて討留申候。然処五兵衛も深手負其夜に相果申候。

御同代同十六年四月廿三日古内主膳を以、家督無御相違拙者に可被下置由被仰渡候。拙者儀は御当地にて御奉公仕候。同十八年に惣御検地之砌弐割出、壱貫八百五拾四文被下置、拾壱貫百文に被成下候。私在郷屋敷へ御竿被相入御知行高に被成下度由、

御当代寛文七年極月廿三日に願指上申候付、御竿被相入、三貫九百四拾弐文之所御加増に被成下之旨、同九年七月四日柴田外記を以被仰渡候。御知行高拾五貫四拾弐文に罷成候。然処右高之内畑四町五反八畝七分之所畑返被成下度由、同拾年十二月六日に願指上申候付、起目へ御竿被相入弐貫三百七拾弐文之所知行高に結被下之旨、延宝五年二月十日柴田中務を以被仰渡、当時拙者知行高拾七貫四百拾四文御座候。以上

延宝七年三月十三日

9　岡部玄節

一　拙者曽祖父岡部大隅会津譜代彼地没落以後伊達成実御取持を以、
貞山様へ被召出、御知行致拝領御奉公仕候処に、歳罷寄候に付て、知行高之内五貫文を以隠居被仰付、其嫡子拙者
祖父岡部伯耆に家督被下置候処に、伯耆越度之儀候て進退被召上、伊達之郡之内白根と申所に浪人仕罷在候。然
共大隅存生にて罷在候故、御憐愍を以大内左馬助子才兵衛御切米・御扶持方にて御奉公仕罷在候を、聟苗跡に可
仕由被仰付、隠居分之知行に才兵衛御切米・御扶持方合知行高に直被下、家督代々相続仕候。大隅に被下置候御
知行高、年号等は不承伝候。大隅実子伯耆儀は成実御訴訟に付、元和九年に御領内御免被成、成実御介抱にて亘
理に居住仕、於彼地正保四年十二月廿九日に病死仕、其子拙者父岡部有節儀も浪人にて同所に罷在候処、古安房
殿御取持を以
義山様御代に被召出、明暦二年三月十四日に古内故主膳を以、御切米金壱枚・十人御扶持方被下置、
綱宗様御部屋へ被相付、医道之御奉公相勤御相伴被仰付、万治元年十月十日奥山大炊を以、御切米金三枚に拾人御
扶持方に被成下明暦二年より江戸定詰五ヶ年仕、
当屋形様へ万治三年より御奉公仕、江戸御国共無懈怠相勤進退困窮仕候付て、願指上申候処に、柴田外記を以御切
米・御扶持方知行に被直下、拾七貫三百五拾七文之所、寛文八年十月廿九日拝領仕、同十二年正月十五日右有節
病死仕、家督無御相違拙者に被下置之旨、寛文十二年三月廿八日古内志摩を以被仰渡候。御黒印其節致頂戴候。
以上
　延宝五年四月十九日

10 山路六兵衛

一　拙者先祖

誰様御代誰を始て被召出候哉不承伝候。拙者祖父山路内記と申者、貞山様御代誤御座候て切腹被仰付、右内記嫡子拙者には亡父惣兵衛儀は牢籠仕罷在候処、大坂夏之御陣に首尾合仕、御勘当御赦免被成下、御帰陣之砌佐々若狭を以被召出、御扶持方七人分・御切米三両被下置被召仕候由及承候。被召出候年月不承伝候。

義山様御代寛永二十年に立花左近様へ御祝言之砌、拙者親惣兵衛に御扶持方拾人分御切米四拾石被下置左近様奥様へ被相付候。惣兵衛に被下置候本御扶持方御切米は、正保二年霜月廿八日古内故主膳を以拙者に被下置、御国御番仕候。御蔵無御百姓地高六百四拾文之所、先年より惣兵衛手作分に抱置申候を、於江戸惣兵衛寛永二十壱年に奥山故大学を以願申上候得ば、同年八月十四日和田因幡を以拙者に被下置候。惣兵衛御国元に罷在候内、寛永二十年に国分荒浜野谷地御蔵新田に申請開発之地、高壱貫四百三拾九文所、正保四年極月廿九日に真山刑部を以拙者被下置、合弐貫七拾九文之御黒印頂戴仕候。惣兵衛無如在（才）御奉公仕候段被仰立、従義山様古内故主膳を以承応四年四月十七日に御加増之地拾五貫文被下置候処、惣兵衛願申上候は、御国元に御奉公仕罷在候嫡子六兵衛に被下置度由申上候付、明暦元年六月二日に古内故主膳を以拙者に被下置、拾七貫七拾九文之御黒印頂戴仕候。尤右之御扶持方御切米は被召上候。拙者知行所切添起目万治元年閏極月二日に御竿被相入、高弐百五拾六文之所被下置之旨、御割奉行衆堀越甚兵衛・柳生権右衛門方より万治三年に以御触被申渡、都合拾七貫三百三拾五文之御黒印頂戴仕候。以上

延宝七年六月十六日

11　小島伝三郎

一義山様御代拙者祖父小島十右衛門儀古内故主膳を以被召出、桃生郡にて野谷地致拝領、自分開発起高弐貫五百文右主膳を以被下置候由、何年に御座候哉不承伝候。其以後一ノ迫堀口村にて右主膳拝領新田之内、十右衛門自分開発之通高に被成下度段、右主膳遂披露、新田高拾壱貫五百拾三文右主膳を以被下置候由承伝候。年月は不奉存候。牡鹿郡にて野谷地致拝領自分開発仕、高弐貫七百四拾四文被下置候。年月御申次不承伝候。右三口合拾六貫七百五拾七文之高に被成下候。十右衛門病人に御座候て御奉公難叶、殊更男子無之付、古内平右衛門子伊左衛門聟苗跡仕度由申上候得ば、願之通右主膳を以被仰付、十右衛門御番代相勤、其後十右衛門隠居願申上、跡目無御相違伊左衛門に被下置候。年月・御申次衆は不承伝候。然処に実父平右衛門右主膳を以国分之内にて野谷地拝領、新田起目壱貫九百弐拾六文被下置候。年号御申次不承伝候。然処平右衛門病人罷成御奉公難叶御座候に付、進退一字壱貫九百弐拾六文之所右伊左衛門被下置度由、平右衛門願申上候得ば願之通右主膳を以被仰渡候。年月不承伝候。本地新田取合拾八貫六百八拾三文之高に被結下候。其以後伊左衛門実弟古内甚左衛門無足にて罷在付、右知行高之内壱貫九百弐拾六文右甚左衛門に被分下御奉公為仕度由申上候得ば、願之通古内志摩を以、寛文七年閏二月廿三日に被仰付候。残拾六貫七百五拾七文にて伊左衛門御奉公相勤申候。延宝二年五月九日病死仕候。引続同年八月廿八日に家督無御相違大条監物を以拙者に被下置候。右御知行之内しけ畑御座候に付、畑返に被成下由申上候て、自分開発仕御竿被相入、畑返出目高五百六拾文、延宝五年二月十日柴田中務を以被下置候。拙者知行高

都合拾七貫三百拾七文に御座候。以上
延宝七年四月八日

12 大内十郎右衛門

一 拙者先祖伊達御譜代之由、
誰様御代先祖誰を被召出候哉不奉存候。祖父大内善十郎儀
貞山様御代御知行五貫文被下置御奉公仕候。善十郎病死、拙者親同氏善十郎跡式無御相違被下置候。年号御申次不承伝候。然処拙者親善十郎儀、拙者弐歳之年早世仕、幼少故親類寺島将監番代被仰付被下度旨、伯父青木故掃部・同苗源七郎願上申候得ば、将監に被仰付候。右品々御取次年号等不奉存候。将監儀十三ヶ年番代相勤、拙者十五歳之時将監知行之内弐貫文、本地五貫文へ相加七貫文之知行高に仕返与申度旨申上、寛永元年馬場出雲を以願之通被仰付候。同弐拾壱年
義山様御代惣御検地之砌弐割出、壱貫四百文本地合八貫四百文被下置候。且又慶安五年に野谷地拝領起高八貫八百七拾四文山口内記を以明暦二年正月廿二日被下置、都合知行高拾七貫弐百七拾四文、御黒印奉頂戴候。以上
延宝五年五月六日

13 沢口覚左衛門

一 拙者祖父沢口伊賀と申者、伊達之内沢口と申所に住居仕、
輝宗様へ御奉公仕候処、

貞山様御代進退被召放候由承伝候。其節御扶助何程被下置候哉不奉存候。親覚左衛門儀、義山様御部屋へ御歩行に被召出、御切米弐両・四人御扶持方被下置候由に御座候。誰を以被召出候哉、拙者幼少之時分親相果申候故不奉存候。寛永二十一年八月十四日御知行拾五貫文古内故主膳を以拝領仕候。其節右御切米は被召上、四人御扶持方は不相替被下置候。親覚左衛門承応元年九月三日病死仕、同年十二月十九日苗跡拙者に無御相違古内故主膳を以被仰付候。其以後右之知行地尻にて野谷地申請、自分開発仕候新田起高三百九拾九文承応弐年十月十一日に山口内記を以、義山様御代に拝領仕候。且又寛文元年十一月十六日惣御家中持添之御扶持方御知行に直被下候並を以、壱貫八百文に被直下之旨、奥山大学を以被仰付、高拾七貫百九拾九文に被成下御黒印頂戴仕候。以上

延宝五年三月廿九日

14 宮崎隼人

一 拙者先祖伊達御譜代之由御座候。誰様御代被召出、御知行何程被下置候哉不承伝候。輝宗様御代拙者高祖父宮崎隼人代迄は如何様之品御座候哉、新田惣三郎先祖毎年正月十四日御金差引被遊候御時之列座被仰付由承伝候。右隼人儀塩之森御陣と申所にて三拾三にて討死仕候。跡式曽祖父隼人に被下置、歳三十三にて病死仕、祖父隼人十一歳に罷成幼少に御座候故、進退も御減少を以被立下、着座も被相除由に御座候。其節被下置候御知行高何程に御座候哉不承伝候。然処に

貞山様御代伊達永井御国替被遊候時分、猶以進退被相減御知行高五貫四百文に被成下、其以後御同代御加増之地八貫文被下置、合十三貫四百文にて馬上役御奉公被仰付由御座候。右御加増之地何様之品にて誰を以被下置候哉、年号等も不承伝候。祖父隼人儀寛永十六年に病死仕、親隼人に跡式無御相違被下置之旨、同十七年四月十三日

義山様御代津田中豊前を以被仰渡候。其以後寛永年中惣御検地之砌、弐割出を以十六貫百文に被成下候。御黒印頂戴仕候。親隼人儀万治元年に病死仕候に付、跡式無御相違拙者に被下置之旨、

綱宗様御代於江戸御前相済申候段、奥山大学・大条兵庫方より申来候由、同二年正月廿五日津田玄番拙者に申渡、御黒印は寛文元年致頂戴候。且又野谷地新田弐町壱反分寛文四年に拝領壱貫文に罷成候処、同八年八月九日に原田甲斐を以被下、本地合十七貫百文之御黒印頂戴仕候。拙者先祖之系図祖父隼人代に焼失仕候故委細之儀相知不申候。承伝を以如斯に御座候。以上

延宝五年四月十三日

15　荒井茂右衛門

一　拙者曽祖父荒井太郎右衛門儀会津盛氏一家被官に御座候処、会津

貞山様御手に入申候以後、右太郎右衛門儀御家へ罷越候。如何様之品にて御知行被下置候哉、従

貞山様太郎右衛門御知行高五貫文被下置、御奉公仕候由伝承候。右太郎右衛門嫡子拙者祖父茂右衛門儀、牧野大蔵組御歩小性に被召出、御切米御扶持方被下置候由に御座候。高は何程に御座候哉不奉存候。其後右茂右衛門儀組

御免被成下候由、太郎右衛門儀も隠居仕、跡式御知行高五貫文之所無御相違祖父茂右衛門被下置、茂右衛門持来候御切米御扶持方も御知行に被直下、両進退取合御知行高十貫百文に被成下候。如何様之品にて組御免被成両進退取合被下置候と申儀、尤其時之年号誰を以被仰渡候哉、拙者未生以前之儀故、一切不承伝候。祖父茂右衛門儀何ヶ年以前に隠居仕候哉、法名可休に罷成、嫡子茂右衛門拙者には養父御座候右茂右衛門に、跡式御知行高十貫百文之所無御相違被下置候由承伝候。是又年号誰を以被仰渡候哉不承伝候。拙者儀は高泉先長門三男に御座候処、右茂右衛門男子持不申候付、拙者儀茂右衛門聟苗跡に被成下度由、右長門・茂右衛門連判にて申上候得ば、願之通被成下候段、寛文弐年十二月柴田外記を以茂右衛門に被仰渡候。同六年二月養父茂右衛門病死仕候。跡式御知行高十貫百文之所無御相違拙者に被下置候由、同年六月十五日原田甲斐を以被仰渡候。其後拙者儀少進にて御奉公罷成間敷由申候て、拙者兄高泉当長門開発新田之内七貫文分被下度由、右長門申上候付、願之通被成下、右新田拙者持来候本地取合、御知行高拾七貫百文に被成下候旨、寛文九年八月廿一日古内志摩を以被仰渡、尤御黒印頂戴仕候。右申上候通、養父茂右衛門代より以前之儀は、拙者若輩之砌にて委細之品不承置候間書上不申候。以上

延宝五年四月六日

16 佐々木次兵衛

一誰様御代拙者先祖誰を以被召出候哉、祖父以前之儀不承伝候。私祖父佐々木八右衛門儀、米沢上永井之内北条と申所に致住居候。

貞山様従永井御所替之砌致御供御当地へ罷越候。其節御扶持方五十人分被下置御奉公相勤、国分之内松森に在所仕

候由承伝候。然所慶長九年九月七日御知行高十貫文右八右衛門致拝領候。右御扶持方を知行に直被下候哉、又新規に御知行被下置候哉、品々御申次共に相知不申候。其後伊達河内殿へ被相付候。祖父八右衛門家督、私父八右衛門致相続、河内殿にて御奉公相勤罷在候処、寛永十年に進退被仰付、年久敷牢人仕候処、当伊達安芸殿御祖父定宗御介抱申請、御領地に四・五ヶ年罷在、安芸殿御取持を以伊達兵部殿へ正保二年之比私父八右衛門罷出候。知行高七貫拾壱文被下候。慶安二年に私父病死仕、家督拙者致相続、兵部殿へ御奉公仕罷在之処、寛文元年に御加増被下、高弐百石に罷成候。其以後兵部殿御一儀罷出、寛文十二年六月廿三日に被召出之旨、古内志摩被申渡、御知行高八貫九百文被下置候。御黒印は于今頂戴不仕候。御国御番被仰付、福原主税御番組御次之間相勤申候。以上

延宝五年正月十七日

17　武沢次郎右衛門

一　拙者祖父武沢八左衛門、上野佐野天徳寺一門に御座候。田多と申所に小地を持罷在候所、其以後佐野太夫殿家中立除、牢人分にて罷在候処、上総介様へ被召出、御知行五百石被下置組衆五十人被預下御奉公仕候。右天徳寺家督佐野太夫殿より拙者家中立除申者之儀御座候間、御家中被召抱候得ば、傍輩同前之儀御座候。余家中罷在候は構不申候間、御家中被召放被下度由願被申上候付、何方へ成共参度候はば可被遣由依御意、御家中へ参度由申上候付、従上総介様山岡志摩方へ被仰遣、貞山様御代右志摩を以被召出、御知行四百石被下置候由にて、弐拾八貫百八拾三文之所被下置御奉公仕候。何年に

被召出候哉、年号承伝にも覚不申候。右八左衛門儀大坂御陣場にて中風仕、無間も相果申、拙者親次郎右衛門跡式無御相違被下置候。年号・御申次不承伝候。次郎右衛門儀、
義山様御部屋之時分被相付、江戸御番数年相勤、其以後常陸御用被仰付、竜ヶ崎にて寛永十八年極月十一日次郎右衛門病死仕、拙者兄次郎八に同十九年古内伊賀を以、跡式本地弐拾八貫百八拾三文之所無御相違被下置、御検地弐割出共三拾三貫八百文に被成下、兄次郎八正保弐年四月四日相果、拙者儀弟に御座候故、右之内拾五貫文正保三年六月廿三日古内故主膳を以被下置、遺跡被立下候。以後本地をも返可被下旨、
義山様御代古内故主膳を以被仰出、慶安元年八月より御小性之間にて御奉公仕候。
義山様御他界以後、表御番に罷成相勤申候。
義山様御代宮城郡高城之内竹谷村にて、慶安弐年野谷地拝領、起目壱貫三百文為御加増被下置候。起残野谷地明暦二年に拝領、起目七百七拾九文為御加増被下置候。右新田拝領仕候年号・御申次失念仕候。右合拾七貫七拾九文之御黒印頂戴仕候。
御当代江戸御納戸御用被仰付相勤、只今御国御番仕候。以上
延宝七年二月廿五日

18　藤田源兵衛

一　祖父藤田和泉儀十七歳にて文録三・四年之比、守屋守柏を被召出、御切米御扶持方被下置御奉公仕候。何程被下置候哉承伝も無御座候。其節は諏訪部源太郎と申候て、御目見仕候処、

貞山様御直に被仰付候は、其身親は諏訪部九郎左衛門に御座候得共、九郎左衛門苗跡には其身弟を可被相立候間、其身儀は母方之祖父藤田永卜苗跡に可罷成由被仰出候。藤田源太郎と改名被仰付候。此段は藤田但馬方に覚有儀之由承伝申候。其以後源太郎を源兵衛に改名被仰付、御歩行御番頭被仰付候。知行拾三貫文慶長十三年に被下置候由承伝申候。度々之御陣にも御供仕、大坂御陣にも首を取御牒相付申由に御座候。寛永七・八年之比、御歩行御番頭上郡山内匠を以御免被成下、御番所中之間被仰付候。寛永拾壱年迄江戸御国にて色々御用被仰付相勤申候所に、病気罷出御奉公勤兼申候故、嫡子源太郎寛永十二年に御番代に相出候処に、御納戸役目被仰付、同十三年に於江戸

義山様為御意、親源兵衛は和泉に改名、源太郎儀は源兵衛に改名被仰付候。同十四年九月廿九日に親和泉病死仕候に付て、中島監物を以申上候処、跡式御知行十三貫文無御相違、同年霜月廿五日監物を以被下置之旨被仰渡、御黒印頂戴仕候。然所に寛永十八年惣御検地以後、弐割出目共に十五貫六百文に被成下御黒印頂戴仕候。右源兵衛儀七・八ヶ年御納戸役目相勤申候以後、長病に罷成御奉公勤兼申候。男子持不申候に付て、拙者を家督に申上候。拙者儀は和泉末子にて右源兵衛弟に御座候。寛永十九年に中島監物を以右之趣願申上候処に、則拙者に御番代被仰付之由、同年六月廿日に監物を以被仰付候。慶安三年六月廿二日に右源兵衛死去仕候付て右監物を以御披露仕候処、最前より御番代をも被仰付儀候間、無御相違跡式御知行十五貫六百文被下之旨、同年十月廿四日に監物を以被仰渡御黒印頂戴仕候。

御当代寛文七年に伊具郡平貫村拙者知行所之内にて、野谷地新田起目弐貫三百拾九文之所被下置旨、寛文十二年正月廿七日柴田中務を以被仰渡、本地新田取合拾七貫九百弐拾九文之御黒印頂戴仕候。拙者御番所前々より中之

間宮内権十郎御番組に御座候。以上

延宝五年二月廿五日

19 小島長兵衛

一 拙者儀同氏故加右衛門次男御座候。依之右加右衛門知行高之内拾貫文拙者に被分下度旨奉願候処、大条監物・茂庭周防を以、寛文四年四月願之通被仰付御黒印頂戴仕候。拙者知行付野谷地拝領仕、新田起目六貫九百八拾四文之処、寛文十一年二月片倉小十郎を以御知行高に被成下、右本地新田取合拾六貫九百八拾四文之所寛文十一年五月御黒印頂戴仕候。拙者先祖之品々同氏当加右衛門申上御事に御座候間、拙者方よりは不申上候。以上

延宝七年十月廿三日

20 橋本兵九郎

一 拙者養父橋本兵九郎儀同氏丹波三男に御座候処、義山様御部屋之時分より御小性組に被召出、御切米・御扶持方被下置御奉公相勤申候。義山様御代に罷成御櫛番被仰付、其後御膳番役相勤申候。正保二年六月三日右御切米・御扶持方并右兵九郎親同氏丹波、御切米金壱枚・拾人御扶持方被相加御知行に直被下、高拾六貫文被成下御黒印頂戴仕候。右兵九郎御切米・御扶持方何程に御座候て、右之通被直下候哉、又は被仰渡候品御取次も不承伝候。然処に右兵九郎儀実子無御座候付、拙者儀橋本大炊助三男にて兵九郎為には甥に御座候付、養子之願申上候処、明暦元年に津田豊前を以

願之通被仰付、則拙者儀右豊前を以御目見仕候。右養父兵九郎儀、同年七月六日病死仕、同九月右兵九郎進退無御相違拙者に被下置旨、右豊前を以被仰渡、継目之御礼申上、御黒印頂戴仕候。其後当屋形様御代に罷成、寛文元年霜月十六日御黒印頂戴仕候。且又拙者儀同六年八月十三日松崎十太夫を以、綱宗様御小性組に被召出、同九年二月御物置番被仰付候。其後知行地続野谷地新田に申立、起高八百文之所延宝五年二月十日柴田中務を以被下置、知行高拾六貫八百文に御座候。以上

延宝七年四月廿三日

21　石原三郎左衛門

一　拙者養祖父石原清右衛門儀、黒川譜代に御座候処、貞山様御代被召出、御切米・御扶持方被下置、御国御番仕候。其以後御買新田拝領仕、右御切米・御扶持方御知行に直被下候由承伝候。御切米・御扶持方之高・右直高・御買新田之高何も何程に御座候哉不承伝候。寛永弐拾壱年惣御検地之時分弐割出、取合拾三貫四百文之高に被成下由承伝候。右御申次衆・年号不承伝候。清右衛門儀義山様御代、慶安四年五月廿二日病死仕候付、拙者養父次郎兵衛に跡式無御相違、山口内記を以同年八月六日に被下置候。且又右次郎兵衛代、刈田郡曲竹村御蔵新田起目之内、高六百五拾四文明暦四年山口内記を以為御加増被下置候。承応三年に野谷地弐町八反五畝分拝領仕候。起目弐貫七百弐拾五文之所茂庭周防・富塚内蔵丞を以、万治三年二月十日被下置、取合拾六貫七百七拾九文之高に被成下候。然処に次郎兵衛儀男子持不申候付、拙者儀は鴇田淡路五番目之子に御座候を聟苗跡に仕度由、

義山様御代山口内記を以申上候処、如願之同人を以被仰付候。右次郎兵衛儀寛文五年十一月廿一日病死仕候付、跡式知行高拾六貫七百七拾九文之所、無御相違同六年二月十九日富塚内蔵丞を以拙者に被下置御黒印頂戴仕候。以上

延宝五年三月晦日

22 清水勘右衛門

一誰様御代拙者先祖誰を始て被召出候哉、祖父以前之儀は不承伝候。拙者祖父清水平左衛門貞山様御代御知行四貫四拾三文にて古木御用被仰付江戸定詰仕、寛永七年二月廿五日に於江戸に病死仕、同年四月湯村勘左衛門を以家督無御相違拙者親平左衛門に被下置、牧野大蔵御番組にて御国番仕候。親平左衛門儀、寛永十三年六月廿八日病死仕、同年極月跡式無御相違鴇田駿河を以拙者被下置、高野与惣左衛門御番組被仰付、国御番仕候。寛永十八年惣御検地之時分二割出目被下置、四貫八百五拾壱文に被成下、其以後野谷地申請自分開発、高拾貫四百拾五文山口内記を以、承応三年四月三日に被下置候。且又加美郡狼塚村在所屋敷所持仕候処に、御知行高被成下度由申上、御竿被相入、高壱貫五百五拾八文延宝六年五月廿七日黒木上野を以被下置、取合拾六貫八百弐拾四文之御知行高に被成下御黒印御下書頂戴仕候。只今は福原主税御番組に御座候。以上

延宝七年十月十一日

23 渡辺五左衛門

一貞山様御代拙者親五左衛門御不断衆に被召出、御切米五切五匁・五人御扶持方被下置御奉公仕候処に、大坂御陣之砌より御歩行衆組に被相入、其以後御徒衆御番頭被仰付、寛永八年四月御切米五両に被成下由承伝候。何年に誰を以被召出、誰を以御切米御扶持方被下置候哉不承伝候。

義山様御代寛永弐拾年願申上野谷地致拝領、此開発高壱貫三百六拾七文、正保三年六月廿三日山口内記を以被下置、同年同日之御黒印頂戴仕候。

義山様御代、承応弐年御国廻被遊御帰之節、吉岡天王寺にて、同年八月十三日古内故主膳を以数年御奉公仕由被仰立、為御加増御知行十五貫文被下置、取合拾六貫三百六拾七文に被成下、同年同日之御黒印頂戴仕候。右五左衛門儀万治四年正月晦日致病死、跡式御知行高拾六貫三百六拾七文

御当代柴田外記・茂庭周防於江戸兵部殿・右京殿へ遂披露、無御相違拙者に被下置旨、万治四年三月十六日富塚内蔵丞被申渡候。且又切添起目高三百四拾壱文、同年四月廿二日に柴田外記を以致拝領、都合御知行高拾六貫七百八文に被成下、寛文元年十一月十六日之御黒印奉頂戴候。同三年極月十四日御徒御奉公御赦免、御国御番被仰付之由、柴田外記・原田甲斐・富塚内蔵丞被申渡候。以上

延宝七年二月廿三日

侍衆

御知行被下置御帳（二十七）

十六貫六百三拾弐文より
十五貫三拾四文迄

1 須田伊兵衛

一 拙者先祖御譜代之由承伝申候。祖父須田右馬助儀、貞山様より御扶持方御切米被下置御奉公相勤申候由、御扶持方御切米何程之御積御座候哉不承伝候。同人嫡子次郎兵衛次男伊兵衛と申候。伊兵衛儀は私親に御座候。然処右馬助無調法之儀御座候て進退被召上候付て、予州に親類御座候て罷越候処、遠江守様より御訴訟被成下父子共被召返、右馬助儀は老衰仕候故、嫡子次郎兵衛に御知行拾貫文之積、桃生郡之内中津山にて野谷地被下置候。起目并寛永廿一年に大御検地之二割出目共、七貫百六拾九文被成下候由承伝申候。

義山様御代私親伊兵衛儀、鴇田駿河を以被召出、四人御扶持方・弐両之御切米被下置、御奉公仕候由承伝申候。

御同代、右次郎兵衛病人御座候て御奉公も勤兼申、且又子共無御座候付て、拙者親伊兵衛家督被成下度旨願申上候処、願之通被成下、右御知行并伊兵衛御切米・御知行壱貫四百文に被成下、合八貫五百六拾九文と御扶持方四人分被差添被下置旨、寛永廿一年三月九日山口内記を以被仰渡候。其以後黒川郡大谷糟川村にて野谷地拝領仕、起目御検地入五貫九百弐拾七文并右四人御扶持方御知行弐貫百三拾六文に被直下、都合拾六貫六百三拾弐文に被成下之旨、正保三年六月廿三日山口内記を以被下置旨被仰渡由、拙者儀五歳之時親相果申候故、委細之儀は不存、承伝を以若斯御座候。明暦元年三月十九日に親伊兵衛病死仕、跡式無御相違被下置旨、明暦元年十一月廿二日に山口内記を以被仰付、右御知行拝領仕御黒印奉頂戴候。以上

延宝五年二月十五日

2　佐野兵吉

一　拙者先祖

誰様御代誰を初て被召出候哉、亡父同氏与兵衛以前之儀不承伝候。右与兵衛義山様御代より、御知行七貫弐百五拾三文被下置御奉公仕候。其後野谷地申請自分開発高壱貫四百拾五文被下置候。年号・御申次不承伝候。然処御金山御役目相勤、御運上本判銀山銅山鉄共に御勘定無恙相極、古懸迄取納申候付、為御加増御知行六貫三百三拾弐文被下置、知行高拾五貫文に被成下旨寛文六年被仰渡候。御申次相知不申候。父与兵衛儀寛文十一年病死跡式無御相違拙者に被下置候由、同年霜月柴田中務を以被仰渡候。其以後野谷地申請、開発高壱貫六百五拾四文之所、延宝六年十月十九日黒木上野を以被下置、都合拾六貫六百五拾四文御座候。以上

延宝七年十二月十八日

3　小国平太夫

一　拙者養父小国蔵人儀最上没落之節浪人仕御国へ参、貞山様へ上郡山内匠を以御目見仕、其上元和十年三月廿日右内匠を以被召出、野谷地百五町被下置開発仕候ば御竿被相入、起目高半分可被下置旨御黒印致頂戴、右起目高拾三貫百弐拾文佐々若狭を以致拝領候。年号は覚不申候。義山様御代惣御検地之時分、右地形ニ割出目其上為御加増拾九貫六百八拾文都合三拾弐貫八百文、寛永廿一年八月十四日津田豊前を以被下置、御黒印致頂戴候処、正保三年進退被仰付、慶安元年貞山様御十三回忌御法事之節御勘当御免被成下、同三年三月十六日古内古主膳を以御知行高拾五貫文被下置候養父蔵人義実子無御座候付て、拙者儀永沼古作左衛門二男御座候を、正保二年聟名跡に罷成、御当代右蔵人隠居仕拙者に家督被仰付被下置度段願申上、寛文四年二月廿八日柴田外記を以願之通被仰付、御黒印頂戴仕候。其以後拙者知行所之内切添起目壱貫五百九拾七文、延宝元年十月廿九日柴田中務・大条監物を以被下置、拾六貫五百九拾七文被成下候。以上

延宝五年三月廿九日

4　白土六左衛門

一　拙者先祖岩城之御家へ数代御奉公仕候。曽祖父白土伊豆儀は岩城親隆公へ御奉公仕候。祖父同苗軍司助儀は岩城常隆公、同忠次郎貞隆公へ御奉公仕候処、天正年中貞隆公御改易に付、岩城下中流浪之時分、常隆御実子長次郎政隆と申候は御当家へ御出候て、後には伊達長次郎殿と申候。依之政隆之御跡を慕御国へ罷越、宮城郡利府町に

居住仕、長次郎殿御若輩之間守立為可申上自分渡世にて長次郎殿へ付添罷在候処、長次郎殿壮年にて御病死に御座候。剰其砌軍司助儀長病にて罷在候。此長次郎殿御子息伊達清次郎殿へ暇申請仙台御城下へ罷出、数年浪人にて罷在候処、子共に御座候拙者亡父杢丞事、其時分は勘太郎と申候て十五歳罷成候を、元和五年貞山様へ中島監物を以被召出、御仕着小遣代并御扶持方御切米御人足迄被借下、江戸定詰之御奉公仕、其後御薬込・御手水番両役被仰付、江戸にては御日日記も相付、御使番も被仰付、其外御鷹野御勝負之鳥奉行迄被仰付、江戸御国共に御奉公相勤申候。右被下置候諸色之高員数は然と不承置候。寛永十三年春知行に直可被下置候条、似合舗地形承立可申上旨右監物を以被仰付、其年之江戸御供番御免被成下、秋番被仰付、御国罷在候処、無間も貞山様御遠行故其分にて罷在候由御座候。祖父軍司助儀も寛永四年より

貞山様へ右監物を以被召出、御切米本代壱貫文・御扶持方四人分被下置由御座候。軍司助儀寛永十三年九月十七日六十八歳にて病死仕、御切米・御扶持方は木工丞に被下置候。御申次不承伝候。木工丞儀

義山様御代に罷成、江戸定詰之御奉公御免被成置由にて、右之小遣代御借人足等は被召上、重て江戸御番をも被仰付候は、如本之可被返下置由にて、御切米小判七両・御扶持方拾人分に被直下候。其時之御申次不承伝候。其以後野谷地田畑六町歩拝領、此新田起目高五貫百弐拾文右新田所々入相申候久荒起目、百性無地壱貫九百六拾三文弐口合七貫八拾三文之所明暦三年九月十二日山口内記を以被下置候。寛文元年十一月十六日奥山大学を以、何も並に右御切米・御扶持方知行に被直下、八貫五百文前書知行高取合拾五貫五百八拾三文之高御座候て、江戸御作事奉行被仰付相勤、寛文五年十月十八日六十一歳にて病死仕候。跡式同年極月廿六日富塚内蔵丞を以拙者に被下置御黒印頂戴仕候。知行所之内切添之地有之、寛文十一年御竿被相入代高九百文之所、延宝元年十月廿九日大条

監物を以知行高被成下、当時知行高拾六貫四百八拾三文御座候。以上

延宝五年四月廿九日

5　高橋七左衛門

一　拙者儀寛永十六年御切米弐両・四人御扶持方被下置、義山様御代御歩行衆に被召出、正保四年迄九ヶ年御奉公仕、慶安元年綱宗様へ御歩行衆被進候節右頭に被仰付御奉公仕候処、同四年御歩横目被仰付相勤申内、承応三年義山様より御加増、御切米弐両成田木工を以被下置候。綱宗様御代万治元年御加増御切米四両奥山大学を以被下置、都合八両四人御扶持方被成下、万治二年五月まで十二ヶ年江戸定詰仕、右御奉公相勤申候。御同代、同年霜月廿五日に御直書を以為御加増、御知行拾貫文被下置候。御礼之儀は和田織部を以可申上旨御直に被仰出候付て、翌日織部を以御礼申上候。右之御直書于今所持仕候。御当代御切米・御扶持方持添之分何も御知行被直下並を以、右御切米八両・四人御扶持方之直高六貫三百七拾弐文之所、寛文元年十一月十六日奥山大学を以被下置、都合拾六貫三百七拾弐文被成下候。御黒印奉頂戴候。以上

延宝五年三月廿七日

6　横田松之助

一　拙者祖父横田権之助
貞山様御代、御奥小性に被召出、引続御小性組御奉公相勤申候処、寛永二年御知行四拾貫百六拾四文拝領仕候。
義山様御代御作事奉行被仰付、御番所虎之間にて相勤、寛永廿一年惣御検地之時分二割出被下置、四拾八貫弐百文之高被成下候。慶安三年祖父権之助病死仕候付、実子権之助に苗跡無御相違被下置御黒印頂戴仕候。御番所引続虎之間被仰付、御国番相勤、
御当代知行地付開起高七百三拾九文、寛文元年四月廿二日柴田外記を以被下置、都合四拾八貫九百三拾九文之高被成下、御黒印頂戴仕候由承伝候。其以後江戸大番組にて相勤申候処、寛文七年養父権之助病死、実子無之付て、拙者儀右権之助実弟稲葉太右衛門実子御座候。権之助には甥に有之候付て、苗跡私に被立下度旨、親類共願指上申候得ば、右知行高之内三ケ一拾六貫三百拾三文を以名跡被仰付旨、同年十一月廿二日柴田外記を以被仰渡御黒印頂戴仕候。以上
延宝五年三月十三日

7　桜井三太夫

一　拙者祖父桜井正右衛門儀
貞山様御代屋代勘解由を以被召出、御知行拾貫文被下置御奉公相勤申候。右正右衛門隠居被仰付、跡式正右衛門嫡子拙者養父同氏八右衛門に中島監物を以被下置候。其以後
貞山様御代御加増之地弐拾貫文右監物を以拝領仕、取合三拾貫文に被成下候。右年号之儀は不承伝候。

義山様御代惣御検地之時分二割出之地六貫文被下置、三拾六貫文之高被成下候。拙者儀義山様御代慶安二年右八右衛門家督に成田木工を以被仰付候処、病人に罷成役目相叶不申候付、親八右衛門聟名跡に当八右衛門を被仰付、右御知行高三拾六貫文之内弐拾貫文八右衛門、拾六貫文拙者被分下置之旨、御当代寛文四年五月十六日茂庭中周防・大条監物を以被仰付候。親八右衛門儀同九年十月病死仕候付て、前々被仰付之通右御知行拾六貫文拙者に被分下之趣、同十年正月十九日茂庭当周防を以被仰付候。同拾壱年七月十六日中之間御番所古内志摩を以被仰付御国御番相勤申候。以上

延宝五年正月廿五日

8 戸津弥左衛門

一 拙者養父戸津弥左衛門儀

義山様御部屋之時分、古内前主膳を以被召出、御切米六両・御扶持方拾人分被下置、御馬方役目被仰付候。被召出候年号は不承伝候。

御同代正保三年古内前主膳を以御知行拾五貫百八拾九文被下置候。右御切米・御扶持方は被召上候。右弥左衛門男子無御座、拙者儀、古内平右衛門二男に御座候を、幼少より養子に仕置候。承応三年七月廿六日於江戸養父弥左衛門致病死跡式無御相違、同年十月古内中主膳を以被下置候。其以後十五貫百八拾九文之御黒印頂戴仕候。且又親弥左衛門代古河原新田申請、起目高六百三拾九文明暦三年茂庭周防を以被下置候。都合拾五貫八百弐拾八文之地高に被成下候。

御当代御黒印奉頂戴候。以上
延宝五年四月廿九日

9　門崎五右衛門

一　拙者先祖葛西譜代御座候て、私祖父門崎左馬丞代迄引続東山之内門崎村・相川村・江刺之内餅田村右三ヶ所知行仕罷在候。其以後葛西没落仕浪人にて罷在、無進退にて貞山様御代、色々御用相勤申付、大町駿河を以右左馬丞被召出、御知行三貫拾弐文被下置候。年号不承伝候。御同代右左馬丞隠居願申上候得ば、嫡子拙父同氏左馬丞無御相違家督被仰付候由申伝候。年号・御申次は不奉存候。御同代親左馬丞御売野谷地申請、自分開発高弐貫百四拾七文之所被下置候。何年誰を以被下置候哉不奉存候。寛永廿一年惣御検地、本地三貫拾弐文より二割出目六百文被下置、都合五貫七百五拾九文御黒印右左馬丞奉頂戴候。義山様御代親左馬丞隠居願申上候処、願之通被仰付跡式無御相違、承応二年三月廿日戸田喜太夫を以拙者被下置候。御同代東山之内門崎村野谷地申請、自分開発高拾貫拾五文山口内記を以、明暦二年四月十日被下置、都合拾五貫七百七拾四文之高被成下候。御黒印奉頂戴候。以上
延宝七年三月八日

10　芳賀正左衛門

一　拙者祖父芳賀筑後、元和四年

貞山様御代長尾主殿を以野谷地致拝領、起目壱貫八百五拾文寛永二年三月九日蟻坂善兵衛を以被下置被召出候。寛永六年御買新田拾三町致拝領、起目三貫弐百七拾弐文被下置、取合五貫七拾七文之高被成下候。義山様御代寛永拾六年御蔵新田弐町申請自分開発仕、同十八年惣御検地被相入、二割出目并右弐町歩之起目共弐貫弐百三拾四文、寛永廿一年惣御知行御割之節被下置、本知行取合七貫三百拾壱文之高被成下候。寛永十九年御知行地尻にて御蔵新田申請自分開発仕、起目弐貫四百七文慶安弐年十月十日山口内記を以被下置、取合九貫七百拾八文之高被成下候。持来御知行地付切添起目三貫三百四拾七文之所、万治四年四月廿二日柴田外記を以被下置、取合拾三貫六拾五文高被成下候。拙者親同氏正左衛門寛文四年二月病死仕、拙者儀嫡孫に御座候付、祖父筑後願申上、寛文四年四月十七日柴田外記を以願之通隠居被仰付、家督無御相違拙者被下置候。寛文六年登米郡大谷村拙者知行所之内、畑代壱貫百六拾弐文之所御用地に被召上、米谷町西郡町御伝馬所之者共に畑返新田被預置、起揃申候以後御竿被相入、本高壱貫百六拾弐文は被返下、倍目八貫六百弐拾七文は御蔵入に被成置、右畑返御取立之節御竿入候はば倍目之内御加増可被下置由被仰渡候条、其品覚書を以申上候付、延宝三年閏四月十七日倍目之内、拙者百姓并下中起目弐貫六百六拾三文柴田中務を以御加増被成下、都合拾五貫七百弐拾八文之御知行高御座候。以上

延宝五年二月五日

11　寒河江弥右衛門

一　拙者祖父寒河江松憐、最上寒河江より御領地へ罷越候処、

貞山様より先祖之品被相尋候上被召出、御合力被下置候由承伝候。其後慶長十三年に御知行七貫百六拾三文被下置候。御下書所持仕候。右松憐子拙者親織部儀、大坂御陣へ馬上にて御供仕御奉公相勤罷下、元和二年為御加増御知行三貫五百九拾弐文拝領仕、拾貫七百五拾五文罷成候。寛永四年六拾三文被下置、同八年弐百五拾七文被下置、合拾壱貫七拾五文被成下候。右両度被下置候御知行御加増御座候哉、切添新田御座候哉不奉存候。織部儀従
貞山様御代義山様御代迄、引続御納戸御用相勤申砌、毎年御小袖・御帷子被下置を、
義山様御代に御知行弐貫文被直下、合拾三貫七拾五文に罷成候由承伝候。段々御知行被下置候品々御申次不奉存候。御知行惣御検地弐割出を以拾五貫七百文に被成下御黒印致頂戴候。其後織部儀病死仕拙者に家督無御相違被下置旨、慶安元年
義山様御代に山口内記を以被仰付御黒印頂戴仕候。其時分拙者幼少御座候故、跡々之儀委細不奉存候。承伝申通若是御座候。以上

延宝五年二月四日

12　松元兵左衛門

一　拙者親松元新蔵人儀先祖会津譜代之者御座候て御当地へ罷越、
貞山御代茂庭石見を以被召出、御知行九貫六百文余被下置、従
貞山様義山様御代迄、江戸御国共御奉公無懈怠相勤申候。右被召出候品々先祖之儀は不奉存候。寛永廿一年御知行御竿御改之節二割出目被下置、御知行高拾壱貫六百文被成下候。拙者幼少より弓数寄仕候段

義山様御耳相立、江戸へ被召出候て、部屋住にて弓稽古被仰付候砌、慶安三年於江戸別して御切米四両・御扶持方四人分成田木工を以被下置候。親新蔵人同三年正月十七日病死仕候。同年三月十九日茂庭周防を以家督無御相違被仰付、其上拙者被下置候御切米・御扶持方被指添被下置候。其以後寛文元年に御下中御知行御扶持方両様取持仕候は御知行被直下候節、御切米御扶持方御知行四貫八拾六文に相直、都合御知行高拾五貫六百八拾六文に被成下、勿論従

御代々之御黒印共奉頂戴候。以上

延宝七年八月廿六日

13 生江勘七

一貞山様御代元和年中私曽祖父生江縫殿御知行高三拾七貫五百四拾六文之内、嫡子生江八右衛門に弐拾四貫五百四拾六文、二男拙者祖父生江十三郎に拾三貫文被分下度由願指上候処、願之通被分下候由承伝候。其節之年号承伝不申候。

御同代寛永六年七月十八日右生江十三郎病死仕候。嫡子拙者親生江平右衛門に、御知行高拾三貫文無御相違奥山大学を以同年被下置候由承伝申候。

義山様御代寛永年中大御検地之時分二割出目弐貫六百文拝領仕、御知行高拾五貫六百文被成下候。其節之御黒印致頂戴所持仕候。

御同代明暦元年二月四日右生江平右衛門病死仕、同年五月先津田豊前を以御知行高拾五貫六百文無御相違拙者被下

置候。其節之御黒印頂戴仕候。
御当代被下置候御黒印、是又頂戴取持仕候。以上
延宝五年四月五日

14　三浦五兵衛

一　拙者儀三浦惣左衛門嫡子に御座候処、寛文三年二月三日田村図書手前物書に被召出、御切米弐両・御扶持方四人分新規に奥山大学を以被下置相勤申候処、同六年十二月七日御切米壱両・御扶持方三人分之御加増古内志摩・原田甲斐を以被下置候。同年極月十七日野谷地五町拝領自分致開発、高八貫四百七拾六文、延宝元年五月廿一日於江戸大条監物を以被下置候。広田古彦左衛門儀拙者伯母夫に御座候。彦左衛門知行高三拾六貫文之内六貫文之所、拙者に為分取申度段果申候時分遺言仕候付て、従弟当彦左衛門右之品申上候処、願之通被成下、右彦左衛門知行高三拾六貫文之内六貫文拙者被分下旨、延宝元年六月九日柴田中務・小梁川修理を以被仰渡候。依之都合拙者知行高拾四貫四百七拾六文、御切米三両・御扶持方七人分御座候。御黒印は于今頂戴不仕候。以上
延宝五年二月十八日

15　日下五右衛門

一　拙者親日下太左衛門儀伊達右衛門殿へ御奉公仕候処寛永三年御死去被成、同年貞山様へ被召出、中島監物を以御知行五貫弐拾七文被下置、同九年右監物を以御加増之地弐拾壱貫八百七文被下置、

都合弐拾六貫八百三拾四文被成下候。右御加増被下置候品々病気故不分明御座候。

義山様御代惣御検地之時分、二割出目五貫三百六拾六文取合三拾弐貫弐百文被成下、御黒印頂戴仕候。其後親太左衛門隠居願申上候処、願之通被仰付、拙者に跡式無御相違右知行高之通被下置旨、寛永廿一年八月十四日中島監物を以被仰渡、其以後明暦元年六月二日古内古主膳・成田木工を以御奉公精入候付て、御加増之地拾弐貫八百文被下置旨被仰渡、都合四拾五貫文に被成下御黒印頂戴仕候。然処拙者嫡子三郎左衛門、無足にて江戸大番組に相願如願被召仕候処病死仕候故、右三郎左衛門嫡子権三郎御小性組に奉願被召仕候て、於江戸病死仕候。拙者二男藤兵衛名跡被成下、拙者に被下置御知行高四拾五貫文之内四拾貫文にて右藤兵衛兄三郎左衛門如御奉公之被召仕、残五貫文之所拙者被下置死後は右三郎左衛門二男松之助に被下置度旨奉願候処、右四拾五貫文之内三拾貫文藤兵衛に被分下、拙者儀は残拾五貫文にて御奉公仕、死後には松之助に可被下置旨、延宝四年三月七日柴田中務を以被仰渡候。其後拙者知行続野谷地拝領開発新田三百八拾九文之所、延宝五年正月十三日於江戸、小梁川修理を以被下置、都合拾五貫三百八拾九文被成下候。以上

延宝七年二月廿二日

16　高城玄春

一先祖誰様御代、拙者先祖誰を始被召出、御知行何程被下置候哉、其段不承伝候。養曽祖父笠木喜兵衛儀貞山様御代御奉公仕候由承伝候。養祖父笠木孫助儀真山式部三男に候処、右喜兵衛聟名跡被成、喜兵衛跡式被下置候由、年号・御申次知行高等相知不申候。孫助男子無之付て、養父高城植安儀、高城九郎三郎実子にて孫助甥に

候付、聟名跡被成右孫助隠居被仰付、此節御知行高五貫弐百弐拾文之所、貞山様御代寛永十年十月九日中島監物・石田将監を以植安被下置候。右孫助存生之内御売野谷地申請自分開発仕候由に候得共、何時地高・被成下候哉、新田高・御申次・年号等相知不申候。本地右新田取合、且又二割出目等被下置候哉、寛永廿一年に都合拾壱貫百文被成下、御黒印頂戴仕于今取持仕候。植安儀幼少より足痛申候て、行歩不自由御座候付、俗にて御奉公相勤申儀成兼申候故、其段貞山様御代奉願医師之御奉公相勤申候。

御当代右知行切添起目壱貫六百弐拾六文之所、延宝元年十月廿九日大条監物を以被下置、都合拾弐貫七百弐拾六文罷成候。右植安男子無之付て、拙者儀古木幡作右衛門二男植安甥候付聟名跡被成下度旨、品川様御代願上、万治二年奥山大学を以如願被仰付候。植安儀延宝二年病死仕跡式拾弐貫七百弐拾六文之所無御相違、同年七月十三日各務釆女を以拙者被下置候。且又植安存生之内海新田申請自分開発高弐貫五百八拾壱文之所、延宝六年五月廿一日黒木上野を以拙者被下置、当時私拝領之御知行高拾五貫三百七文御座候。植安儀、実父之苗字高城を名乗来儀、如何様之品御座候哉相知不申候。以上

延宝七年六月廿八日

17　岡部助之丞

一　拙者先祖田村御譜代御座候。曽祖父大内左馬丞二男拙者祖父同氏斎兵衛儀貞山様御代片倉備中を以被召出、御切米弐両・四人御扶持方被下置、御歩行御奉公仕候。然処

貞山様御代岡部大隅と申者所へ祖父斎兵衛聟名跡被仰付、大隅跡式御知行高五貫文被下置、右御切米御扶持方御知行三貫六百三拾七文被直下、都合八貫六百三拾七文被成下旨、馬場出雲を以被下置候。其後
貞山様御代、御買新田三貫文祖父斎兵衛加増被下置、
義山様御代御検地已後二割出、弐貫三百弐拾七文被下置候。二割出之外百五拾五文何之品にて被下置候哉不承伝候。
都合拾四貫百拾九文之高被成下候。右大隅先祖儀は、岡部玄節方より可申上候。且又大隅跡式御知行誰を何年に被仰付候哉、御切米御扶持方如何様之品を以何年被下置候哉、并新田拝領仕候年号・御申次不承伝候。寛永十九年七月廿八日病死仕、跡式親斎兵衛に被下置度由願差上候処、古内伊賀を以右御知行無御相違、右同年親斎兵衛被下置候。其後
義山様御代久荒新田壱貫百弐拾七文田中勘左衛門御取次を以、慶安三年右新田親斎兵衛拝領仕、右御知行合拾五貫弐百四拾六文御座候。延宝四年十二月廿日親斎兵衛病死仕、跡式被下置度由申上候処、柴田中務を以右御知行無御相違、延宝五年四月九日被下置候。先祖之儀は年久儀にて委細不奉存候。以上

延宝五年四月廿七日

18 今村三十郎

一 拙者曽祖父今村出雲儀
誰様御代被召出候哉、品々不承伝候。御知行高拾貫八百文被下置致御奉公候処病死仕、
貞山様御代右出雲跡式嫡子同名蔵人無御相違被下置御奉公相勤、

義山様御代野谷地申請開発、新田四貫四百弐拾八文拝領仕、都合拾五貫弐百弐拾八文之高被成下由承及候。右家督新田拝領仕候年号・御申次等不承伝候。

義山様御代祖父蔵人明暦元年八月四日病死、跡式同年十月廿二日、先古内主膳を以親蔵人に被下置、右蔵人延宝二年九月十一日病死、同三年正月廿五日拙者に家督無御相違被下置之旨、柴田中務を以被仰付候。

御先代之儀、幼少にて委細不存候。以上

延宝五年三月廿一日

19　中村権四郎

一　拙者親中村権七儀は、中村長門二男

貞山様御代右長門御知行三拾貫文被下置、御奉公仕候内、野谷地拝領仕候。長門老衰仕付て隠居願申上候節、右三拾貫文之内弐拾貫文嫡子対馬被下置、残拾貫文と右起目高弐貫七百四文之所二男権七に被分下置度由申上候処、願之通被成下由承伝候。拙者未生以前之儀御座候故、御申次・年号不承伝候。親権七御奉公仕罷在候処、寛永九年予州へ御用被仰付罷登、同十一年十月朔日於予州権七病死仕候。右御用之品拙者三歳に罷成候間不奉存候。家督之儀、

貞山様へ佐々宗春御披露被申上候処、跡式無御相違右宗春を以被下置候。拙者幼少故年号覚無御座候。拙者拾五歳迄は権七弟同性勘太郎御番代可為仕由被仰付、四ヶ年程御奉公相勤寛永十六年二月朔日右勘太郎病死仕候。且又拙者両度迄類火仕に付て、覚書等一字致焼失候故、委細覚無御座候。

義山様御代寛永十八年惣御検地之砌二割出目を以、高拾五貫弐百文被成下、同廿一年八月十四日御黒印奉頂戴候。寛文元年十一月十六日之御黒印奉頂戴候。右之通承伝を以申上候。先祖之儀惣領筋目御座候間、中村正右衛門方より可申上候。以上

延宝五年四月廿五日

20 斎藤権左衛門

一 拙者親同名勘平儀

貞山様御代被召出、御切米五切・四人御扶持方にて御歩小性仕候。誰を以被召出候哉、年久儀御座候間覚不申候。寛永十二年三月二日右勘平儀於江戸病死仕候。同年五月廿八日大町内膳を以拙者跡式被下置、御歩小性御奉公仕候。同十三年江戸糀町御堀御普請之刻被為相登候処、

貞山様御遠行付て、御普譜被相除候故、江戸に罷在候内、直々

義山様へ後藤上野を以被召出、柴田外記・松本出雲御番組十ヶ年相勤申候。正保三年

綱宗様御部屋之時分

義山様より被仰請、

綱宗様へ御奉公申上候。御歩小性組には拙者弟同名伊左衛門被仰付、拙者儀は、御小性之間にて被召仕御樹番相勤申候。其節為御合力弐両壱人御扶持方被下置候由、津田先豊前を以被仰付候。同三年日光御社参之時分諸役相勤申候。小身にて御奉公罷成間鋪候間、進退持申候女房被下置候由にて、跡部是安娘に拾切四人御扶持方被下被指

置候を、古内先主膳を以御引合被下候。妻女に被下候御合力之分は、私進退之高には不罷成、於于今被下置候。其節私進退五切四人御扶持方之上へ右御合力弐両壱人御扶持方御加増に被成下、三両壱歩五人御扶持方被成下之旨、右主膳を以被仰付候。承応二年三両御加増被下置、六両壱分五人御扶持方に被成下旨、古内先主膳を以被仰付候。正保三年より、

綱宗様御入国迄定詰仕、御小性之間にて御櫛番相勤申候。其より上下替御番被仰付候。寛文元年二月廿二日八両四人御扶持方御加増被下置、合拾四両壱歩九人御扶持方被成下旨、富塚内蔵丞を以被仰付候。段々江戸詰仕勝手困窮仕候間、右御切米御扶持方之通御知行被直下度旨御訴訟申上候処、拾弐貫百九拾三文に被成下候由、同四年七月廿三日於江戸品川、大町先備前を以被仰付候。且又娘壱人持申候間、吉江五郎左衛門弟権三郎聟名代仕五郎左衛門知行高之内三貫文権三郎に被分下度旨、親類共連判を以御訴訟申上候処、願之通被成下、御知行拾五貫百九拾三文に被結下之由、延宝三年二月二日柴田中務を以被仰付候。以上

延宝四年十二月十六日

21　熊谷二兵衛

一　私祖父熊谷二兵衛儀従先祖葛西へ奉公仕候処、葛西晴信没落以後浪人罷成、

義山様御代寛永十二年之比山口内記を以被召出、御切米弐両・四人御扶持方被下置候。然処野谷地拝領開発高壱貫百七拾九文之所、従

義山様正保三年二月四日右内記を以被下置、其後先年拝領仕候野谷地起残開発高六貫三百九拾六文御知行高被結下

旨、従

義山様右同人を以被仰付、其已後承応二年十二月十三日持添之御切米弐両・四人御扶持方御知行被直下、本地三貫弐百文之所被下置旨、従

義山様右同人を以被仰付、都拾貫七百七拾五文之高被成下候。如何様之品を以右御切米・御扶持方御知行に被直下候哉、私承知不仕候。承応三年六月廿三日古二兵衛病死仕付て、跡式御知行高之通無御相違拙者被下置之旨、同年十月廿五日従

義山様右内記を以被仰付候。且又

綱宗様御代先年親二兵衛拝領之野谷地起残開発高三貫三拾三文之所、万治三年二月十日茂庭周防・富塚内蔵丞を以被下置、其後右拝領之野谷地起残開発高壱貫三百三拾八文之所、同年三月十四日御知行高被結下之旨、奥山大学を以被仰付、都合拾五貫百四拾六文之高被成下御黒印奉頂戴候。以上

延宝七年三月六日

22 中津川左覚

一 拙者親中津川左覚儀中津川和泉実弟御座候。

義山様御部屋住之節元和五年御歩行衆被召出、御切米四両・四人御扶持方被下置御奉公相勤申候処、寛永廿一年三月十四日奥山古大学・津田中豊前を以御歩目付、御役目被仰付御知行拾貫文拝領仕候。其節右四人御扶持方は被下置、御切米四両は被召上候。寛永十九年山口内記・武田五郎左衛門を以野谷地申請、此起目弐貫八百三拾弐文

之所正保三年六月廿四日富塚内蔵丞・奥山古大学を以拝領仕、合拾弐貫八百三拾弐文と御扶持方四人分之進退高被成下候。右左覚

義山様へ被召出候御取次不承伝候。万治三年九月八日右左覚病死仕、跡式御知行高御扶持方共無御相違拙者被下置之旨、同四年二月廿五日奥山大学・古内主膳を以被仰付候。寛文元年霜月十六日諸侍衆御知行・御扶持方持添御座候は御知行に被直下候節、右四人御扶持方壱貫八百文被直下候由、御割屋奉行衆より御触にて申来候。御割屋奉行衆誰より申来候哉然と覚不申候。右合拾四貫六百三拾弐文に被成下候。且又知行地尻野谷地被下置度旨、其節御郡奉行小川縫殿丞方迄申達、寛文十一年三月十九日右起目四百七拾六文之所、片倉小十郎を以拝領仕、都合拾五貫百八文之御知行高に被成下、御黒印奉頂戴所持仕候。遠山因幡御番組御座候。但拙者先祖之儀は中津川太左衛門方より書上仕候。以上

延宝七年六月廿二日

23　斎藤孫左衛門

一貞山様御代拙者父斎藤六右衛門儀斎藤外記二男御座候。御歩小性被召出御切米七切と銀三匁・御扶持方四人分被下候処、大坂御帰陣之後桃生郡深谷前谷地にて新田野谷地拾五町申請開発、起高三貫九百文拝領仕候。誰を以被下置候哉、年久儀御座候間不存候。斎藤外記三男拙者伯父斎藤甚助江戸御勘定御奉公仕、御切米御扶持方直高御知行八貫六百六拾文被下置候処、寛永十九年病死仕男子無之付、同廿年古内伊賀を以私親右六右衛門被下置、六右衛門拝領之新田三貫九百文取合拾弐貫五百六拾文之所被成下、御歩小性御免御国御番仕候。御扶持方御切米は被

召上候。拙者先祖之儀斎藤伊右衛門方より書上申候。寛永年中惣御検地之節ニ割出目拾五貫百文被成下候。六右衛門儀明暦三年九月病死仕候。跡式古内中主膳を以拙者無御相違、同年十二月被下置御黒印頂戴仕候。以上

延宝五年正月十五日

24 市川正左衛門

一誰様御代拙者先祖始て被召出候哉、曽祖父以前之儀不承伝候。拙者曽祖父市川肥後米沢御譜代之由承伝候。御知行弐拾貫文被下置候由御座候。肥後子供平八郎と申候て御座候処病死仕、平八郎子供新兵衛と申候て御座候。然処肥後病死仕候刻幼少故、跡式断絶仕候由承候。

貞山様御代拙者養父右市川新兵衛被召出、御知行五貫四百六拾弐文御切米壱両被下置候由、年号・御申次は不承伝候。義山様御代右新兵衛願申上候は男子持不申、拙者儀新兵衛甥に御座候。聟名跡仕度由古内古主膳を以申上願之通被仰付候。然ば寛永十五年六月新兵衛病死仕候付て、新兵衛跡式五貫四百六拾弐文御切米壱両無御相違於江戸、同年十月二日右主膳を以被下置候。且又拙者実父庄子掃部知行高弐貫四百三拾三文御座候。別に子共無御座候付て、拙者知行高に被相添被下度由、右主膳を以申上願之通被成下、寛永十七年四月二日右主膳を以被仰付候。同弐拾壱年惣御知行割之砌右御切米、御知行被直下度旨訴訟申上候処、七百文被直下、惣御検地ニ割出共拾貫弐百文之御黒印頂戴仕候。正保二年野谷地申請、自分開発壱貫八百拾六文慶安二年極月廿九日に右主膳を以被下置、且又承応三年野谷地申請、同起目壱貫四百十八文之所、寛文元年十一月十六日本地新田共取合拾三貫四百三拾四文之御黒印頂戴仕候。

御当代宮城高崎村拙者除屋敷へ御竿申請、代高四百四拾七文之所、寛文十一年五月八日被下由、片倉小十郎を以被仰付、本地共拾三貫八百八拾壱文之御黒印頂戴仕候。壱貫百六拾六文切添起目、延宝元年十月廿八日大条監物を以知行高被成下由被仰付候。御黒印于今頂戴不仕、御書替所持仕候。取合知行高拾五貫四拾七文被成下候。以上

延宝五年正月廿一日

25　今村平右衛門

一　拙者儀今村蔵人二男御座候。寛永廿年義山様御代無足にて被召出、同廿一年江戸御供仕罷登御奉公相勤、同年極月廿一日先古内主膳を以御切米四両・御扶持方四人分被下置候。其以後拙者伯父大浪十太夫野谷地拝領仕、起目之通右十太夫願を以、義山様御代明暦三年右新田拾貫九百四拾八文、古主膳以拙者に被下置候。御当代奥山大学を以。寛文二年三月十八日御家中並を以、御切米御扶持方御知行被直下四貫八拾六文、都合拾五貫三拾四文之御黒印致頂戴候。以上

延宝五年三月十三日

侍衆

御知行被下置御帳（二十八）

拾五貫文

1 平井作兵衛

一 拙者舅平井源右衛門儀永井御譜代御座候。

貞山様御代に馬場出雲を以被召出、御知行五貫文右源右衛門被下置候。年号不承伝候。其以後

義山様御代寛永弐十一年惣御検地二割出目壱貫文被下置、都合六貫文被成下候。拙者儀は

貞山様御代に蟻坂丹波を以、御切米二両・四人御扶持方被下置、御小道具奉行被仰付、江戸御番相勤申候。

義山様御代御居物役目被仰付、江戸定詰仕候に付、山口内記を以御加増三両弐人御扶持方被下置、五両六人御扶持方被成下、拙者儀右源右衛門聟苗跡申合候付、源右衛門歳寄御奉公不罷成候故、

義山様御代右内記を以隠居仕度段、願差上申候得ば、寛永二拾一年四月十四日隠居被仰付、源右衛門本進退高六貫文拙者被下置、其上為加増御知行九貫文同年同月被下置、都合拾五貫文被成下候て御黒印頂戴仕候。右御切米御扶持方は被召上候。以上

延宝五年三月十六日

2　馬場三七

一　拙者曽祖父馬場丹後次男馬場次郎左衛門儀、伊達安房殿に奉公仕候処、右次郎左衛門嫡子拙者親吉兵衛儀、貞山様御部屋住之節御小性組被召出、五・六ヶ年無進退にて御奉公仕候處、御切米五両四人御扶持方被下置、御奉公数年首尾能相勤申に付、正保三年六月廿三日古内故主膳を以、御知行十五貫文義山様御代拝領仕候。其節前之御切米御扶持方は被召上、引続御奉公相勤、其以後親吉兵衛隠居仕度由奉願候處、延宝三年正月廿八日に願之通隠居被仰付、且又拙者儀吉兵衛嫡子に御座候付、跡式無御相違私に被下置之旨、御当代柴田中務を以被仰付御黒印頂戴仕候。先祖之儀は惣領筋目に付、平賀源蔵処より委細可申上候。以上

延宝五年三月十八日

3　丹野源右衛門

一　私祖父丹野外記
貞山様御代被召出御奉公仕候。弐両壱分銀六匁被下置候。其より陽徳院様へ被相付、御奉公仕候処に、寛永十七年に外記相果申候。外記進退弐両壱分銀六匁被下置候処、子源右衛門に為御加増外記に被下置候御切米弐両壱分銀六匁津田近江を以、寛永十八年六月朔日被下置候。源右衛門儀、義山様御小座住居より被召出、御小性御奉公仕候。

義山様より源右衛門に御切米七両・御扶持方四人分被下置候。寛永十五年六月十八日に田中勘左衛門・古内伊賀を以、為御加増御扶持方六人分被下置候。外記に被下置候御切米弐両壱分銀六匁、源右衛門に被下置候御切米七両・十人御扶持方都合九両壱分銀六匁・御扶持方十人分之進退に被成下候。寛永弐十壱年八月十四日に高十五貫文之御知行被成下候。右之品は如何様之御様子にて被成下候哉、拙者儀幼少にて其節御座候故、委細不奉存候。親源右衛門儀、寛文元年相果申候処に、跡式御知行高十五貫文源右衛門に被下置候。御知行高之分御当代に罷成、寛文弐年二月十一日に奥山大学江戸へ被申上、富塚内蔵丞・柴田外記を以右京様へ御披露被申上、同年二月十七日に奥山大学を以無御相違拙者に被下置候。同弐年六月十日に於御割屋御黒印頂戴仕候。先々之儀久敷儀に御座候故、様子委細不奉存候。以上

延宝五年三月十日

4 鈴木新兵衛

一 拙者親鈴木新兵衛儀鈴木帯刀次男御座候処、貞山様御代、慶長年中惣侍衆次男・三男迄御目見仕候付、右新兵衛儀、山岡志摩御取次にて御目見仕候。然処に貞山様御意被遊候は、鈴木帯刀事加美郡宮崎にて討死仕候御忠節申上候段御覚被成候。帯刀子に候間可被召仕由以御意慶長八年被召出、御切米御扶持方被下置由承伝候。誰を以被下置候哉、御合力員数不奉存候。其以後右之御切米御扶持方御知行に被直下候。高三貫八百十六文被成下候由年号不奉存候。義山様御代惣御検地二割出目拝領仕、高四貫五百七十九文被成下、寛永弐十壱年八月十四日之御日付御黒印奉頂戴

候。右新兵衛年久敷御奉公仕候中、数多御役目相足申候処無恙相勤申候段義山様御耳相達、為御加増御知行十貫四百弐十壱文之所、正保三年六月廿三日山口内記を以拝領仕、本地取合高十五貫文被成下御黒印頂戴候。且又新兵衛老衰仕候付て、隠居願申上候処、寛文弐年正月十九日に、奥山大学を以願之通被仰付、右御知行十五貫文之所無御相違拙者に被下置、御黒印奉頂戴候。先祖之儀は惣領筋目に御座候間、鈴木伝左衛門申上候。以上

延宝七年三月十四日

5　中村兵左衛門

一　拙者父中村加右衛門寛永八年義山様御部屋住之節御右筆に被召出、三両四人御扶持方古内伊賀を以被下置候。御同代御切米弐両御加増被下置、取合御切米五両・四人御扶持方被成下、正保弐年御知行拾五貫文山口内記を以被下置、右御切米御扶持方は被召上候。拙者兄中村三太夫義山様へ御小性に被召出、三両四人御扶持方田中勘左衛門を以被下置、慶安弐年十一月十七日病死仕候に付て、拙者右御切米御扶持方慶安三年山口内記を以被下置、義山様御小性被召仕候。其後父加右衛門病人に罷成御奉公勤兼申に付て、隠居願上申候処、無御相違相叶、十五貫文御知行地承応三年に山口内記を以拙者に被下置、家督に被仰付候。三両四人御扶持方は被召上候。当時十五貫文被下置候。御黒印所持仕候。以上

延宝五年二月十四日

6 田手善右衛門

一貞山様御代拙者祖父田手日向御知行六貫文被下置被召出候。年号・御申次承伝不申候。

御同代右日向病死仕候付、嫡子善左衛門右日向跡式六貫文無御相違被下置候。年号・御申次承伝不申候。

御同代志田郡之内飯川村野谷地申請、自分開発高六貫五百文中島監物を以拝領仕、十弐貫五百文之高被成下候。年号不承伝候。

義山様御代二割倍二貫五百文寛永弐十一年八月十四日中島監物を以被下置、十五貫文之高に被成下候。

御同代慶安元年十二月七日右善左衛門病死仕候付、同弐年三月十五日に古内故主膳を以、親家督無御相違拙者被下置候。当時知行高十五貫文に御座候。幼少にて親家督被下置故、委細之儀は承伝不申候。以上
延宝五年四月廿六日

7 村上三郎右衛門

一 拙者親村上正三郎儀祖父同氏九郎右衛門次男に御座候処、改名九郎右衛門罷成候。右祖父九郎右衛門御知行高三拾貫文にて御奉公仕候内、嫡子二宮五助儀も、
貞山様へ別て御奥小性に被召仕、御切米小判四両壱分・四人御扶持方にて御奉公仕候処、祖父九都右衛門御知行高之内拾貫文、右五助に被分下度由佐々若狭を以奉願候処願之通被分下候。年号不奉存候。右御切米四両壱分・四

人御扶持方十貫文にて御奉公仕候。右拾貫文へ寛永十九年六十四文相倍申候品は不奉存候。然処祖父九郎右衛門儀正保元年霜月四日病死仕候付て、家督之儀古内故主膳を以右正三郎被下置度由願上申候得ば五助儀惣領に候間、九郎右衛門御知行高へ五助持来候四人御扶持方共に被指添被下之旨右主膳を以、正保弐年六月朔日に被仰渡候。親九郎右衛門儀は次男に御座候間、最前五助に被分下候十貫文と相倍申候六十四文ニ割出目弐貫拾三文合十弐貫七十七文へ五助御切米四両壱分御知行に被直下候。何程に被直下候哉御直高不奉存候。取合拾五貫文義山様御代正保弐年六月朔日被下置由、右主膳を以被仰渡、同年十月廿八日に右之御黒印頂戴仕候。親九郎右衛門隠居之儀小梁川修理を以奉願候処、右願之通延宝六年二月十日被仰付家督拙者被下置之由右修理を以被仰渡候。祖父九郎右衛門被召出、御知行被下置并五助ニ宮に罷成候品、同人家督同氏長右衛門方より委細に可申上候。以上

延宝七年三月十九日

8　平弥市郎

一　拙者先祖御代々御奉公仕候由承伝候得共、誰様御代先祖誰を始て被召出候哉、曽祖父以前之儀不承伝候。曽祖父平美作儀、貞山様伊達被成御座候時分、御知行被下置、於御当地も御奉公仕候由候得共、御知行高は相知不申候。美作実子同氏次郎兵衛儀、貞山御代新規被召出、御知行三貫三百文被下置、分々之御奉公仕候由承伝候。如何様之品を以被召出、御知行被下置候哉不承伝候。右次郎兵衛実子拙者親同氏十三郎儀七歳之年、

貞山様御代御年男に被召出、十壱歳にて御奥小性被仰付、御仕着并御扶持方四人分被下置、面々御奉公仕候由承伝候。其上曽祖父美作知行四貫九百三拾八文之所実孫御座候間、右十三郎被下置度由美作奉願、右之御知行高十三郎被下置候由申伝候。祖父次郎兵衛病死仕候に付て、次郎兵衛知行三貫三百文之所、親十三郎に貞山様御代御加増被下置、都合御知行高八貫弐百三拾八文被成下御下書取持仕候。其上右之御仕着并御扶持方之上へ御借馬・御借夫等迄被借下、御物置御番被仰付相勤申候。右之通段々御先代被成下候年号・御取次等迄不承伝候。寛永六年御扶持方・御仕着・御借馬御借夫を御知行十六貫八百四拾八文に被直下、都合弐十五貫七拾弐文被成下之由馬場出雲を以被仰付、御黒印頂戴御下書等迄取持仕候。寛永十壱年、右十三郎自分之儀を以手前百性と出入御座候処に、品有之進退被仰付浪人仕候処、義山様御代正保三年被召返、古内故主膳を以四人御扶持方被下置御奉公仕候処、慶安三年二月十一日本知行二割出目共半分之御積を以十五貫文被返下之旨、茂庭周防・右主膳を以被仰付、御黒印頂戴仕候。右御扶持方は其節被召上候。右十三郎改名次郎兵衛罷成候処、実子無之に付て、拙者儀親類に御座候間養子に仕度由、右次郎兵衛願申上候処、願之通
義山様御代山口内記を以被仰付候。然処に次郎兵衛万治弐年八月病死仕候に付て、跡式無御相違右知行高之通拙者に被下置之旨、
綱宗様御代同年十月十日古内中主膳を以被仰付、
御当代御黒印頂戴仕候。以上
延宝七年極月十八日

9　林七兵衛

一　拙者祖父林蔵人信濃浪人にて御座候。

権現様にて被召出候於まつと申上﨟衆蔵人姉にて御座候。

貞山様御代

貞山様へ蔵人被召出被下候様に仕度と、上総介様御袋様頼上申候得ば、其段

貞山様へ被仰遣、御奥之御取次正蔵主御表にて山岡志摩を以蔵人被召出、慶長十四年に千石之御積を以、御知行五十貫文被下置候。蔵人幼少之娘壱人持申候て、慶長十六年病死仕候。

貞山様右之於まつ処へ正蔵主を以、蔵人親類も候はば名跡御立可被下由被仰出候付、慶長十七年林七兵衛蔵人親類に御座候付て、於まつ方より相下候処に、蔵人後家夫婦に被仰付、御知行弐十五貫文被下置候。七兵衛子共持不申、拙者実父成田市右衛門は七兵衛蔵人娘を以聟に仕候故、拙者を名跡に仕度段、

義山様へ申上、御前相済申候。其後七兵衛病死仕、拙者に家督被下置候。其後成田市右衛門儀、貴里志丹宗門御穿鑿御糺明之節、不調法成儀申上、切腹被仰付候。拙者儀養父七兵衛存生之内は七兵衛処に罷在候。七兵衛相果若輩御座候付て、市右衛門同所に罷在候故を以進退被仰付、仙台屋敷は被召上罷在候。其後慶安三年被召出御知行十五貫文被下置候。以上

延宝四年十二月十三日

10　郡山左太郎

一　私先祖郡山摂津守と申、本苗は伊東御座候。仙道之内安積之郡檜和田・音高・早水・目出山・郡山右之五個所知行仕郡山之城罷在候。其子郡山太郎右衛門代天正年中、

貞山様佐竹義重・会津義広・岩城常隆を初御取合之時分味方仕可申由被仰下候付、御味方に相加、城借上被為得御勝利被遊御大慶候由にて、御自筆之御書・御朱印等被下置候。于今所持仕候。右之御取合之時分より

貞山様へ御奉公仕候。弟同苗善五郎儀も御奉公仕候由申伝候。米沢御国替に付大崎へ御移、岩出山に被成御座候時分郡山太郎右衛門・弟同苗善五郎兄弟岩出山へ参候処、賀美郡之内小野田村百貫文右太郎右衛門に被預置候付、小野田村之御仮屋へ取移可罷在旨被仰付候。右高之内十貫文は先所務可仕旨被仰付候由申伝候。其時分之御申次・年号は不承伝候。

貞山様にては伏見へ御登被成置候。伏見より右太郎右衛門・善五郎早々可罷登由被仰付、則罷登候処、太郎右衛門道中より相煩御目見不仕死去仕候処、嫡子久次郎に右十貫文之御知行被下置、太郎右衛門に改名可仕旨被仰付候。年号并御申次不承伝候。元和四年四月朔日に右太郎右衛門病死仕候処、嫡子三右衛門に跡式立被下置度段申上、同年に無御相違佐々若狭を以被立下候。賀美郡之内一ノ関村にて、右三右衛門御買新田被下置候。起目へ御竿入高三貫文寛永十四年に致拝領候。御申次は覚不申、本地拾貫文寛永十八年惣御検地之節二割出目二貫文被下置、本地新田取合十五貫文之高被成下候。寛永弐十年右三右衛門病死仕男子無之付、弟文左衛門に跡式被下置度旨、

義山様御代茂庭左月を以申上、無御相違同年六月十八日被下置候。右文右衛門寛文四年五月廿七日病死仕、男子無之候付拙者儀門沢八兵衛実子に御座候て右三右衛門孫に御座候。文左衛門苗跡に被立下度由茂庭中周防を以申上、同年八月十四日富塚内蔵丞を以無御相違拙者に被下旨被仰付、右知行高十五貫文被下置御黒印頂戴仕候。以上

延宝七年七月十日

11　原瀬兵衛

一　拙者祖父原大膳儀最上出羽守様へ御奉公仕候処、最上没落之以後亡父瀬兵衛儀弐歳にて御当地へ罷越、伯父高橋彦助介抱を受罷在候処、十六歳にて
義山様御部屋住之節被召出、御切米御扶持方被下置候由申伝候。誰を以被召出候哉年号・御切米御扶持方之員数不奉存候。

義山様御代亡父瀬兵衛に被下置候御切米御扶持方御知行に被直下、其上御加増拝領弐十貫拾壱文之高に被成下候由申伝候。誰を以被下置候哉不奉存候。其節亡父致頂戴候御黒印、寛永十七年二月十二日之御日付にて取持仕候。

義山様御代寛永年中大御検地之節、二割出目を以弐十四貫文被成下候。正保弐年十月廿八日之御黒印取持仕候。

義山様御代慶安弐年於江戸亡父瀬兵衛病死仕候節、存命之内為上使成田木工を以跡式無御相違嫡子清左衛門可被下置候間、有難可奉存由被仰付之旨右木工被申渡、勿論相果申候以後、亡父知行高弐十四貫文右清左衛門に被下置候。同年十月十一日に清左衛門致頂戴候。御黒印所持仕候。

御当代寛文弐年右清左衛門於江戸相果、実子無之故、拙者儀清左衛門実弟に御座候間、跡式拙者に被立下度旨、親類共願申上候処、右御知行高弐十四貫文之内九貫被召上、残拾五貫文拙者に被立下之旨、同年十二月十五日奥山大学を以被仰渡候。其節拙者致頂戴候御黒印所持仕候。右之通先祖より御知行被下成候品々可申上由被仰付候故、書上申候。拙者四歳之節父相果、兄清左衛門にも幼少にて離申候故、亡父代之儀分明に不奉存候。承伝候通申上

候。以上

延宝五年三月十五日

12　八嶋又兵衛

一　拙者先祖伊達御譜代之由承伝候得共、

誰様御代先祖誰を初て被召出候哉、高祖父以前之儀相知不申候。高祖父八嶋七郎左衛門儀、杉目御前様へ被相付御奉公仕候由に候得共、進退高等不承伝候。右七郎左衛門嫡子拙者には曽祖父同氏備前儀、貞山様御代に御扶持方・御切米被下置御奉公相勤申候。御扶持方・御切米・員数は相知不申候。元和元年大坂へは嫡子同氏主膳馬上にて御供仕、以後主膳今内に改名仕候。元和弐年に長尾主殿を以、御知行十五貫文右備前に被下置候。右御切米・御扶持方御知行に被直下候哉、且又御知行新規に被下置、御切米・御扶持方被召上候哉、其段も不承伝候。寛永五年右備前病死仕候。跡式十五貫文之所嫡子八嶋今内、同年中島監物・蟻坂丹波を以被下置、御奉公相勤申候処、

義山様御代寛永十五年に右今内不調法之儀御座候て進退被召上、

御同代慶安元年於松島

貞山様御法事に付、浪人数多被召出候節、祖父今内被召出、本地十五貫文被返下候。御申次は相知不申候。同三年三月御黒印頂戴仕候。

綱宗様御代に右今内万治弐年霜月病死仕候。今内嫡子喜膳牢人之内病死仕候に付、次男同氏又右衛門に跡式無御相

違被下置候。御取次は不承伝候。寛文元年
御当代に御黒印頂戴仕候。然処に又右衛門儀、実子無之候に付、拙者儀右喜膳嫡子又右衛門には甥に御座候に付、
養子仕度段奉願候処に、如願被成下之旨茂庭故周防を以被仰付、御目見仕罷在候処に、右又右衛門寛文十弐年正
月病死仕候に付、同年三月十八日に古内志摩を以、右苗跡無御相違拙者に被下置、御黒印頂戴仕候。以上
延宝七年十月十三日

13　栗原七郎兵衛

一　拙者実父栗原三右衛門儀
綱宗様御代石谷将監殿より古内主膳方迄被相頼候に付て、御知行高十五貫文被下置被召出候。右三右衛門儀於江戸
寛文二年病死仕に付、右之跡式同年七月三日奥山大学方より蜂谷六左衛門を以、江戸於御長屋無御相違、
御当代拙者被下置旨被仰渡候。幼少故同年八月廿六日御当地へ被相下、同四年に御国御番被仰付相勤申候。右御知
行高十五貫文之御黒印頂戴仕候。以上
延宝四年十二月廿日

14　桑嶋伊兵衛

一　拙者四代以前之曽祖父古山久助儀、
貞山様永井御時代被召出、御奉公仕候処に、馬医役目被仰付相勤申候処に、文禄元年高麗御陣へ御供仕、さるみと

中者生捕仕候付、為御褒美信国之御腰物・国俊之御長刀・七星之御小旗拝領仕候由承伝于今右三色共所持仕候。
其以後慶長四年に桑嶋万喜へ被相付、馬医伝受可申由被仰付、桑嶋と苗字相改可申由被仰付候由承及候。右久助
儀慶長廿年役目に付致参内被任肥前、
御綸旨頂戴于今所持仕候。元和九年御上洛御供仕罷登、於京都同年八月廿日に病死仕候。肥前御知行高廿六貫文之
所嫡子同氏新七に無御相違被下置候。御取次は誰を以被下置候哉不承伝候。右肥前御知行何時被下置御奉公仕候
哉、分明不存知候。且又
義山様御代寛永弐十壱年大御検地二割出目五貫弐百文被下置、三拾壱貫弐百文之高に被成下、柴田郡大谷村にて自
分開発之新田三貫七百八十五文、正保三年十二月十日に拝領仕、本地新田取合三拾四貫九百八拾五文之高に被成
下御黒印奉頂戴候。御取次は誰を以被下置候哉不承伝候。右新七儀、引続馬医役目被仰付相勤、肥前同道仕元和
九年御上洛御供仕罷登、役目に付て致参内被任伯者
御綸旨頂戴仕候。依之両代共御呼懸被仰付、江戸御国共数年御奉公仕候。伯耆事
義山様御代慶安三年二月八日病死仕候。嫡子内蔵之助跡式無御相違、同年六月廿日成田木工を以被下置馬医役目相
勤、其以後帯刀と名改申候。
御当代に罷成寛文元年御番にて罷登、於江戸同年六月八日病死仕候。右之通先祖勤功も有之肥前伯耆両代、
御綸旨頂戴依之御呼懸に被召出、亡父帯刀迄引続御奉公仕候末と申、跡式被下置度奉存願申上候処、御知行被相減、
右御知行高三拾四貫九百八十五文之内十九貫九百八十五文被召上、残十五貫文拙者に被下置候段、兵部殿・隠岐
殿被仰付候由、寛文元年八月廿二日に奥山大炊を以被仰渡候。拙者儀七歳之時親帯刀相果申に付、先祖之儀承伝

を以申上候。当時拙者御知行高十五貫文に御座候。以上
延宝五年四月二日

15　真山弥太夫

一　拙者先祖伊達御譜代之由承伝候得共、先祖誰様御代被召出候哉、養祖父以前之儀不承伝候。養祖父真山伝之丞儀
貞山様御代御切米壱両弐分・五人御扶持方被下置候処、老衰仕候得共男子無御座候に付、拙者実父真山作兵衛儀は
伊達御譜代皆川丹波子同氏美濃実子三男御座候を、右伝之丞名跡に申上候処右之御切米御扶持方苗跡共に
貞山様御代右作兵衛に被下置候。何年誰を以被下置候哉不承伝候。拙者儀は正保弐年十月十五日
大殿様御部屋住之時分、可被召仕由御直に被仰付に付、同年十一月十日に古内故主膳を以御奥小性に被召出、無進
退にて三年御奉公仕候処、慶安元年に御切米三両・四人御扶持方
義山様御代右主膳を以被下置候。其後承応三年
義山様御代何も並に御切米壱両為御加増成田木工を以被下置候。其以後
大殿様御代之年万治元年何も並に御切米三両為御加増奥山大学を以被下置候。其後右作兵衛隠居願、右大学を以指
上由候処、寛文元年六月十四日作兵衛御切米御扶持方、右大学を以為御加増被下置候。都合御切米八両弐分・九
人御扶持方被成下、正保弐年より寛文九年迄弐十五ヶ年致勤仕候処、同年九月十八日古内志摩を以被仰渡候。其
身事年久敷御奉公無恙相勤候段、
大殿様依御意為御加増御知行高十五貫文之所被下置、右之御切米御扶持方は被召上候。御黒印頂戴仕候。以上

延宝四年四月十七日
16　桐ヶ窪新兵衛
一　拙者祖父桐ヶ窪一伯と申者米沢にて御奉公仕候。
誰様御代何年に誰を被召出、進退何程被下置哉承伝不申候。御当地へ御国替被遊候節米沢にて右一伯病死仕、其時分拙者実父同氏新兵衛幼少故、御当地へ御供不仕、其以後御当地へ罷越、
貞山様御代文録弐年親新兵衛十五歳にて屋代勘解由を以被召出、無足にて御奉公仕、其以後御歩行御奉公被仰付、御切米銀子七十五匁・五人御扶持方被下置、其後御歩行之御番頭被仰付候節、
貞山様代御知行十貫文被下置、右御切米御扶持方は被召上候。右御知行何年に誰を以被下置候哉承伝不申候。其後
義山様御代二割出拝領仕、十弐貫弐百五拾弐文に罷成候。慶安弐年九月親新兵衛病死仕、其節拙者十壱歳に罷成候。跡式無御相違拙者に被下置之由、同年十一月廿七日成田木工を以被仰渡、御黒印頂戴仕候。拙者十五歳より古田九兵衛御番組にて御国御番三ヶ年相勤申候処、明暦元年八月廿一日
綱宗様御部屋へ御小性組に被召出之由成田木工を以被仰付、同年九月江戸へ罷登、万治弐年
綱宗様御入国迄五ヶ年江戸定詰仕、引続品川にて御奉公仕候。其後寛文弐年三月御物置番御役目被仰付、同年七月廿五日柴田外記・大条監物を以御加増之地弐貫七百四拾八文被下置、取合高十五貫文に被成下寛文弐年十月六日に御黒印頂戴仕候。右御奉公仕候年数、御国御番三ヶ年江戸御番当年迄弐十四ヶ年、都合弐十七ヶ年無懈怠相勤申候。以上

延宝七年八月晦日

17 摺沢十郎兵衛

一綱宗様御部屋住之時分、慶安三年六月四日拙者儀、前古内主膳を以御小性組に被召出、同年十月四日右主膳御申次にて、御切米三両・四人御扶持方被下置候。其上万治元年十一月廿六日御切米四両之御加増、取合七両・四人御扶持方被成下候。然処同弐年摺沢加右衛門病死仕候。名跡無御座候付、加右衛門聟田中十左衛門娘を兼て養子に仕置申候。此娘に以御目当聟苗跡被仰付被下度旨、加右衛門親類共奉願候付て、加右衛門知行高八貫四百八十四文之所、同年三月廿一日大条兵庫を以拙者被下置、摺沢加右衛門苗跡被仰付候。右加右衛門親同氏左馬之助葛西浪人御座候処、

貞山様御代被召出、御切米三両・四人御扶持方被下置中之間御番相勤申候由承及候。

貞山様御代寛永十壱年二月晦日右左馬助病死仕候。跡式無御相違子共加右衛門被下旨承及候。年月は不存候。

義山様御代寛永弐十壱年八月十四日右御切米御知行四貫六百五拾六文被相直被下置由御黒印所持仕候。正保三年六月廿三日新田御加増壱貫三百三拾九文被下置御黒印所持仕候。慶安五年四月六日新田御加増六百八十九文被下置御黒印取持仕候。明暦元年十二月廿五日御知行壱貫八百文被下置旨承伝候。本地新田取合八貫四百八十四文之御黒印所持仕候。且又加右衛門存生之内、野谷地拝領仕候。彼之地起目壱貫八百四拾弐文加右衛門死後、

綱宗様御代万治三年二月十日茂庭古周防・富塚内蔵丞を以拝領仕、取合十貫三百弐十六文は加右衛門知行高并拙者持来候御切米御扶持方共に被下置候。寛文弐年七月八日奥山大学を以、拙者儀部屋より年久敷御奉公無懈怠相勤

申之旨有難御諚にて、御加増四貫六百七拾四文之所被下置、取合十五貫文に被成下、御切米七両・四人御扶持方相添被下置御膳番御役目被仰付、延宝四年迄相勤申候。勿論当時御知行高拾五貫文之御黒印頂戴所持、御切米御扶持方共に被下置候。以上

延宝五年三月十八日

18 小荒井甚兵衛

一拙者祖父小荒井肥前儀、会津浪人に御座候。貞山様御代被召出御知行五貫文被下置候。右肥前家督、拙者親小荒井伊兵衛儀其比は左平次と申候。十四歳にて御小性組に被召出御仕着にて御奉公相勤申候処に、寛永十八年に不調法之儀御座候て進退被召上、伊達安房殿へ被預置候。三ヶ年相過被召出、御知行五貫文名取之内沖野村にて被下置、壱ヶ年相過御手水番に被仰付、御遠行迄相勤申候。

義山様御代寛永弐十壱年惣御検地御割之時分二割出目にて、名取之内沖野村・伊貢之内小斉村にて六貫十三文に被成下候。右小斉村之内西谷地久荒之所、寛永弐十年極月廿二日に武田五郎左衛門・真山刑部・和田因幡を以御蔵新田に被預置候、正保元年に御竿被相入、起目高弐貫五百五拾四文に御座候。承応弐年六月十九日に、真山刑部・山口内記を以右之地御加増に被成下、都合八貫五百六十七文に罷成候。承応弐年親伊兵衛儀京極丹後守様御奥様へ被相付候付、其身隠居にて被為相登、江戸にては従丹後守様弐百五十石被下置候間、鑓為持上下九人にて可罷登候。家督之儀は無御相違拙者に被下置之由、茂庭故周防を以被仰渡候。右伊兵衛儀丹後守様御奥様御遠行

故被相返候に付、隠居分御切米五両・御扶持方五人分被下置之由、明暦弐年四月三日古内古主膳を以被仰渡候。
綱宗様御代に右御切米御扶持方拙者弟同苗伊右衛門被下置、御小性組に被召出、只今に品川へ御奉公相勤申候。拙
者儀十四歳にて
義山様へ御小性組に被仰付、引続
綱宗様へ御小性組に被召仕候。右小斉村割被下候御知行、旱損所にて年々致不作、其上江戸詰仕候て進退困窮、御
奉公相勤兼候品々、
御当代寛文弐年に願申上候処、
義山様御代より引続御奉公相勤、其上持御知行旱損所にて進退困窮仕品々被聞召届候条、御加増之地刈田之内塩沢
村にて六貫四百三十三文被下置、都合十五貫之高被成下旨、柴田外記・大条監物を以寛文弐年七月十八日に被仰
渡候。御黒印頂戴仕候。以上
延宝五年正月廿九日

19　岩渕加兵衛

一　拙者曽祖父岩淵大和より祖父同氏薩摩迄葛西殿より東山之内黄海村被下、同所小音館に被指置御奉公仕候由承伝
候。其後御国浪人仕罷在候処拙者親正蔵儀古内先主膳取立を以、
義山様御代寛永十弐年古内先主膳を以御馬乗に被召出、御切米三両・四人御扶持方被下置候。其後古川へ御出馬被
遊候節御供仕候処に、田中勘左衛門を以加兵衛に改名被成下、江戸壱年詰被仰付御奉公仕候。正保四年に、

綱宗様御部屋住之砌被相付、江戸定詰勤仕申候処、承応弐年大条兵庫を以壱両之御加増被下置、四両四人御扶持方に被成下相詰申候。万治弐年

綱宗様御入国被遊候節御供仕罷下、同年茂庭先周防を以片平壱岐諸役御馬屋頭被仰付、御加増三両弐分三人御扶持方被下置、都合御切米三十切七人御扶持方に被成下御奉公仕候。且又江戸御国共御馬屋頭数年相勤申に付、

御当代奥山大学を代御知行十五貫文寛文弐年九月廿八日拝領仕、右御切米御扶持方其節被召上御黒印致頂戴候。同十年三月江戸勤番に罷登、同八月廿九日於江戸病死仕候。同十壱年二月十五日に古内造酒祐を以家督無御相違拙者に被下置、其上親役目引続被仰付候。当時拙者知行高十五貫文之御黒印頂戴仕候。以上

延宝七年三月十五日

20　栗村喜太夫

一　拙者儀栗村次兵衛次男に御座候処、

義山様御代承応元年正月上郡山故九右衛門を以被召出、御仕着并御扶持方四人分被下置御奉公相勤申候。

綱宗様御入国之年万治弐年為御加増御切米小判三両被下置之旨御直に被仰付、右合御切米三両御・扶持方四人分と御仕着にて致勤仕候。然処数年御奉公仕内々困窮仕候間、以御憐愍右御切米御扶持方御仕着之通御知行被直下候様に仕度段願之覚書指上申候処如願右三色御知行に被相直、其上御加増之地被下、都合十五貫文之高に被成下之旨、

御当代寛文七年十月廿六日古内志摩を以被仰渡、右同年御黒印頂戴仕候。私先祖之儀は右次兵衛嫡子栗村長兵衛書

上申候間、委細不申上候。以上
　延宝五年三月十三日

21　白河半兵衛

一　拙者儀白河宮内次男に御座候処、義山様御代慶安弐年に無足にて御国御番被仰付被下置度由、拙者兄白河志摩方より古内古主膳を以申上候処願之通被仰付、虎之間御番相勤申、明暦三年十二月廿九日御扶持方五人分・御切米四両被下置弥於虎之間御番相勤可申旨、右主膳を以被仰付候。寛文八年迄廿ヶ年御国御番仕候処、病人に罷成候て、相勤可申様無御座候故、渋川助太夫子共半太夫拙者娘に取合家督に被成下度候。且又右助太夫知行所之内、桃生郡深谷小松村新田起目五貫文之所、拙者に分譲申度由奉願候処、願之通寛文八年二月古内志摩を以被仰付、右五貫文之所拙者知行高に被成下候。右半太夫儀寛文八年より御国御番代相勤申候処、御小性組に被召出被下置度旨奉願候処、同九年八月十八日に渡辺金兵衛を以願之通被仰付、延宝四年正月十一日に御入小性被仰付、同五年四月廿五日御膳番御役目被仰付、同六年三月廿九日右半太夫御前へ被召出、御小性組頭御役目被仰付、依之御加増本地取合拾五貫文之高被成下旨御直に被仰出候。御切米御扶持方は其節被召上候。御黒印于今頂戴不仕候。先祖委細之儀は惣領筋目に御座候間白河主殿方より申上候。以上
　延宝七年六日廿二日

22　赤間小左衛門

一　拙者儀実父赤間庄助一男に御座候。亡父庄助進退御切米三両・四人御扶持方は三男同苗庄助に被下置候。拙者儀
　慶安弐年
大殿様御部屋住之節戸田喜太夫を以御小性に被召出、御切米三両・四人御扶持方被下置候。承応三年大条兵庫・古
　内主膳を以御切米弐両御加増被成下、五両に罷成候。
大殿様御代初奥山大学を以御切米三両御加増被成下八両に罷成候。
御当代に罷成、
大殿様依御願、右御切米御扶持方被召上、御知行十五貫文被下置之由、寛文九年九月十八日古内志摩を以被仰付御
　黒印頂戴仕候。拙者儀当年迄弐十九年之内弐十四ヶ年御膳番役無懈怠相勤申候。以上
　　延宝五年二月九日

侍衆

御知行被下置御帳（二十九）

十五貫文

1　白石伊織

一　拙者儀白石円屋五男御座候。万治三年十一月古内主膳を以御小性組被召出、御切米六両・四人御扶持方被下置候。延宝五年十二月十六日御前へ被召出、久御奉公仕候。依之御知行拾五貫文被下置旨被仰出候。拙者知行高拾五貫文に被成下候。勿論右之御切米御扶持方は其節被召上候。右之御黒印于今頂戴不仕候。先祖之儀惣領筋目御座候間、白石孫太郎方より申上候。以上

延宝七年六月廿三日

2　浜田新八

一　拙者儀白石出雲九番目之子に御座候。寛文六年五月拙者十一歳罷成候刻、御当代御奥小性被召出、御切米六両・四人御扶持方被下置、延宝三年迄拾ヶ年江戸定々詰仕御奉公相勤申候所、浜

田小左衛門男子持不申候付、実娘拙者と取合聟名跡仕度由願指上申候処、延宝元年九月於江戸右小左衛門家督願之通被成下旨、小梁川修理を以被仰渡候。拙者儀も引続親子共御奉公相勤申候。然処、年久御奉公相勤申段被仰立を以、延宝五年十二月十六日御座之間へ被召出、於御前御知行拾五貫文拝領仕候。尤其節御切米御扶持方は被召上候。先祖之儀は親同氏小左衛門方より書上申候。以上

延宝七年六月十四日

3 米山久右衛門

一 拙者祖父米山六右衛門儀、

孝勝院様御祝言之御供仕御家へ参、御切米玄米拾五石・御扶持方四人分被下置候。右六右衛門病死仕、嫡子拙者親六左衛門に苗跡無御相違被仰付候。拙者儀は

孝勝院様より古内故主膳を以、

義山様へ被仰上候付、慶安元年極月晦日

綱宗様へ御小性組に被召出、無足にて御奉公仕候付、同三年二月十二日に御切米三両・御扶持方四人分右主膳を以被下置候。其後両度に御加増被成下八両に罷成候。万治三年親六左衛門病死仕候付、同年極月廿七日に六左衛門進退茂庭先周防を以御加増被下置、御切米八両・玄米拾五石御扶持方八人分罷成候を、

綱宗様就御願奥山大学を以寛文弐年十一月廿日に右進退御知行高拾壱貫九百弐拾壱文被直下、御加増三貫七拾九文拝領仕、当時知行高拾五貫文之御黒印頂戴仕候。以上

延宝五年正月十九日

4　木幡十郎兵衛

一　拙者儀木幡但馬三男に御座候。先祖之儀は同氏作右衛門惣領筋に御座候間可申上候。拙者儀は、義山様御代寛永拾六年鴇田駿河を以御年男に被召出、同拾九年迄無進退にて御祝儀之物斗被下置相務申候。同年より御奥小性に被仰付、山口内記を以並御仕着御扶持方四人分被下置、正保三年迄相勤申候。同年より御仕着は被召上、御切米六両四人御扶持方田中勘左衛門を以被下置、御奉公仕御遠行以後御国虎之間御番相勤、御当代寛文弐年御小性組被仰付、段々御役替御手水番・御膳番相勤申候処、延宝五年四月廿五日江戸表於御座之間年久奉公首尾能相勤申に付、御徒頭役被仰付、依之少進に候間御知行拾五貫文被下置旨、御直に被仰出致拝領候。仍右御切米御扶持方被召上、当知行高拾五貫文に御座候。以上

延宝七年三月朔日

5　友田市右衛門

一　義山様御代拙者儀正保四年五月田中勘左衛門を以御小性組に被召出、同年九月廿五日御切米判金壱枚・御扶持方五人分先山本勘兵衛を以被下置候。寛文四年十月右御切米御扶持方御知行に被直下、高六貫五百三拾六文に被成下候。其品は

義山様御代より御近習御奉公仕進退相叶不申候故、御城下屋敷所持可仕様無御座、借屋之躰にて罷在候。御塩味を

以、御切米御扶持方御知行に被直下候はば、其所に在郷屋敷取立江戸非番之時分罷在度由訴訟申上候付、願之通被成下之由於江戸原田甲斐・里見十左衛門引添被申渡候。御書付は大条監物・茂庭周防・原田甲斐・富塚内蔵允右四人之衆より同年十月廿九日に罷出候。六貫五百三拾六文被下置候御黒印頂戴仕候。寛文九年八月十九日御加増之地八貫四百六拾四文被下置、拾五貫文之高被皮下候。

義山様御代より御膳番相勤申に付、右之通御加増被成下之由、渋川助太夫被申渡候。御書付は柴田外記・古内志摩右両人衆より同年八月廿九日罷出候。拾五貫文被下置候御黒印頂戴仕候。拙者忰之時分苗字多ヶ谷御座候処、本苗友田に御座候に付願上、寛文拾年二月願之通苗字友田に被仰付候由、各務釆女被申渡候。以上

延宝五年二月十一日

6 中津川長作

一 拙者儀中津川和泉実次男に御座候所、寛文弐年九月奥山大学を以御小性組被召出、御切米六両・四人御扶持方被下置相勤申候処、延宝五年極月十六日、御知行拾五貫文於御前拝領仕、右御扶持方御切米は被召上候。先祖之儀は同氏太左衛門委細申上候。以上

延宝七年六月廿一日

7 成田三郎兵衛

一 拙者儀成田権之允弟御座候。無進退に罷在候付、右権之允知行高之内拾五貫文拙者に被分下度旨願申上候所、寛

文八年十一月廿五日於江戸古内志摩・同造酒祐披露を以願之通被成下由、原田甲斐を以被仰渡、寛文八年十一月廿五日

御当代御黒印奉頂戴候。以上

延宝五年三月十六日

8 金子長右衛門

一 拙者実祖父金子和泉儀生国越後に御座候て、景勝家中に御座候処浪人仕、従慶長年中貞山様へ被召出御奉公仕、御知行高五貫九百文致拝領候。誰を以被下置候哉不承伝候。元和九年十月十四日馬場出雲を以御加増之地五貫文、其身起目新田四貫百文、本地取合拾五貫文并久荒野谷地拾五貫文、都合三拾貫文御黒印被下置候。然処右知行三ヶ二久荒野谷地新田にて物成も不罷出、勝手迷惑仕候段被及聞召、貞山様御直々為御意、亘理真庭村に弐拾弐貫三百六拾八文之所、寛永八年八月晦日被下置、右本地久荒野谷地新田は被召上候。右御下書高城外記・加藤喜右衛門名付にて被相渡候。和泉儀、御普請方御屋敷御用相勤、寛永拾六年正月廿四日致病死候。家督無御相違、実子市之允に同年三月十四日古内故主膳を以被下置、同弐拾壱年惣御検地之上弐割出目にて、弐拾六貫八百文之高に被成下、義山様御黒印致拝持候。市之允儀江戸御留主御番仕、其後病人に罷成御国御番相勤、明暦三年四月朔日病死仕候。拙者儀実嫡子に御座候処、其砌幼少且又亡父自分無調法之所御座候に付、跡式知行高之内三貫文拙者に被下置由、奥山大炊を以同年五月廿一日被仰渡右御黒印

御当代致頂戴候。仍私儀万治三年十月廿六日古内中主膳を以御児性組へ被召出、同年極月廿八日奥山大炊を以、御切米高六両・御扶持方四人分被下置、延宝五年迄拾八ヶ年江戸御国共に致勤仕、同年四月廿五日御徒頭役被仰付、御加増之地拾弐貫文本地三貫文取合拾五貫文之高に被成下由、御直に被仰渡候。右御黒印は于今頂戴不仕候。且又右御切米御扶持方は右同年より被召上候。以上

延宝七年三月十四日

9　内馬場次左衛門

一　拙者祖父内馬場右衛門と申者、輝宗様御代被召出、御知行拾貫文被下置御奉公仕候。輝宗様御逝去被遊候節殉死仕候。右右衛門実子同氏新七と申者右之御知行被下置、伊達御国替之時分如何様之品に御座候哉、右拾貫文之内五貫文従貞山様被下置候由申伝候。右之通御先代より被成下候年号・御申次不承伝候。慶長年中於京都新七二十五歳之節相果申候。新七子共無御座候付、右衛門次男内馬場次左衛門と申者二十壱歳に罷成御歩行之御奉公仕候処、新七家督右次左衛門に無御相違従貞山様古田伊豆を以、慶長年中に被下置候。其後元和四年に深谷野谷地新田拾町従貞山様伊藤肥前を以拝領仕候。起目高六貫五拾壱文元和九年に奥山古大学を以被下置、本地合拾壱貫五拾壱文之高に被成下、五拾壱歳之時迄御奉公相勤、寛永拾壱年三月廿四日養父次左衛門病死仕候。右次左衛門実子六兵衛其

節四歳に罷成幼少故御目見不仕候付、拙者儀宮崎古隼人次男右次左衛門甥に御座候間、六兵衛姉に取合聟苗跡に被仰付被下度段願申上、跡式無御相違拙者被下置之旨、寛永拾壱年七月廿日奥山古大学・伊藤肥前両人を以被仰付候。其後寛永拾弐年之二月、深谷にて野谷地新田六町従
貞山様伊藤肥前を以拙者拝領仕候。起目高弐貫四百四拾九文寛永拾五年十一月五日奥山古大学を以被下置、右合拾三貫五百文此弐割出目之通弐貫七百文、寛永拾八年之惣御検地之時分従
義山様被下置、都合拾六貫弐百文之高被成下、先年より引続拝領仕候。然処右之六兵衛年久無足に罷成年比に御座候故、右高之内壱貫弐百文六兵衛に分ヶ被下相応之御奉公為仕度由、寛文七年二月奉願候所願之通被分ヶ下之由、同年四月廿九日古内志摩を以被仰付候。同八年九月より六兵衛御国番に被仰付候。拙者進退高拾五貫文にて御奉公相勤申候。已上
延宝五年五月十八日

10　笹川弥左衛門

一　拙者祖父笹川弥左衛門儀
貞山様御代最上一乱之時分、最上より浪人仕罷越候所佐々若狭を以被召出、御知行拾壱貫文被下置御奉公仕候由承伝候。

義山様御代右弥左衛門儀寛永拾四年病死仕、跡式嫡子親弥左衛門無御相違右知行被下置候由承伝申候。年号御申次は不承伝候。寛永弐十壱年御検地之二割出目を以、御知行高拾三貫八百文に被成下、御黒印奉頂戴候。

御同代親弥左衛門儀慶安四年に病死仕、男子無之拙者儀は甥に御座候付、兼て養子に仕置、家督無御相違拙者に被下置旨、古内古主膳を以同年に被仰渡候。御黒印奉頂戴候。以上

延宝五年四月十四日

11 岡部善右衛門

一 拙者儀岡部有節嫡男、明暦弐年三月十四日古内故主膳を以、御切米三両・四人御扶持方被下置、綱宗様御部屋住御小性組に被召出、万治元年十月十日奥山大炊を以、御切米四両之御加増にて、七両四人御扶持方に被成下、御物書番被仰付、弐拾余年御奉公無懈怠相勤申付て、綱宗様為御願、右御切米御扶持方は被召上、御知行拾五貫文被下置之旨、延宝四年七月二日佐藤右衛門を以被仰渡候。御黒印は于今頂戴不仕候。以上

延宝五年四月十四日

12 高泉勘解由

一 拙者儀兄高泉長門知行高之内拾五貫文拙者に分被下、御奉公被仰付被下度由、寛文九年に右長門願申上候所、同年八月廿一日願之通右知行拾五貫文分被下候由、古内志摩を以拙者被仰渡、同拾年五月九日より笠原内記御番組被仰付、虎之間御番相勤申候。尤御黒印頂戴仕候。以上

延宝五年正月十五日

13 佐藤彦右衛門

一 拙者儀佐藤市兵衛三男御座候。慶安四年拾歳にて、
陽徳院様へ御年男に被召出、承応元年拾壱歳にて、
義山様へ御奥小性古内主膳を以被召出、御切米三両・四人御扶持方被下置候。
義山様御他界以後虎之間御番仕候。
御当代寛文四年七月四日御小性組被仰付、同五年二月御手水番被仰付、同六年十二月各務采女を以、御切米六両に御加増被下候。延宝四年二月廿三日御物置番被仰付候。同六年十二月十六日御知行拾五貫文被下置候。久敷御奉公申上候付て被下置候由、於御座之間御直被仰渡候。御切米御扶持方は其節被召上候。以上
延宝七年八月廿八日

14 斎藤作右衛門

一 拙者儀才《ママ》藤彦右衛門次男、承応元年五月廿日
義山様御代綱宗様御部屋住之節、古内故主膳を以御小性組被召出明暦弐年三月四日従
義山様綱宗様御部屋衆へ御加増被成下候節、御切米壱両古内故主膳を以御加増被成下候。其後
綱宗様御代初、万治元年十月十日奥山大炊を以御小性並何も御切米三両宛被下置候時分、拙者も三両之御加増拝領仕、都合御切米七両被成下候。然処寛文七年六月十日右御切米御扶持方拙者願之上御知行五貫八百文に被直下之

旨、古内志摩を以被仰渡候。寛文元年御物置番被仰付、弐拾ヶ年御奉公無懈怠相勤付、綱宗様依御願、九貫弐百文之御加増被成下、都合拾五貫文之所延宝四年七月二日佐藤右衛門を以被下置候。右五貫八百文被下置候御黒印致頂戴所持仕候。拾五貫文に被成下候御黒印は于今頂戴不仕候。以上

延宝五年四月十四日

15 猪又平四郎

一 私養曽祖父猪又刑部上野浪人にて、先方黒川安芸守晴氏へ奉公仕、晴氏身上破滅以後浪人罷成相果申候。刑部より以前之儀は不承伝候。刑部嫡子私養祖父同氏隠岐、刑部浪人に罷成候以後、隠岐儀は他国仕、其後黒川郡へ立帰申候所、伊達河内殿より昔侍之由被及聞召、御知行三貫四百文被下之被召仕候。右御奉公仕候品年数并御知行被下候年号相知不申候。隠岐嫡子私養父同氏久兵衛引続河内殿へ奉公仕、寛永三年より同五年迄三ヶ年小性被召仕、同六年より同拾壱年迄六ヶ年小納戸役相勤、同年七月河内殿御遠行被成御子無御座候故、伊達兵部殿を以苗跡に申立度段、河内殿御下中衆申上候節、貞山様へ蟻坂丹波を以申上候は、河内殿御取立に御座候得共、病人に御座候間御知行被召上、御国之内罷有度段願申上候得ば、御暇被下置候。其後義山様御部屋住之御新田、桃生之内須江・鹿又・前谷地三ヶ村にて御取立被成候節、右之地へ取移申度段、古内故主膳を以申上御前相済、寛永拾弐年須江村野谷地へ取移申候。然処義山様御意には其身病人罷成候故、

貞山様へ御知行指上候。其後病気本復新田開発仕候間、河内殿より被下候御知行高三貫四百文之所本田にて被下置段寛永拾七年四月十日に右主膳を以被下置候。其以後寛永弐拾壱年惣御検地に二割出目六百八拾文切添之地壱貫八百四拾文之所、寛永二十壱年八月十四日富塚内蔵丞・奥山大学并山口内記・和田因幡を以御加増被下置、都合五貫九百二拾文に被成下御黒印頂戴仕候。寛永拾七年より寛文六年迄廿七ヶ年御国御番相勤、同年より同拾壱年迄六ヶ年杉苗御用相勤、延宝三年隠居願申上願之通被仰付、同年十二月十一日に小梁川修理を以、跡式無御相違拙者被下置候。私儀大和田佐渡四男御座候所右久兵衛名跡に仕度段、古内志摩を以申上候所願之通被仰付段、寛文七年閏二月廿三日に原田甲斐申渡候。寛文拾壱年より定御供被仰付、同十二年に江戸定詰定御供相勤、延宝五年迄六ヶ年致勤仕、延宝五年四月廿五日に御前へ被召出、御徒頭被仰付候に付、九貫八拾文之御加増拝領仕、拾五貫文に被成下候。以上

延宝七年四月廿五日

16　内崎久助

一　私養父同氏三琢事

義山様御代古内主膳を以被召出、御切米五両・御扶持方七人分被下置、要山様御相伴医師被相付、数年江戸定詰仕候由承候。被召出候年号等は不承伝候。三琢儀正保弐年二月病死仕実子無之、私儀大塚越後三男にて従弟に御座候付て養子に仕度段申上候所、願之通被仰付、跡式無御相違、真山刑部を以同年に被下置、要山様へ御小性組に被召出、慶安元年より

義山様へ御小性組之御奉公相勤申候。御当代にも寛文元年より御小性組被召出致勤仕候。然処舅御研屋与惣右衛門知行高之内四貫六百五文私に被分ヶ下度旨、与惣右衛門願申上、願之通被下置由寛文七年八月四日に古内志摩を以被仰付候。且又延宝三年十一月廿五日に首尾能御奉公相務申候に付て、御加増之地被下置、拾五貫文之進退高被成下、持来候御切米御扶持方は被召上候由、柴田中務・小梁川修理・大条監物を以被仰付、当時御知行高拾五貫文に御座候。以上

延宝七年六月廿二日

17 玉虫七左衛門

一 拙者儀玉虫孫兵衛次男御座候所御当代万治三年霜月、御小性組に被召出、御切米六両・四人御扶持方被下置引続御奉公相務申候。其節誰を以被仰渡候哉覚不申候。然処延宝五年霜月十六日御座之間へ被召出久御奉公仕候間、御知行拾五貫文被下置之旨、御直に被仰出拝領仕候。右之御切米御扶持方は其節被召上候。亡父玉虫孫兵衛被召出御知行被下置候品は、拙者兄玉虫太郎左衛門方より申上候。以上

延宝七年八月廿九日

18 庄子彦三郎

一 私儀畑中助三父庄子宗琢養置、右助三奉願、御次御物書被召出之旨、奥山大学を以寛文二年十二月被仰付、御切

米三両・四人御扶持方被下置候。同十一年二月御前御右筆被仰付旨渋川助太夫被申渡、同年十一月十八日御切米弐両御加増、取合五両四人御扶持方に被成下旨、以各務采女被仰付候。延宝六年極月十六日御座之間へ被召出数年致勤仕候間、御知行拾五貫文被下置旨御直被仰付候。依之右御切米御扶持方は其節被召上候。拙者養父宗琢母は私実祖父青木覚助姉にて候。養父方惣領畑中助三に候間、先祖知行拝領之品々は助三所より申上候条、拙者不申上候。且又私実父先祖之儀は伊達御譜代、私高祖父青木上野知行千貫文余拝領、長井之庄方丈之城主候所、品有之最上へ罷越一生浪人にて相果、其子青木与惣左衛門を被召出候処、上野以後方丈之城主大津美作聟被仰付候由、進退并御奉公之品不承伝候。其与惣左衛門子同氏覚助
貞山様御代御知行弐拾貫文被下置御奉公仕候処、品有之進退被召上、其以後湯目民部・奥山出羽を以御知行八貫文被下置、右両人所に罷在候末、民部に御預給主に被仰付、其以後
義山様御代初御物頭被仰付由被仰出候所、廿日斗已前病死仕候付て、其段申上候由候。其覚助子青木藤左衛門拙者実父に候。引続佐沼給主に候処病死仕、只今之藤左衛門は拙者甥に候。助三奉願私被召出候節、右品々助三申上、且又養父宗琢名字仕候旨も申上候。宗琢父畑中左近迄は御一族之所に、品有之宗琢儀は零落、細工之御奉公仕候故、本名を隠親類庄子長門名字を用罷在候処、先祖之様子御目付真山越中申上候所、
義山様内々御存知被遊儀有之由以御意、何も品々被相尋助三被召出、老衰之宗琢に過分之御知行被成下、名字御免宗琢は一生庄子之名字に候得共、助三は先祖之名字に仕度旨父任改入、先祖之品々申上候処、本名畑中に被成下候。此節拙者にも畑中に相改可然旨、於江戸御直に被成御意候間、以覚書申上候は、宗琢先祖之苗字は実子助三被仰付私迄有難仕合、拙者儀は宗琢母方之親類、其上宗琢以御免一生用申候庄子之苗字私は用申度旨、助三にも

内々申談置候得共有難御意に候。被仰付次第に仕度旨申上候所、品々被聞召届候間、私は庄子を用可然旨、日野次右衛門・望月正太夫を以被仰付候。拙者当知行高拾五貫文に御座候。以上

延宝七年六月三日

19 熊谷次郎左衛門

一 拙者儀、明暦三年七月四日義山様御代、先古内主膳を以御右筆衆被召出候。翌年御遠行付て、綱宗様へ被相付江戸へ罷登、於江戸万治元年極月以奥山大学御切米弐・両御扶持方四人分被下置引続寛文七年迄拾ヶ年、毎年江戸へ上下仕候付て、同年七月大町権左衛門・渋川助太夫・各務采女・渡辺金兵衛を以、御切米弐両之御加増被成下候。寛文拾壱年二月江戸定詰被仰付、延宝三年初て之御入国迄五ヶ年相詰申候。然処延宝五年極月於御前首尾能御奉公相務候由御意之上、御知行拾五貫文被下置候。其刻御切米御扶持方は被召上候。以上

延宝七年三月廿八日

20 鈴木孫左衛門

一 拙者儀同氏孫左衛門四男に御座候。明暦三年十二月十九日四歳にて、大条兵庫を以品川様へ被召出、御仕着被下置御奉公申上候所、万治三年品川様御隠居被遊候以後、当

屋形様へ御借分に候間御奉公可申上候由、右兵庫亡父孫左衛門に被申渡御奉公仕候所、同四年二月四日に自今は当屋形様へ被相付由、品川様御意之旨松崎十太夫方より申来候由、各務采女亡父孫左衛門被申渡、打続御仕着被下置御奥小性之御奉公申上候。寛文六年之春御奥小性御免、御小性組に被仰付、御切米六両御扶持方四人分被下置之旨、渋川助太夫を以被仰付御仕着は被召上候。延宝三年十一月廿五日御城へ被召出、幼少より神妙に御奉公申上候付、御知行拾五貫文被下置由御意之旨、并持来候御切米・御扶持方は被召上候由、柴田中務・小梁川修理・大条監物被申渡候。当時知行高拾五貫文御座候。父孫左衛門惣領筋目は同氏謙安に御座候。以上

延宝七年十一月十日

21　富塚惣兵衛

一　拙者儀富塚次郎右衛門三男に御座候。慶安元年義山様へ山本勘兵衛を以初て御右筆被召出、御切米四両・四人御扶持方被下置候。寛文八年久御奉公相勤進退困窮に付て、各務采女を以為御加増弐両四人御扶持方拝領、延宝五年極月十六日御前へ被召出、久々御奉公相務候。依之御知行拾五貫文被下置之旨以御意御直拝領仕候。勿論右御切米御扶持方は被召上候。当年迄三拾弐ヶ年引続御右筆御奉公致勤仕候。先祖之儀は兄同氏次郎右衛門所より申上候。以上

延宝七年七月十九日

22　荒井喜内

一　拙者祖父荒井与次郎儀会津浪人にて罷在候所、貞山様御代に初て被召出、御切米・御扶持方被下置候由、如何様之品以被下置候哉、年号御申次共不承伝候。右与次郎寛永七年十一月九日に病死仕候付、跡式与次郎嫡子拙父同氏与五左衛門に被下置候。年号・御取次は不承伝候。拙者儀は与五左衛門嫡子に御座候得共、御当代、寛文弐年九月廿七日大条監物・柴田外記を以御小性組に被召出、御切米六両・四人御扶持方新規に被下置、右御奉公相勤申候所、拙父与五左衛門儀寛文十年八月十八日に病死仕候付、与五左衛門跡式御切米四両・四人御扶持方拙弟同氏与太夫に被下置度旨奉願に付、右与太夫に同年十一月廿七日に古内志摩を以家督被仰付候。然所延宝五年十二月十六日拙者儀御前へ被召出、久御奉公仕候に付、御知行拾五貫文被下置旨御直々被仰出拝領仕候。御切米御扶持方は其節被召上候。先祖之儀、拙弟同氏与太夫方より可申上候得共、御切米御扶持方被下候分は此度書上不被仰付候間、拙者方より申上候。以上

延宝七年四月廿二日

23　坂元勘之允

一　拙者儀坂元勘右衛門嫡子御座候。御当代寛文四年閏五月十九日里見十左衛門・渋川助太夫を以御小性組に被召出、其以後柴田外記を以、御切米六両・御扶持方四人分被下置候処、延宝五年十二月十六日に御前へ被召出、久敷御奉公相務候に付、御知行拾五貫

文被下置之旨御直に被仰出候。就夫拙者知行高拾五貫文に御座候。右御切米御扶持方は其節被召上候。以上

延宝七年六月十六日

24　甲田権兵衛

一　拙者儀甲田新右衛門次男に御座候。先祖之儀は同氏甚兵衛惣領御座候故書上申候。私儀義山様御代被召出、御切米四両・御扶持方四人分被下置御奉公仕候。御当代寛文四年三月廿日兄甲田甚兵衛知行付野谷地御書付を以拝領仕致開発、高六貫八百十弐文被成下、右御切米御扶持方御知行に被直下度願申上、四貫八十六文被直下、新田取合拾貫八百九拾八文之高被成下、原田甲斐を以寛文八年八月廿八日拝領仕候。右拾貫八百九拾八文之御黒印頂戴仕候。以上

延宝五年二月二日

25　八乙女彦左衛門

一　拙者儀八乙女長太夫三男に御座候て、無足罷在候処、親長太夫存命之時分より如何様にも仕、御国馬上並之進退に有付申度旨、誰そ苗跡取に成共新田等をも拝領仕為取申度と色々仕候得共相叶不申候故、只今之長太夫に遺言仕候に付て、方々才覚仕候得共、当時新田等も不罷成左様に御座候得ば、拙者儀二十七歳に罷成御奉公可仕年比にも御座候上、親存命之時より願置申儀に御座候間、兄長太夫御知行高四拾六貫文之内拾五貫文拙者に被分下、似合之御奉公をも被仰付被下置候様に仕度と、延宝元年十二月兄長太夫願上申に付、同二年之二月廿八日に願之

通被成下旨、大条監物を以被仰付、則御番入仕相勤申候。先祖之儀惣領同苗長太夫方より可申上候。以上

延宝五年三月廿三日

26 富田虎之助

一 拙者御知行拝領仕候品、延宝四年十二月二十五日十三歳にて江戸於御座之間、実父同苗二左衛門被召出、私年比に罷成候間、部屋住料拾五貫文被下之、御小性組に可被召仕由被仰出、同日大松沢甚右衛門を以披露御目見御礼申上、引続部屋住にて御小性組御奉公相務申候。以上

延宝七年九月十五日

27 日野次右衛門

一 拙者儀日野玄蕃子に御座候所、延宝五年正月二日柴田中務を以、為部屋住料新規に御知行拾五貫文拝領仕、御小性組御奉公被仰付候。以上

延宝七年四月六日

28 佐々又右衛門

一 拙者親佐々宇右衛門儀佐々宗春二男にて御座候。寛永四年に義山様へ御前近御奉公に被召出、知行高六拾五貫六百七拾七文と荒井野谷地起目分田弐拾町被下置、御奉公仕候所

久相煩引籠罷在御奉公不仕候付遠慮仕、右知行高之内指上、三拾貫文にて罷在候処に、気分無然正保二年に病死仕候。其時分拙者幼少にて御奉公も仕比に無御座候に付、右三拾貫文之半分之御積り拾五貫文に跡式拙者に被立下候旨、正保三年六月廿三日に古内故主膳を以被仰渡、其後慶安四年に古内故主膳を以、
義山様へ御小性組に被召出、江戸御国共に八ヶ年定詰仕、
義山様御遠行之節、引続
綱宗様へ御小性組に被仰付、江戸御国共三ヶ年定詰仕、其後御番替被仰付、延宝四年迄二十六ヶ年江戸御奉公相勤、同年三月品川御小性組御減少に付御免被成、同年霜月より遠山次郎兵衛御番組に被仰付、御国御番相勤申候。知行高拾五貫文之御黒印頂戴仕候。先祖之儀は委細佐々又左衛門方より可申上候。以上

延宝五年三月廿五日

29　橋元善右衛門

一　拙者儀橋元伊勢嫡子に御座候。延宝三年十二月十六日より御小性組に被召出候所、同四年十二月廿五日被仰出候は、御小性組に被召仕候条為部屋住料、御知行拾五貫文被下置由、同氏伊勢に御直に御意を以拝領仕候。其節小梁川修理・大条監物御前に相詰御意之趣被承候。以上

延宝七年六月十四日

侍衆

御知行被下置御牒（三十）

十四貫九百八拾文より
拾四貫文まで

1　二宮喜右衛門

一　拙者祖父二宮喜右衛門儀、佐竹殿へ御奉公仕罷在候処、由緒不存候得共、
貞山様御所望被遊御当地へ罷越、五拾貫文御知行被下置、御普譜奉行御役目被仰付、江戸御普譜等其外所々相勤、
其後五十七歳にて病死候。右喜右衛門実子次郎作六歳に罷成候。右喜右衛門遺言に、次郎作幼少にて大分之御知
行被下置候事御厚恩重奉存、右五十貫文之内三拾八貫九百十七文之所茂庭了庵を以指上申候得ば、
貞山様被仰出候は、次郎作成長仕御奉公相勤候は、右三十八貫九百十七文之所返可被下置由御意被遊旨申伝候。其
後寛永十三年次郎作十六歳にて病死仕候。拙者儀次郎作甥に御座候付、家督申上候得ば、則拾壱貫八百十三文被
下置、
義山様御代御検地二割出目共拾三貫三百文之高に被成下候。
御当代右御知行地続にて野谷地拝領仕、新田壱貫六百八十八文延宝三年十月、日限は失念仕候、柴田中務を以被下

置、都合拾四貫九百八十八文之御黒印致頂戴候。以上
延宝五年正月廿日

2　戸倉正右衛門

一　拙者儀
貞山様御代寛永十年古内故主膳を以、
義山様御部屋御小性組に被召出、御切米七両・七人御扶持方被下置御奉公相勤申候。明暦元年に右主膳を以野谷地拝領仕、自分開発にて七貫七百十四文之所、茂庭周防・富塚内蔵丞を以、万治三年二月十日に被下置候。且又持副之御切米御扶持方御下中並を以地形に被直下候節、右御切米七両・七人御扶持方直高七貫百五拾文之所、寛文元年十一月十六日に奥山大学を以被下置、都合拾四貫八百六拾四文之高に被成下、
御当代御黒印頂戴仕候。御番所虎之間に御座候。以上
延宝七年三月七日

3　粟野新平

一貞山様従永井御国替被遊候時分、拙者五代先祖粟野修理之助御供仕御当地へ罷越候。尤従先祖御知行被下置由申伝候。如何様之御取立を以、先祖誰被召出、御知行何程被下置何御奉公申上儀も不承伝候。右修理之助病死仕に付、

貞山様御代右修理之助跡式拾貫七百弐拾文之所嫡子長次に被下置候。御番所虎之間に被仰付候て御番相勤罷在候。大坂御陣へも御供仕候。寛永三年十月右長次病死仕付、跡式無御相違、貞山様御代祖父長兵衛被下置候。御番所も同所に被仰付相勤申候処に、江戸百日之御番も被仰付相勤罷下候。寛永十八年二月病死仕付跡式無御相違、義山様御代中嶋監物を以拙者親長兵衛に被下置、御番所も右同所に被仰付相勤罷在候内、寛永二十一年御検地入二割出二貫余、義山様御代に拝領仕、拾弐貫九百文之高に被成下候。其後明暦二年桃生郡矢本村にて野谷地新田壱貫九百十七文之所、義山様御代拝領仕、右新田本地取合拾四貫八百拾七文之高被成下、其後御国御進物御牒付役被仰付相勤申内、万治三年三月病死仕に付、則家督願親類共申上処、御参勤前御取込之由にて、寛文二年五月七日右長兵衛跡式拙者に無御相違被下置之旨、茂庭周防御取次以被仰付候。尤御番所も同所に被仰付相勤罷在内、寛文十三年御小性組被仰付当年迄七ヶ年相勤候。拙者知行高都合拾四貫八百拾七文御座候。先祖段々家督被下置候年号・御申次等不承伝候。以上

延宝七年八月廿五日

4　門沢八兵衛

一　拙者先祖田村御譜代に御座候て、田村門沢に住居仕候由申伝候。

貞山様御代拙者親門沢八兵衛、伏見御時代に被召出、御切米・御扶持方被下置、御歩衆御奉公仕候処、御知行九貫三百六拾文被下置、御切米・御扶持方は被召上、御歩御免被成下之由申伝候。其時分之年月は覚不申候。寛永十一年に御買野谷地申請開発、惣御検地之時分御竿被相入、義山様御代寛永二十年三貫六百文被下置候。且又右本地二割出目壱貫八百四拾文被下置、都合拾四貫八百文に被成下候。正保三年に親八兵衛病死仕候。家督願申上候処に、同年三月十一日に古内故主膳を以願之通跡式無御相違被下置旨被仰付、尤御黒印頂戴仕候。以上

延宝五年二月十七日

5　西山二左衛門

一　先西山助右衛門弟同氏六右衛門儀、貞山様御代寛永元年四月七日に於江戸伊藤肥前を以被召出、御納戸御役目被仰付、中之御仕着被下置御奉公仕候。御同代右御仕着、右肥前を以御知行に直被下、高六貫五百三拾八文に被成下候。年月は失念仕候。指て願は不申上候。

義山様御代寛永二十一年八月十四日に二割出目壱貫六百三拾四文拝領、取合八貫百七拾弐文に被成下候。六右衛門儀右同年九月八日に病死仕、実子無御座、右助右衛門二男拙者兼て養子に罷成御番代六ヶ年相勤申候付、右六右衛門跡式無御相違、同年霜月十五日に於江戸古主膳を以拙者に被下置候。

御同代山口内記を以慶安四年野谷地申請開発、高四貫八百八文明暦二年三月十五日右内記を以被下置候。

御同代明暦二年に山口内記を以野谷申請開発、高壱貫六百二十八文

綱宗様御代茂庭中周防を以万治三年正月十五日に被下置、都合拾四貫六百八文之高に被成下候。寛文元年十一月十

六日

御当代御黒印頂戴仕候。且又拙者先祖之儀兄同氏六兵衛委細書上申、同前之儀御座候間、拙者は不申上候。以上

延宝五年四月六日

6 山口弥五右衛門

一義山様御代拙者親山口釆女儀被召出、其上三迫之内石越村にて野谷地被下置、右開発仕候新田高拾弐貫七拾弐文、正保三年六月廿三日に山口内記を以拝領仕候。其後右同所にて弐貫六百五拾弐文承応三年三月十二日に右内記を以致拝領、都合拾四貫七百弐拾四文に被成下、其後御当代寛文四年十月親釆女病死仕、跡式無御相違同五年正月原田甲斐を以拙者に被下置候。従義山様・綱宗様被下置御黒印頂戴仕候。当時拙者知行高拾四貫七百弐拾四文に御座候。以上

延宝四年極月廿一日

7 虎岩八兵衛

一義山様御代拙者儀正保元年六月朔日御出入司山口内記手前物書に被召出、御切米弐両・四人御扶持方被下置候。慶安元年九月十三日御切米壱両・三人御扶持方御加増被下置、都合御切米三両・七人御扶持方に被成下候。同四年

極月六日宮城郡国分芋沢村にて、寛永年中惣御検地之砌、御竿入之久荒高七百三拾弐文之所、山口内記・和田因幡・真山刑部を以新田に拝領仕候。同年桃生郡小船越村にて野谷地拝領仕、自分開発之新田明暦二年に御竿被相入、高五貫五百四拾六文之所万治元年二月三日山口内記を以被下置、右御切米御扶持方御知行に被直下度由訴訟申上候処、同年同日山口内記を以願之通被成下、五貫弐百五拾文之所磐井郡東山曽慶村にて拝領仕、合拾壱貫五百弐拾八文之御知行高に被成下候。明暦二年右小船越村にて起残之野谷地拝領仕、自分開発之新田万治元年御竿被相入、高三貫百四拾文之所、

綱宗様御代同三年二月十日富塚内蔵丞・茂庭周防を以被下置、都合拾四貫六百六拾八文之御知行高被成下御黒印頂戴所持仕候。以上

延宝五年三月廿五日

8　氏家次郎右衛門

一　拙者曽祖父玉造郡昔日岩出山城主氏家三河真縷御座候。三河嫡子弾正・次男筑前・三男源右衛門三人、拙者祖父は右筑前に御座候。拙者儀は伊達御譜代須田讃岐次男に御座候。讃岐儀は右筑前聟に御座候。右源右衛門儀は岩出山落城以後浪人仕、中島監物所に罷在候段

貞山様被及聞食、御意には先年伊達に被成御座候時分、氏家三河忠節申上別て御首尾有之者之由仰立を以右源右衛門被召出、御知行拾弐貫弐百五拾四文中嶋監物を以被下置候。右忠節之段は其比世間乱国之時分奥筋

貞山様御手に被為入度旨三河所へ被仰遣候。御請には何時成共於被思食立は、御先手可仕由三河申上候処御悦喜に

被思食、其後別て被懸御目、御使者或御飛脚等にて御直書度々被下置候。其御書六通拙者手前私甥須田三右衛門所に于今所持仕候。右源右衛門儀子共依無御座、拙者儀は源右衛門甥に御座候付、隠居仕拙者に進退相渡御奉公為仕度旨、中嶋監物を以

義山様へ申上候処、願之通隠居被仰付、跡式無御相違拙者に被下置旨、中嶋監物を以被仰渡候。右被仰付候年号月日覚不申候。

義山様御代惣御検地之時分二割出共拾四貫六百文、寛永二十一年八月十四日に御黒印奉頂戴所持仕候。至御当代地形付切添有之ば書出可申由、御割屋より御触付、拙者知行地付切添畑少御座候旨書上申候処、則御竿入六拾壱文に罷成候。本高切添畑代共に都合拾四貫六百六拾壱文之所、寛文元年二月十六日御黒印致頂戴候。右切添畑之所誰御申次と申儀無御座、右御黒印を以被下置候。以上

延宝五年正月廿五日

9　千葉権平

一貞山様御代に拙者祖父千葉善七儀御歩小性に被召出候。年月并進退何程誰を以被下置候哉其段は不奉存候。御同代に右祖父善七新田願差上、元和九年に右起目高拾貫弐拾七文御加増に茂庭周防を以被下置候。御同代に祖父善七知行所畑返御座候を、願指上御竿申請出目高壱貫八百弐文、寛永九年に茂庭周防を以御加増に被下置、知行高本地取合拾壱貫八百弐拾九文に被成下候。

義山様御代右祖父善七に寛永年中大御検地之節二割出目、高弐貫三百七十一文同年八月十四日知行高に被成下、本

地取合十四貫弐百文右祖父善七に被下置候。誰を以被下置候哉不奉存候。

御同代祖父善七儀承応二年に願指上隠居被仰付、亡父善七に家督無御相違、同年五月五日に茂庭周防を以被下置候。

御当代親善七病死仕、跡式無御相違寛文十二年四月廿三日に古内志摩を以拙者に被下置候。

御当代に亡父善七知行所地続新田、善七存生之内願指上置候処、延宝元年十月廿九日に右起目高三百八拾壱文、大条監物を以拙者に被下置、本地取合十四貫五百八拾壱文に被成下候。以上
延宝四年十二月十三日

10　四竈加兵衛

一　私先祖米沢御譜代之由承伝候得共、誰様御代に被召出候哉不承伝候。拙者高祖父四竈出雲儀御知行拾三貫百拾七文被下置、貞山様御代仙台御本丸・若林御城引続二十ヶ年程御留主居仕候。右出雲実子主殿家督相続、御兵具方役なと相勤申候由承及候。右主殿実子主計右御知行拝領仕、御国番相勤申候。然処右主計男子就無之、拙者親安代加兵衛其節御知行五貫弐百五拾文之進退にて、義山様御代山口内記手前物書役相勤申を、右主計聟苗跡に被仰付、加兵衛御知行取合、其上本吉郡赤岩村海新田取立拝領仕、都合弐拾九貫百弐拾七文之高に被成下候。其節拙者儀幼少に御座候て、何時誰を以被下候哉覚不申候。其後万御留付役相勤、右役目御免被成、御郡奉行被仰付御奉公仕候内、中風相煩、右御役目訴訟申上、私十五歳より御国虎之間御番代六箇年相勤申候処、右加兵衛儀年久中風相煩其上癀《きばむやまい》指出、度々九死一生之躰に御座候

を、退屈仕肮《のどぶえ》を突寛文六年に相果申候。其段親類共披露仕候得共、不便には被思食候得共、御大法を被思食跡式被相禿候。乍去後家に四人御扶持方在郷屋敷被下置之由、柴田外記を以被仰渡、九ヶ年之内飢命相続罷在候処、

延宝二年七月

義山様御法事之節瑞巌寺を以拙者儀壮年にも御座候間被召出、随身之御奉公をも被仰付被下度旨、親類共連判を以奉願候得ば同年八月十四日大条監物を以御法事之御憐愍に被召出候。追て御擬作可被成下旨被仰付同三年四月八日に柴田中務を以亡父加兵衛進退半分を以被立下、尤在郷屋敷引続被下置之由被仰付、御知行拾四貫五百六拾三文拝領仕候節、母に被下候御扶持方は被召上候て、天童内記御番組中之間御番被仰付当年迄三ヶ年相勤申候。以上

延宝五年二月廿一日

11 高城多利之助

一 高城伊予先組被召出御知行被下置候儀、高城助兵衛方より可申上候。然ば伊予末之娘御座候付、武山肥前四男五右衛門儀右娘に取合、聟養子に仕、伊予知行高八拾六貫文之内五右衛門に分為取可申由、内々申合指置申段承伝候。然処伊予儀寛永十三年十二月隠居被仰付、跡式御知行高弐拾貫文右助兵衛祖父外記に被下置、残六拾六貫文被召上候。品是又助兵衛方より可申上候。五右衛門儀は伊予に相副罷在候処、同十九年磐井郡東山之内大原村にて、拾貫文之所別して伊予に被下置、御境目近所に候間、為御仕置之右大原に可罷在由、古内古主膳を以被仰付住居仕由に御座候。其以後五右衛門儀は、御番等をも被仰付被下度由伊予申上候付、古田内匠御番組被仰付、御

番相勤申候。伊予儀慶安三年十二月十二日病死仕候付て、伊予跡式右五右衛門に被下置度由申上候処、願之通御知行高拾貫文之所無御相違五右衛門に被下置由、是又主膳を以被仰渡由御座候。右御黒印所持仕候。且又五右衛門儀右之通御国御番相勤申候処、病者に罷成、御奉公相勤兼申候。然ば五右衛門儀男子無御座候付、右肥前末子金左衛門儀、五右衛門実弟に御座候間養子に仕、五右衛門儀は隠居被仰付被下度由、義山様御代に申上候処、五右衛門願之通、右跡式御知行高拾貫文無御相違金左衛門に被下置之由右主膳を以被仰渡、寛文元年十一月十六日御日付之御黒印所持仕候。且又黒川郡大爪村にて荒地拝領仕度由、拙者親金左衛門申上候処、同五年十二月十四日鴇田淡路を以、四貫五百三拾六文之所願之通被下置、本地合知行高拾四貫五百三拾六文に御座候。金左衛門儀延宝四年十二月二日に病死仕候付て、同五年四月五日柴田中務を以、金左衛門跡式無御相違被下置、拙者知行高拾四貫五百三拾六文御座候。右御黒印は未頂戴仕候。以上

延宝七年四月七日

12　伊東道仙

一　拙者祖父伊東玄斉儀は北条氏政へ奉公仕候処に、小田原没落以後致牢人罷在候を、横田道斎取次を以、貞山様へ被召出、御知行拾弐貫八拾七文之所被下置御相伴被仰付、医道之御奉公相勤、大坂御陣之節も玄斎并同子玄清父子共に御供仕、寛永十一年八月病死仕、跡式御知行高之通佐々若狭を以拙者父玄清に被下置、尤医業之御奉公相勤、寛永年中大御検地に二割出御加増被下候に付、御知行高拾四貫五百文に罷成、寛永廿年十一月玄清儀病死仕、跡式御知行高無御相違津田豊前を以拙者に被下置候。勿論御黒印頂戴仕候。以上

13 中村源左衛門

延宝五年二月廿七日

一 拙者先祖

織田信長公へ御奉公

信長公御生害以後、曽祖父中村道恵京都へ引籠罷在候。秀吉公御代貞山様京都御詰被成候節、茂庭石見を以道恵屋敷御所望御作事等被遊、則道恵御留主居被仰付、御切米御扶持方被下置、京都御用も相勤申候。道恵病死仕候節、嫡子正三郎に御知行七貫百九拾文并御切米弐両・六人御扶持方茂庭石見を以被下置、道恵に被下置候御切米御扶持方は被召上候由承伝候。右道恵被召出、且又正三郎に御知行御切米御扶持方被下置候年号等不承伝候。正三郎老後拙者父五左衛門に右御知行并御切米御扶持方義山様御代寛永十三年古内伊賀を以無御相違被下置候。其後義山様御代寛永二十一年二割出并右弐両御切米五左衛門時代に地形被直下弐貫九百拾文に被成下、本地合拾貫百文之高被下置候。其以後右御同代に五左衛門野谷地新田拝領、開発御検地相入壱貫五百六拾弐文山口内記を以正保三年被下置、本地合拾壱貫六百六拾弐文に被成下候。其後御同代明暦二年山口内記・真山刑部を以右六人御扶持方五左衛門代に地形に被直下、弐貫七百文に罷成、本地合拾四貫三百六拾弐文之高被成下候。拙者儀御当代寛文四年閏五月廿八日各務釆女を以御小性組に被召出、当座御合力に六人御扶持方被下置江戸定詰仕候。其後拙者一同に被召出候衆並にて、寛文六年に六両に四人御扶持方被下置、右六人御扶持方は被召上由、渋川助太夫・渡辺金兵衛を以被仰渡候。然処に小進にて続兼申に付、父子進退替々に被成下度由、親五左衛門訴訟申上、願之通拙父五左衛門知行高拾四貫三百六拾弐文拙者に被下置、拙者御切米御扶持方五左衛門に被下置之旨、寛文七年に大町権左衛門・各務釆女を以被仰渡候。尤御当代御黒印頂戴所持仕候。以上

延宝五年三月八日

14　砂沢十兵衛

一忠宗様御小座へ拙者親同氏佐左衛門慶長八年被召出、御切米六切・御扶持方四人分被下置、御歩行衆に被仰付候。寛永十年之極月山口内記を以、御歩行衆御番頭被仰付候。其節御切米八切御加増被下置、都合拾四切被成下候。慶安元年極月晦日に古内主膳を以御知行拾貫文被下置、右之御切米・御扶持方被召上候。同氏佐左衛門病人に罷成候付、明暦元年十月廿一日に成田木工を以御奉公御免被成下、御国御番等をも不仕、在所に可罷在由被仰付候。忠宗様御代慶安元年八月十五日に成田木工を以拙者被召出、御切米三両御扶持方四人分被下置、御居物役被仰付候。明暦三年九月廿一日に氏家主水を以、右之御役目御免被成下、定御供衆に被仰付候。万治二年七月十三日に綱宗様へ茂庭周防を以定御供被仰付候。万治四年三月廿一日に綱宗様御代奥山大学を以同氏佐左衛門に隠居被仰付、拙者に家督被下置候。其節拙者御切米三両御扶持方四人分御

知行三貫九百文に直被下御加増に被成下、都合拾三貫九百文之所拙者に被下置候。以上

延宝四年十二月十六日

15 小館九郎右衛門

一 私養祖父小館刑部太夫、

晴宗様御代永禄元年十月十三日伊達郡西根弘福寺領分不残被借下之御書取持仕候。其後

貞山様御代右刑部太夫に天正十八年二月六日富塚右近衛拝領仕候御知行之通一宇被下置候御朱印所持仕候。御知行

高之儀は御紙面に無御座候。右之通にて久御奉公相勤申処、

貞山様従伊達御領地へ御移之節、如何様之品に御座候哉、其砌少分之進退に罷成候。拙者親同氏善右衛門、

貞山様御代御歩小性組に被仰付御奉公相勤上組御免被成下候。右刑部太夫少分之進退に罷成、員数等品々且又拙者

親善右衛門刑部太夫進退相続来之上御歩小性組に被召出候哉、別て進退被下置御歩小性組に被仰付候哉、右之品

々年久事候得ば其段承伝も不仕候。

義山様御代、親善右衛門新田起目并久荒鴇田駿河・和田因幡を以訴訟申上候は、従

貞山様御代年久御奉公之上、色々諸役等無恙相勤申候間、右新田久荒拝領仕度段願覚書指出、寛永十七年十月十七

日右両人を以拝領、高拾壱貫九百三文に罷成、同二十一年惣御検地二割出目にて、高拾四貫三百文に被成下御黒

印頂戴、

御当代親善右衛門隠居仕度段願上、寛文二年二月十七日奥山大炊を以願之通被仰付、右御知行高拾四貫三百文之所

無御相違拙者拝領、御黒印頂戴所持仕候。以上
延宝五年二月十三日

16　長谷倉新兵衛

一　拙者先祖御譜代之由申伝候得共、従
誰様御代先祖誰を始て被召出候哉相知不申候。何代以前に御座候哉、先祖に伊藤壱岐と申者長谷倉村に被指置、其
より名字長谷倉に被仰付之由承伝候。右壱岐より幾代以後に御座候哉、拙者高祖父同氏新兵衛に筋目を相守御奉
公申上由之御文言にて、従
稙宗様御加増被下置候。御判物天文十二年十二月廿一日之御日付にて一通、従
御同人様追て右新兵衛に御加増被下置候御判物、天文十三年閏霜月廿八日之御日付にて一通、且又右新兵衛に以前
如被下置候不可有御相違由之御証文、従
晴宗様弘治三年十月七日之御日付にて一通、右三通之御判物、并従
稙宗様・晴宗様・輝宗様、長谷倉新兵衛・同外記・同紀伊・同助次郎に被下置候御書数通所持仕候処に、右之名拙
者先祖類名にて、段々付来申由、尤右之御書に年号は無御座候故、高祖父・曽祖父・祖父に被下置候分ヶ相知不
申候。従
貞山様祖父紀伊に被下置御書も一通所持仕候。祖父紀伊は、御知行百弐拾貫文被下置御奉公仕候由承伝申候。然処
に実子無之候付て、甥長谷倉六右衛門養子に仕、伏見に為相詰御奉公為仕候処、其以後実子助次郎出生仕候に付

て百弐拾貫文之内六右衛門に六拾貫文、実子助次郎に六拾貫文分被下置度由、貞山様御代に願申上候処に願之通に被仰付、其後右紀伊病死仕、家督無御相違嫡子助次郎に被下置、紀伊と改名被仰付候。其以後紀伊病死仕、嫡子五兵衛に右之家督六拾貫文無御相違被下置候処、五兵衛無程相果申候に付、弟勘十郎に三拾貫文被下置家督に被相立候処に、無程病死仕、子共無之候付、後之紀伊後家に五貫文御知行被下置候。依之苗跡無御座候処、拙者儀後之紀伊弟、同氏新右衛門二男に御座候付て家督に被成下度旨、右之後家并親類共願申上候付、寛文元年十月六日奥山大炊を以願之通紀伊名跡に被仰付候。其以後実父新右衛門進退高之内五貫文拙者に分被下置度由、新右衛門願上申候処に、寛文十二年三月十八日に柴田中務を以願之通被下置候。且又一迫之内梅崎村にて野谷地申請、自分開発仕候新田三貫三百五拾三文之所、延宝五年二月十日に柴田中務を以拝領仕候。都合知行高拾三貫三百五拾三文に御座候。先祖段々家督被仰付候年号・御申次は不承伝候。以上

延宝五年三月十一日

17　橋本六左衛門

一　拙者先祖田村御譜代に御座候。私親橋本左馬丞事、橋本丹波弟に御座候。田村より御当地へ罷越候得共、眼病気に御座候故御奉公不罷成、無足にて罷在候処、拙者儀成人仕、義山様御代寛永十五年十一月被召出、御切米弐両四人御扶持方被下置候処、義山様御代に三迫之内大原木村にて野谷地拝領開発、高壱貫四百拾四文之所、慶安五年四月六日に山口内記を以被下置御黒印頂戴仕候。右

御同代に三迫之内有賀村・三田鳥村・赤児村三ヶ村にて承応三年に野谷地申請、起高五貫三百三拾八文、明暦三年八月十四日に山口内記を以被下置、御黒印は頂戴不仕候。

御同代一迫長崎村・嶋躰村・三迫赤児村三ヶ所にて、明暦二年・同三年両度に野谷地拝領新田開発、高四貫五百九拾文之所并其節持添之御切米御扶持方何も並に地形に被直下候砌、右拙者御切米御扶持方御知行に直高弐貫九百四拾三文、取合七貫五百三拾三文之所、万治三年二月十日に茂庭古周防・富塚内蔵丞を以被下置、都合拾四貫弐百八拾五文之高に被成下、御黒印頂戴仕候。以上

延宝五年四月六日

18　牧野伊右衛門

一　拙者親同氏土佐幼少之時分、貞山様御代に被召出、御奥小性被仰付、御知行拾貫百文被下置候。年久敷儀に御座候故、誰を以被下置儀、勿論被召出候年号承伝不申候。

義山様御代御検地之時分二割出之地弐貫文被下置、拾弐貫百文之高に被成下候。

御同代明暦元年九月土佐儀隠居被仰付、跡式御知行無御相違拙者に被下置旨、原田甲斐を以被仰付候。

御当代延宝三年九月朔日に知行切添、起目六百六拾六文柴田中務を以被下置、都合拾弐貫七百六文之高に被成下候。

以上

延宝五年三月八日

19　伊藤弥五右衛門

一　拙者親同氏弥五右衛門儀、貞山様御代に被召出御不断奉公仕候処、御切米三両・御扶持方四人分被下置、御歩行衆に被召使候。且又義山様御代に御歩目付新規に十二人被仰付、其役目相勤依申に御知行拾貫文富塚内蔵丞・奥山大学を以拝領仕、正保元年八月十四日之御黒印所持仕候。其節御切米は被召上候。其後野谷地御新田致開発弐貫三百四拾九文奥山大学を以拝領仕、慶安元年四月十九日之御黒印所持仕候。右御扶持方は何も並に地形に被相直候節壱貫八百文に被直下、寛文元年十一月十六日之御黒印所持仕候。都合拾四貫百四拾九文之高直被下置候。然処寛文四年四月親隠居願申上候処於江戸に茂庭周防・大条監物・原田甲斐被申上願之通被仰付、家督無御相違拙者に被下置旨、於御当地に富塚内蔵丞・柴田外記を以、寛文四年四月被仰渡候。同年五月三日之御黒印頂戴仕候。以上

延宝四年十二月十九日

20　本内助左衛門

一　拙者先祖伊達御譜代之由承伝候。先祖従誰様御代被召出御奉公仕候哉、其段も不申伝候。曽祖父本内大炊助と申者に、従稙宗様御書被下置、于今所持仕候。右大炊助より祖父迄御知行何程被下置相続仕候哉、是又不承伝候。貞山様御代拙者親同名茂左衛門御知行拾貫文拝領仕候。其品拙者未生以前之儀に御座候間、然と不奉存候。寛永十七年極月十九日親相果、拙者兄茂兵衛に跡式被下置候。然処に同二十年四月十三日に右茂兵衛相果申候。拙者儀

貞山様御奥小性に被召仕候。御仕着・御扶持方被下置御奉公申上候処に、右茂兵衛相果申に付、拙者御合力分被召上、茂兵衛跡式無御相違同年古内伊賀を以拙者被下置候。貞山様御代親茂左衛門袋原にて御買新田申請候。川押罷成惣御検地之砌、残分へ義山様御代に御竿被相入、弐百文と拾貫文之二割出共に被下置、都合拾弐貫弐百文同二十一年八月十四日奥山古大学を以御黒印頂戴仕候。以上

延宝五年二月廿六日

21　大窪吉左衛門

一　拙者先祖伊達御譜代に御座候由承伝候得共、誰様御代先祖誰を被召出候哉、寛永十二年江戸大火事之節先祖之覚書等焼失仕、其上拙者儀幼少之時分父病死仕候故承伝不申候。政宗様御代に実父大窪吉左衛門に御知行本地三貫弐百九拾六文被下置候由、年号・御申次衆は承伝不申候。大坂御陣へ馬上にて御供仕候以後、如何様之品を以被下置候哉、十人御扶持方被下置候。并野谷地新田四貫七百五十八文拝領仕候由、年号・御申次衆は承伝不申候。御同代に右拝領新田鶴之野に被成置に付て、荒し可申由被仰付、則四貫七百五十八文之所上地に仕候。年号承伝不申候。依之替地被下置候様に申上候。光宗様へ拙者儀九歳之時、鴇田駿河を以寛永九年に御小性に被召出候。為御仕着御上下壱具、御小袖壱つ、四人御扶持方被下置御奉公相勤申候処に、

御同代拙父吉左衛門於江戸御作事奉行相勤申候内、寛永十二年七月六日に病死仕候。跡式願申上候処に、御知行三貫弐百九拾六文并拾人御扶持方無御相違拙者に被下置之旨、同年鴇田駿河を以被仰渡候。拙者御仕着并四人御扶持方、拙弟二瓶源八に則被下置候。其後新田替地被下置候様に、追て鴇田駿河を以願申上候処に、寛永年中惣御検地二割増出目共に、右新田替地五貫七百九文之所、山口内記・成田木工を以寛永廿一年八月十四日に被下置候。本地二割増出目共に、取合九貫六百四拾五文之御黒印奉頂戴候。并拾人御扶持方にて引続御小性御奉公相勤申候。光宗様御遠行被遊候以後、虎之間御番所被仰付候。

御当代寛文元年、惣侍衆中御知行へ持添之御切米御扶持方在之者之分御知行に被直下候並を以、拙者十人御扶持方も御知行四貫五百文に被直下、当時御知行高拾四貫百四拾五文之御黒印奉頂戴候。以上

延宝五年四月廿六日

22　中川長八

一　拙者親吉兵衛儀

貞山様御代佐々若狭を以被召出、御切米拾切・四人御扶置方被下置、御研御奉公仕候。其後義山様御代為御加増御加増御切米拾四切・壱人御扶持方拝領仕、取合御切米六両五人御扶持方罷成候。右之外弟子分御切米弐切・三人御扶持方被下置候。然ば自分目利を以御道具に罷成候物、従貞山様御代引続数度指上申候内、

義山様御代延寿之御刀指上申候砌、為御褒美御金十五両拝領仕候。其節古内先主膳方へ申達候は、右之通御金拝領

仕難有奉存候条、新田をも取立、子共末々は如何様之御奉公も為仕度候間、主膳方拝領野谷地之内申受度由申候得ば、尤之事に候間、野谷地十町屋敷壱軒為取申由被申候付て、右之御金子を以起立申候。依之弥末々子共に被下置、如何様成御奉公にも被召使被下置候様に申上度旨、主膳方へ申達候得ば、則義山様へ被遂披露候処、勿論奇特成存入に候条、右起目高八貫八百弐十四文之所、先以吉兵衛に被下置候。尤末々は子共に可被下置之旨御意被遊候由、主膳方被申渡候。年月は知不申候。且又
綱宗様御入国被遊候付て、拙者儀御目見為仕度由、古内故主膳方へ吉兵衛申上候処、筋目被相尋候。吉兵衛儀父代より職目仕候者にも無御座候。吉兵衛儀赤子之時分父源兵衛病死仕無拠存、吉兵衛自分に職目稽古仕候浜尾勘右衛門杯に依親類に川島豊前方へも続御座候段申上候。依之職人筋目に無御座候由、右豊前書状差出申候付て被遂披露候処、右新田拙者に被下置之旨御意之由、主膳被申渡、万治三年三月廿九日御目見被仰付候。其以後
御当代主膳方被申上候は、吉兵衛儀其身起立申候新田高八貫八百弐十四文之所、末々子共に被下置度段、
義山様・綱宗様御前相済申候儀に御座候間、右高之通子共中川長八に被下置、御番所被仰付被下度旨被申上候処、被聞食届候条、高八貫八百弐拾四文之所拙者に被下置候由、寛文元年九月十一日に主膳方被申渡候。同年十一月十六日之御日付御黒印頂戴所持仕候。同三年四月四日古内志摩方御番組に被仰付、御番相勤申候。
御当代吉兵衛願之覚書を以申上候は、従
貞山様御代御四代御奉公申上、歳罷寄歩行相叶不申候間隠居被仰付、御切米六両五人御扶持方、弟子分御切米弐切・三人御扶持方之内、御切米十切・四人御扶持方は弟子善三郎に被下置、職目之御奉公為仕、弟子分御切米弐切・三人御扶持方は被召上、相残御切米三両弐分・壱人御扶持方は御知行に被相直、長八知行高に被相加被下

置、私儀は長八に相副目利等之御奉公可申上由之書物、并御奉公之品職目一篇にも無御座御道具に罷成候物数度指上、其外御道具に付て色々御奉公申上候段、委細別紙に書立指上申候処、御腰物奉行衆末書に、吉兵衛儀自余之職人共違、勝て御奉公仕候間、御切米三両弐分・壱人御扶持方は勿論、弟子分御切米弐切・三人御扶持方共に合御切米四両・四人御扶持方御知行に被相直、長八に被下置、如願被仰付被下度旨申上候処被聞食届候間、右御切米四両・四人御扶持方御知行に被相直、四貫八拾六文之所、拙者持高八貫八百弐拾四文に被相加、合拾弐貫九百拾文之高被成下之旨、寛文七年八月十五日柴田外記方を以被仰渡候。同年同日御日付之御黒印頂戴所持仕候。先祖之儀は、親赤子之時分祖父病死仕、且又親類共生替に罷成、一円相知不申候。尤承伝も不仕候。以上

延宝五年二月廿五日

23　増沢伊兵衛

一　私祖父増沢新左衛門儀葛西一門にて磐井郡之内五串村に住居仕候。然処に葛西滅亡以後牢人罷成候由承伝候。拙者親権右衛門儀

貞山様御代に蟻坂善兵衛を以御奉公仕度段願申上候処、野谷地御新田被下置、御知行高に結不被下候内、不慮之儀御座候得て《ママ》寛永二十一年右新田被召上牢人に罷成、其後慶安三年

義山様御代被召出、拾貫文之御知行津田中豊前を以被下置、其以後野谷地御新田承応三年に申請、明暦四年に御検地被相通、八貫弐百九拾七文之所拝領仕候。年号并御申次覚不申候。右之内四貫弐百九拾七文之所、拙者弟増沢太兵衛に分被下度段、津田玄番を以親権右衛門願申上候処、万治三年願之通分被下候。御申次失念仕候。残高拾

四貫文之所親権右衛門寛文七年二月十日病死、私に跡式無御相違同年三月廿日に柴田外記を以被下置、御黒印頂戴仕候。以上

延宝五年三月十八日

24　鈴木助右衛門

一　拙者親鈴木藤内儀、従輝宗様御代御奉公申上段、米沢御国替被成置候節御供仕罷越候付、御切米弐両・四人御扶持方被下置候由、拙者幼少に御座候故、何時誰を以被下置候も覚不申候。元和九年貞山様御代奥山出羽を以御知行拾弐貫文拝領仕御奉公申上候処に、寛永九年四月病死仕、同八月廿五日に右跡式無御相違拙者に被下置、其以後義山様御代惣御検地之砌二割出目奥山大学を以拝領仕、拾四貫文之高に被成下、引続御次之間御番相勤申候。以上

延宝五年正月十六日

25　斎藤六左衛門

一　拙者親斎藤六右衛門儀斎藤淡路弟に御座候。依之淡路御知行高四拾九貫弐百五拾文之内拾四貫文之所、淡路死後に右六衛門次男拙者兄孫六に被下置候様に仕度段申上、願之通被仰付候処孫六病死仕候付て、右御知行拙者に被下置候様仕度旨寛文八年十一月追て申上、同九年二月四日如願被仰付之旨、柴田外記を以被仰渡、同年三月八日淡

路死去、同年七月朔日家督被仰出候節、右御知行拾四貫文拙者被下置之旨、柴田外記を以被仰渡候。勿論御黒印所持仕候。委細之儀は斎藤伊右衛門方より可申上候。以上

延宝五年正月廿六日

侍　衆

御知行被下置御帳（三十一）

拾三貫九百文より
拾三貫文まで

1　宮川九左衛門

一　拙者曽祖父朽木一毛并一毛舎弟同氏正清、江州譜代之者にて、大閤様へ御奉公仕候処、蒙御勘気致浪人、兄弟共に会津へ罷越、兄一毛は輝宗様被召拘、御知行六拾貫文被下之御側近被召仕、貞山様御代迄引続御奉公仕、文禄年中致病死候。嫡子拙者祖父同氏四郎左衛門家督御知行高六拾貫文之所無御相違被下置、御近習に被召仕、白石御陣へ供奉仕為敵蒙疵平愈候得共、病人に罷成候故、虎之間御番衆並之御奉公仕候。一毛次男同氏大学別て御知行弐拾貫文被下置、伊達先遠江守様御側小性に被相付、予州迄罷越致病死候。同三男同氏民部二本松御取合之節討死仕候。宮川之苗字四郎左衛門代に、何品を以何時相改申候哉不承伝候。右四郎左衛門事進退不相叶、御役金旁上納仕兼、知行所之内段々指上、相果候砌は、三拾貫文之高に罷成候。然処に嫡子弥十郎事病人にて、御奉公可仕様無御座候間、拙者死後には三拾貫文之内弐拾貫文指指上可申候条、拾貫文被下置御奉公勿論御役等御免被成下度由、鈴木和泉を以訴訟申上、慶長拾三年五月病死仕候。依之願之通拾貫文を以、拙者父弥十郎に苗跡被立下候。弥十郎事寛永元年霜月致病死候。嫡子彦六郎に家督無御相違被下置候。同六年新田弐町歩申請開発、御竿入壱貫九百文本地合拾壱貫九百文に被成下、御国御番相務寛永拾三年四月病死仕候。兄彦六郎子共持不申、拙者事弥十郎次男御座候付て、伊達先安芸殿へ弥十郎別て御出入仕候故、兄彦六郎跡式拙者に被立下候様に、古内先主膳を以右安芸殿被仰上候得ば、御願之通無御相違拙者被下置旨、寛永拾三年霜月中嶋監物を以被仰付候。其以後寛永年中惣御検地之節二割出目弐貫文被下置、都合拾三貫九百文之御黒印頂戴仕候。先祖家督段々被下置候年号・御申次年久事故不承伝候。以上

延宝五年二月十六日

2 武田三右衛門

一 私先祖武田信玄八番目之弟武田上野、晴宗様御代於米沢被召出御知行拝領仕候。上野嫡子宮内・同嫡子加賀・同嫡子次左衛門・同嫡子甚左衛門迄家督引続被仰付御奉公仕候。右次左衛門迄は年久儀に御座候故、何程御知行被下置候哉、勿論段々家督被仰付候年月・御申次等は不承伝候。右次左衛門嫡子甚左衛門儀は、貞山様御代知行高拾壱貫五百八拾三文にて御奉公仕候所に、義山様御代惣御検地之砌二割出目被下置、拾三貫九百文之高に被成下候。右甚左衛門儀男子持不申候に付、拙者儀生江故八右衛門次男に御座候、聟養子に仕度段申上、願之通被成下、甚左衛門儀病人に御座候故、拙者番代仕、

色々御役目等も被仰付、引続当年迄四拾二年御奉公仕候。右甚左衛門儀承応三年二月病死仕、跡式無御相違同年三月廿五日に津田中豊前を以拙者に被下置、御黒印奉頂戴候。当時拙者知行高拾三貫九百文に御座候。以上
延宝五年三月十一日

3　大和田伝右衛門

一　拙者親同氏伝右衛門儀
貞山様御代御歩小性組に被召出、御切米壱両・四人御扶持方被下置御奉公仕候所、野谷地拝領仕、新田起目拾弐貫文之所、
義山様御代山口内記を以被下置候。右新田地続切添壱貫八百九拾弐文之所、右内記を以御加増被下置候。弐口合拾三貫八百九拾弐文被成下候。何年何月被下置候哉、右は拙者出生之前にて不奉存候間、有増承伝如此申上候。親伝右衛門儀慶安五年病死仕、跡式知行高之通拙者に被下置、御歩小性組付之御切米壱両・四人御扶持方之所は、拙者実弟同氏市郎右衛門に願之通被分ヶ下之旨、古内故主膳を以慶安五年三月廿六日に被仰渡候。勿論拙者知行高拾三貫八百九拾弐文之御黒印頂戴仕候。以上
延宝五年正月晦日

4　佐久間市郎右衛門

一　拙父与惣右衛門儀菱沼駿河四男に御座候所、本苗に御座候間、佐久間を相名乗申度段申上、佐久間与惣右衛門に

罷成、正保三年

義山様御代古内主膳を以被召出、御切米四両・四人御扶持方被下置、則定御供被仰付御奉公仕候。同四年七月十二日に、御知行拾弐貫八百文津田近江を以被下置、御切米御扶持方之所被召上候。右知行何様之品を以被下置候哉不承伝候。其後野谷地拝領仕、起目弐百六拾壱文寛文元年十一月十六日奥山大学を以被下置候。以後切添起目八百弐拾三文延宝元年十一月廿九日大条監物を以被下置、本地新田合拾三貫八百八拾四文に被成下候。与惣右衛門歳寄隠居願申上候所に、小梁川修理を以願之通被成下、延宝四年五月十三日拙者家督被仰付、知行拾三貫八百八拾四文之所無御相違被下置、御黒印頂戴所持仕候。先祖委細之儀惣領筋目に御座候菱沼安右衛門申上候。以上

延宝七年七月廿九日

5 石森弥兵衛

一 拙者先祖葛西一族に御座候。私祖父石森民部儀浪人仕、民部実子拙者実父石森弥兵衛儀長江月鑑へ奉公仕候。其後月鑑苗跡相禿申に付、右弥兵衛慶長五年

貞山様白石御陣之節、湯野村信濃を以被召出、深谷・黒川両所町御足軽指引被仰付、其以後御知行三貫七百文右信濃を以被下置候。其後寛永五年之比、桃生郡深谷大曲村にて野谷地新田佐々若狭を以右弥兵衛拝領仕、切開高六貫三百八拾三文御加増被下置、本地合拾貫八拾三文に被成下候。同八年親弥兵衛病死仕候に付、佐々若狭を以跡式同年拙者に無御相違被下置候。其以後同年中

義山様御代惣御検地之砌、二割出共に拾弐貫百文之高被成下、寛永廿壱年八月十四日御黒印頂戴仕候。

御同代明暦三年四月右同村にて、山口内記・真山刑部を以野谷地新田致拝領自分開発、高壱貫七百七拾四文之所拙者致拝領候。其砌仰渡は無之、都合拾三貫八百七拾四文之高に被成下、御当代寛文元年十一月十六日に御黒印頂戴仕候。以上

延宝五年二月十七日

6　谷津惣右衛門

一貞山様御代奥山出羽を以私祖父谷津孫右衛門御知行三貫文被下置、岩沼御給主に被召出、岩沼近所之村御蔵入之所御代官御用相足申、大坂御陣へも出羽手前足軽奉行被申付、草野伊予・国分大炊左衛門・祖父孫右衛門右三人馬上にて罷登候由、親七兵衛申伝候。

御同代に祖父孫右衛門跡式御知行三貫文之所、同子谷津七兵衛に被下置、孫右衛門御用相足申候通御蔵入御代官仕、奥山古大学岩沼に被指置候迄、御用相足御奉公仕候により大学被申請候新田起目之内五貫九百五拾八文之所、大学願を以親七兵衛に為御加増被下置、本地合八貫九百五拾八文之御知行高に被成下候由親七兵衛申伝候。

義山様御代に、古内先主膳岩沼に被指置候付、本丸

貞山様御代より御仮屋御座候付、私親七兵衛・原田内蔵丞と両人に主膳被申付、御仮屋破損并城廻御普請等可被仰付時分は、直に出入司衆へ申達御普請被仰付候様に可仕候。御給主衆御申次も仕候様にと被申付、御用相足御奉公仕候付て、主膳被申請候新田起目之内六貫八百弐拾八文之所、主膳願を以承応四年に親七兵衛に為御加増被下置、本知合拾五貫七百八拾六文之御知行高に被成下候。

義山様御代に私儀先主膳物書用等被申付、寛永拾六年四月江戸へ罷登候所に、主膳、氏家主水へ頼被申物書付被下候並に、御屋敷へも相詰用等相足申候様に仕度由被申上候得ば、左様に仕用寄可申付由御意之旨、主水御屋敷へ私呼出被申渡候付、主膳御前へ被罷出候節、江戸にては御屋敷へ相詰、御国にても御城に相詰、主膳手前に寛永拾六年より明暦元年迄十七ヶ年付居用等相足申候に付て、親七兵衛主膳へ願を申達、私に被下置候御知行拾五貫七百八十六文之内拾弐貫七百八十六文之所は、子惣右衛門に被下置、仙台へ被召出被下候様に仕度奉存候。残本地三貫文は七兵衛甥谷津善次郎に被下、御給主に被相立被下置候様に仕度由申達候処に、尤之由被申、祖父孫右衛門、七兵衛迄御奉公仕候品被致披露、願之通御前相済、明暦元年八月私に御知行十弐貫七百八十六文之所分ヶ被下置、仙台へ被召出候。残三貫文之所善次郎に右同年同月被下置、岩沼御給主に立被下候。

義山様御代に私野谷地壱町歩申請、起目

綱宗様御代に御竿入申候て、壱貫三十四文之所古内中主膳を以、万治弐年十月為御加増被下置、本地合拾三貫八百弐拾文之高に被成下候。以上

延宝四年十二月廿一日

7 粟野十次郎

一 拙者養高祖父粟野大膳嫡子同氏左右衛門儀

誰様御代に御知行何程被下置候哉承伝不申候。右左右衛門儀死去仕、以後左右衛門母に御知行拾弐貫文被下置之由承伝候。

誰様御代に何程之品を以、右母に御知行被下置候哉不承伝候。右左右衛門嫡子与五右衛門儀、貞山様御代に御小性に被召出、右母に被下置候御知行拾弐貫文へ、四人御扶持方御加増に被下置候由承伝候得共、何年に誰を以被召出、右知行被下置候哉年号等不承伝候、右与五右衛門明暦元年に病死仕、跡式嫡子九郎太郎に同年奥山大学を以被仰付候。右四人御扶持方寛文元年に御下中並を以御知行に直被下、拾三貫八百文之高に被成下、同五年に定御供御奉公被仰付相勤罷在候。九郎太郎実子無之拙者儀甥に御座候付、苗跡に仕度段奉願候処、願之通被仰付候。誰を以被仰渡候哉不承伝候。然処に延宝元年六月廿日に九郎太郎病死仕候。同年八月廿七日柴田中務を以跡式無御相違被下置、右拾三貫八百文之御黒印頂戴仕候。以上

延宝七年二月廿八日

8　澁谷惣内

一　拙者先祖大崎譜代御座候。親澁谷兵右衛門儀

貞山様御代慶長十三年に牧野右兵衛を以御歩小性に被召出、御切米銀六拾弐匁五分・御扶持方四人分被下置候。兵右衛門儀数年御奉公相務申に付、御切米・御扶持方御知行に被直下、野谷地拝領新田起目共に拾貫四拾文被下置、御歩小性組御免被成候由、

貞山様御代被仰渡候。年月右新田起目高・御切米・御扶持方直高何程に御座候哉不承伝候。其後

義山様御代惣御検地二割出之砌拾弐貫五百文に被成下候。兵右衛門儀老衰仕御奉公不罷成候に付、実子拙者に苗跡被下置度奉存候趣願之書物を申上候所に、家督無御相違被下置候旨、寛文十年二月廿三日原田甲斐を以被仰渡候。

親兵右衛門代被下置候野谷地起目御竿入、壱貫弐百弐十九文之所被下置、高拾三貫七百二十九文に被成下旨、寛文拾壱年三月片倉小十郎宅にて被仰渡候。拙者儀親代より引続御国御番相務罷在候。以上

延宝五年二月廿七日

9 浜尾勘右衛門

一 拙者曽祖父浜尾漸斎嫡子、同氏駿河、慶長二年に貞山様被召出、御知行宮城之内高崎村被下置、御奉公相勤、漸斎儀は隠居仕候て罷在候処、慶長五年上杉景勝へ御取合之砌、貞山様同年七月十四日に名取之内北目御城へ御下向之砌、浜尾漸斎武勇有之儀被遊御存知、屋代勘解由を以被召出、御母衣道具・最上黒毛御馬一疋并本代物拾貫文被下置、御出陣之御供仕、七月廿四日刈田白石之城外輪御取被遊、同廿五日に落城仕、城中貞山様にて被遊御覧、右漸斉被召出御意被成候は、仙道方々走廻り城取等兼て存候間、城之地割可仕由被仰付、御帰陣以後屋代勘解由を以御知行拾壱貫文被下置、京都・伏見・江戸等迄御供仕御奉公申上候由承伝候。元和七年右漸斉老後故御奉公勤兼申に付、漸斉嫡子駿河次男拙者親勘右衛門漸斉孫に御座候付、家督仕度由、古田伊豆を以願差上申候処、願之通被成下、義山様御代にも引続右之御知行拾壱貫文拝領仕、惣御検地二割出目弐貫弐百文拝領、取合高拾三貫弐百文に被成下候。右御知行之内、江刺之内高寺村と申所六貫文畑地形に御座候。古内故主膳畑返新田取立被申、明暦二年開発仕、

同年二月十日に右主膳御披露を以、五百拾四文之所被下置、取合高拾三貫七百拾四文に被成下候。同年之秋拙者親勘右衛門老躰故御奉公勤兼申付隠居仕、尤改名勘右衛門に被仰付被下置度由願指上申候得ば、同年八月廿日跡式無御相違、奥山大炊を以拙者に被下置候。右駿河嫡子九平次儀は大坂御陣之節遠江守様へ被進候て、予州へ罷越候。以上

延宝五年二月廿五日

10　上遠野市郎左衛門

一　拙者祖父上遠野尾張儀岩城譜代御座候処、御当地へ罷越、先安房殿御取持にて、貞山様御代慶長十二年に被召出、御扶持方五拾人分被下置候。同年十月に祖父相果申候。右御扶持方を御知行拾五貫七百文に被相直、父主殿に慶長十三年に鈴木和泉を以被下置、中之間之御番所被仰付候。依之大坂両度之御陣にも騎馬にて罷登候。元和五年之御検地に其時之知行所下伊沢之内小山村御竿つよく御座候衆百性共迷惑之由訴訟申上に付、元和七年に御竿入直り申候時、右高之内五貫五百三拾弐文減申に付、其替地申請度旨度々申上候得共不被下置、寛永十七年之御検地に、本地拾貫百六拾八文に二割出目被相加、高拾弐貫弐百文に被成下、御黒印頂戴仕候。其以後正保二年に野谷地申請、起目壱貫四百四拾六文万治元年に山口内記を以被下置、拾三貫六百四拾六文之高に被成下候。寛文弐年に隠居之願申上候所、如願隠居被仰付、跡式無御相違拙者に被下置旨、同年六月十日に富塚内蔵丞・遠山勘解由を以被仰付、右知行高拾三貫六百四拾六文之御黒印頂戴仕候。以上

延宝七年二月廿七日

11　及川九郎兵衛

一　拙者祖父及川大炊左衛門儀、自先祖葛西晴信へ奉公仕候。葛西没落以後浪人にて罷在候所、貞山様御代被召出、御知行四貫六百五拾九文拝領仕候。右大炊左衛門被召出候時分、誰を以御知行被下置候哉、其段は承伝不申候。然処寛永弐拾壱年御検地之刻二割出目九百三拾弐文被下置、都て五貫五百九拾壱文に被成下御奉公仕候所、老衰以後隠居之願申上、右御知行高無御相違拙父同氏与作に被下置、以後至義山様御代、山口内記を以野谷地拝領仕開発、起目三貫弐百四文之所御知行高に被結下旨、正保三年六月廿三日右内記を以被仰渡、且又慶安三年四月廿五日野谷地拝領仕、起目高四貫八百二拾壱文之所右同人を以被下置、都合拾三貫六百拾六文に被成下候処、承応元年三月廿七日与作依病死跡式無御相違、従義山様同年六月十五日山口内記を以拙者に被下置候。御黒印頂戴仕候。以上

延宝七年二月廿三日

12　遠山三内

一　拙者親遠山三内儀葛西譜代之由承伝候。貞山様御代慶長十七年に奥山出羽を以被召出、御切米四切四人御扶持方被下置御奉公仕候所、義山様御代野谷地拝領開発、高九百三拾六文正保三年六月廿三日山口内記を以被下置候。以後野谷地拝領開発、高八貫三百四拾六文右御切米御扶持方願を以御知行弐貫五百文に被直下、右本地新田起高取合拾壱貫七百八拾弐文之所、承応元年九月廿九日に山口内記を以被下置、御黒印頂戴仕候。以後野谷地拝領開発、高壱貫七百七拾壱文

都合拾三貫五百五拾三文之所、
綱宗様御代万治三年三月十四日に奥山大炊を以被下置御黒印は頂戴不仕候処、父三内儀老衰仕候付、隠居願
御当代申上候所に、如願之被仰付、右御知行高之通無御相違万治四年四月廿四日に奥山大炊を以拙者に被下置候。
当時拙者知行高拾三貫五百五拾三文之御黒印頂戴仕候。以上
延宝五年三月六日

13　佐藤権右衛門

一　拙者亡曽祖父佐藤十郎右衛門儀相馬浪人御座候。
貞山様御代伊達御領之時分被召出、御知行四貫文被下置御奉公相勤申候。右十郎右衛門儀駒ヶ嶺於御陣討死仕、私
祖父弥兵衛に跡式無御相違被下置、御奉公相務申候処病死仕、拙者親十郎左衛門幼少に御座候得共跡式不相替被
下置由申伝候。右段々家督被下置候年号・御取次は覚不申候。十郎左衛門儀数年御奉公相務、
義山様御代寛永拾八年、御検地二割出被下置、高四貫八百文に被成下、同年野谷地拝領仕、宮城郡高城之内竹谷
村・桃生郡深谷之内浅井村・同郡川下村右三ヶ村にて起目新田八貫七百弐拾五文、為御加増正保三年六月廿三日
に山口内記を以被下置、本地合拾三貫五百弐拾五文に被成下、御黒印頂戴仕候。十郎左衛門儀寛文拾二年五月廿
八日病死仕、同年七月十三日跡式無御相違古内志摩を以拙者被下置、御国御番相勤申候。以上
延宝五年四月十八日

14 川村勘兵衛

一 拙者祖父川村勘兵衛儀中国長門之者御座候。同名孫兵衛甥に御座候故、孫兵衛拝領仕候野谷地之内、拾町歩分ヶ被下候様に、
貞山様御代佐々若狭を以奉願候。則如願被成下、右野谷地開発御竿入、高拾壱貫弐百弐拾六文之所、元和七年右若狭を以被下置由承伝候。勘兵衛儀数年御金山奉行相勤、寛永拾八年に相果申に付、
義山様御代古内故主膳を以、同年霜月十日実子勘右衛門に家督被仰付候。
御同代御検地二割出目弐貫弐百七拾四文寛永弐拾壱年八月十四日被下置、都合拾三貫五百文被成下候。親勘右衛門儀寛文五年に病死仕、同年霜月十三日柴田外記を以拙者に苗跡被仰付候。当時拙者知行高拾三貫五百文御黒印奉頂戴候。委細同名孫右衛門方より申上候。承伝を以大図如此御座候。以上

延宝五年四月廿九日

15 新田次郎助

一 拙者曽祖父新田惣右衛門伊達御譜代御座候付、米沢より岩出山へ罷越、御切米御扶持方被下置、
貞山様伏見に被成御座候付、祖父新田惣左衛門伏見に相詰御奉公相勤申、岩出山へ御下国之時分御供仕罷下白石御陣へ馬上にて罷出申に付、御知行高三貫六百拾弐文之所古田九兵衛を以被下置候。然処
義山様御代親新田勘平儀久御用相務申付、新田起目九貫八百六拾文之所、慶安五年四月六日に為御加増山口内記を以被下置、都合拾三貫四百七拾弐文之御黒印頂戴仕候。勘平儀延宝四年に小梁川修理を以隠居被仰付、家督無御

相違同年三月四日に右修理を以拙者に被下置候。以上

延宝四年十二月十日

16 都沢勘右衛門

一　拙者先祖葛西譜代之由に御座候。
貞山様御代に、私祖父都沢豊前儀茂庭石見を以被召出、御切米壱両・御扶持方五人分被下置候。何年之比被召出候哉年号不承伝候。右豊前病死付、拙父勘右衛門に引続家督無御相違、右石見を以被下置候。年号不承伝候。

義山様御代に野谷地拝領仕、自分開発高拾貫七拾壱文寛永拾九年に山口内記を以被下置候。其節御切米・御扶持方御知行に被直下度願右内記を以申上、三貫三百九拾九文被直下、都合拾三貫四百七拾文正保三年六月廿三日に御黒印頂戴仕候。右勘右衛門儀正保四年正月廿日に病死仕、同年六月十日家督無御相違、茂庭佐月を以拙者に被下置御知行高拾三貫四百七拾文に御座候。以上

延宝七年三月十日

17 本田甚助

一　拙者先祖本田因幡儀田村御譜代にて
陽徳院様被召連候。

貞山様御代に御知行弐拾貫文被下置御奉公仕候。右御知行被下置候儀は勤功之御奉公仕候付、御知行弐拾貫文被下

置旨、
貞山様より拝領仕候御書於于今所持仕候。因幡子孫兵衛儀、大崎北目御合戦御供も仕候由承伝申候。因幡病死以後、御同代に孫兵衛に家督被下置候。孫兵衛子同氏孫左衛門・同甚助両人に弐拾貫之御知行高之内拾貫文宛分ヶ被下度由、孫兵衛申上候付、願之通被仰付候。
義山様御代右甚助儀御納戸御用相足申候砌、御仕着被下候を、御知行壱貫四百文に被直下、且又其節惣御検地被相入二割出弐貫文被下置、都合拾三貫四百文之高に被成下候。
御当代に拙者親甚助儀、寛文弐年隠居被仰付、跡式無御相違同年に奥山大学を以拙者被仰付候。御知行高拾三貫四百文に御座候。御黒印同年十月六日頂戴仕候。以上
延宝五年正月廿五日

18 大田源太左衛門

一 私先祖大田越前関東小田原之者に御座候。越前嫡子私曽祖父大田源太左衛門儀、貞山様御代に被召出、御知行五貫文被下置御奉公仕候。源太左衛門武道之文書、鎌倉義氏よりの感状弐通、北条氏政よりの感状壱通・文書三つ、氏照よりの文書壱つ、胤貞よりの感状壱つ所持仕候儀貞山様御耳に相立、慶長拾九年に御加増五貫文被下置、拾貫文に被成下御奉公仕候。右之文書共于今所持仕候。源太左衛門嫡子大田喜左衛門儀、源太左衛門御奉公仕候内相果申候付て、喜左衛門子共両人に右御知行分ヶ被下度旨、

貞山様御代に願申上候処、願之通元和四年に被仰付、喜左衛門嫡子私親源太左衛門に五貫文、源太左衛門弟私伯父太田善十郎に五貫文両人に分ヶ被下候。
義山様御代親源太左衛門御買新田申請自分開発仕、起目五貫百五拾三文、寛永拾九年に御加増に被下置、拾貫百五拾三文に被成下候。先祖御知行拝領、御加増御知行分新田拝領之儀何年に誰を以被下置候哉、先代之儀承伝不申候。寛永廿壱年御検地之砌二割出目弐貫弐百四拾七文被下置、拾弐貫四百文に被成下御奉公仕候。
御当代に親源太左衛門隠居之願申上候所、願之通隠居被仰付、右御知行高拾弐貫四百文無御相違寛文元年閏八月三日に奥山大学を以私に被下置候。御黒印頂戴仕候。私儀御国定供御奉公相勤申候。以上
延宝五年三月廿六日

19　佐藤又五郎

一　拙者養父佐藤甚之丞儀
貞山様御代慶長五年、石田治部少殿御様躰見分仕可参由、右甚之丞兄佐藤文助に被仰付候に付、弟同氏甚之允召連罷越首尾能罷帰候付、同六年に兄文助に御加増被成下候節、右甚之丞に御切米壱両御扶持方四人分被下置、御手明御奉公被召出由承伝申候。御申次衆不承伝候。拙者実父佐藤正右衛門儀
貞山様御代慶長拾八年、知行高三拾八貫弐百拾七文之所被召上候節、右知行高之内拾貫文、茂庭了庵を以右甚之丞に被下置由承伝申候。
義山様御代寛永十六年霜月廿一日、右甚之丞御加増拾貫文古内伊賀を以被下置候。本地合弐拾貫文被成下、寛永二

十一年二割出目を以高弐十三貫四百文被成下、御下書之写所持仕候。養父甚之丞儀実子無御座候付、拙者儀は佐藤正右衛門次男にて右甚之丞には又甥御座候を養子に仕指置申候。

義山様御代慶安四年右甚之丞隠居願申上候節、跡式知行高拾三貫四百文は拙者に、同拾貫文は養子佐藤木工右衛門に御切米壱両御扶持方四人分は御鷹養性之弟子菅野源助に被分下度旨奉願候所、願之通被分ヶ下旨、同年極月十三日木村久馬・内馬場蔵人を以被仰渡候。当時拙者知行高拾三貫四百文之御黒印頂戴仕候。先祖之儀は惣領筋目佐藤勘五郎方より委細可申上候。以上

延宝五年四月廿七日

20 宮沢正右衛門

一 拙者高祖父宮沢越中儀大松沢八郎左衛門高曽祖父宮沢又六実弟御座候。右越中儀無進退にて罷在候所、越中嫡子拙者曽祖父宮沢西甫儀

貞山様御代被召出、御知行三貫文被下置、源氏御指南可申上由被仰付、御相伴等迄仕御奉公相勤申由承伝候。被召出候節之御取次・年月不承伝候。然処右西甫儀病人に罷成候付隠居被仰付、家督知行高之通嫡子拙者祖父修理に被下置度旨申上候所、如願被仰付、家督知行高之通右修理に被下置候由申伝候。其砌之御取次・年月は承伝不申候。且又大坂御陣之砌も、右修理并嫡子拙者親正作父子共に御供仕候。其節為御加増御知行七貫文大町駿河を以被下置、取合拾貫文に被成下候由申伝候。年月は承伝不申候。右正作儀も右之節別て御切米壱両・四人御扶持方被下置御歩小性に被召仕候由、右駿河を以被仰付、親子御奉公相勤申之由申伝候。年号は承伝不申候。寛永弐年

極月十八日右修理病死仕候付、跡式右正作に被下置、正作御切米・御扶持方は正作弟宮沢伝右衛門に被下置度旨申上候処、無御相違願之通被成下之由被仰付候。其砌之御取次并年月は承伝不申候。寛永十二年五月廿九日右正作儀病死仕候付て、跡式拙者に被下置度旨、

義山様御代古内故主膳を以申上候所、如願之跡式知行高無御相違被下置候由、寛永十四年十月十一日右主膳を以被仰渡候。其後惣御検地之刻二割出目弐貫文被下置、取合拾弐貫文に被成下候。寛永二十一年八月十四日御黒印奉頂戴候。将又

御当代に知行地付野谷地拝領仕、起目高壱貫三百弐拾三文之所、寛文十一年五月八日古内志摩を以被下置、都合拾三貫三百弐拾三文被成下候。御黒印頂戴仕候。先祖之儀は大松沢八郎左衛門惣領筋目に御座候間、委細可申上候。以上

延宝七年六月廿八日

21　関新右衛門

一貞山様御代元和七年八月十三日に、佐々若狭御取次を以、拙者養父関源之丞御歩小性組に被召出、御切米小判弐両・御扶持方三人分右若狭を以被下置候。

御同代源之丞儀江戸御番被仰付、為御加増御切米小判弐両・御扶持方弐人分拝領仕、合御切米四両・御扶持方五人分に罷成候。年号御取次之衆は不承伝候。

義山様御代寛永二十年に、宮城郡国分大倉村御蔵入給分御割地に被成置候砌、古内伊賀を以源之丞奉願候は、大倉

村由緒之地に御座候。其上切払と申所御蔵入、高六貫四百拾弐文家中之者共拘置申候を、今度御割地に罷成候得ば、下中之者共拘置可申様無御座之間、以御憐愍、拙者御切米・御扶持方被召上、右下中拘地之内御積を以被下置、家中之者共拘申度奉存候旨申上候所、被聞召届之由にて、家中作之分不残被下置之条、右伊賀を以被仰渡候。其節御切米は被召上、御扶持方は引続被下置候。右由緒と申上候品は源之丞親関半内儀

貞山様御代天正年中に、国分之内熊金村御知行被下置御奉公仕候所に、越度之儀御座候て進退被召放、御領内に浪人仕罷在候。然所佐々若狭を以御勘当御免被成下、進退も押付可被返下之旨御意之由にて、無進退にて御奉公仕候由承伝候得共、委細に不奉存候。半内儀元和七年正月十日病死仕候。其時分源之丞姉天麟院様へ御奉公仕罷在候。依之御局を以奉願候は、私親半内相果申に付、母住所に迷惑仕候間、半内伯父大倉蔵人居屋敷御慈悲を以母に被下置度旨申上候処、

貞山様天麟院様へ被為成候刻、蔵人屋敷半内後家に被下置旨、元和七年十月廿六日之御日付にて、御黒印右御局を以源之丞姉御前へ被召出頂戴仕候。如斯趣を源之丞申上候由承伝候。御黒印所持仕候。右蔵人儀

貞山様御代天正十六年霜月廿九日に、本領大倉村御知行被下置候御朱印拙者手前に取持仕候。蔵人儀

貞山様佐沼御陣被遊御出馬候節致御供、於御陣場討死仕候。跡式相続可仕子共無御座候に付被相禿候。

義山様御代慶安二年八月十五日、拙者儀成田木工を以御小性組に被召出、同三年三月廿五日に御切米三両・御扶持方四人分右木工御取次にて拝領仕候。拙者儀今村伝右衛門次男に御座候。右源之丞家督之男子無御座候付、承応二年四月十五日に右木工を以拙者を聟養子に被仰付候。

義山様御代承応三年霜月十七日右源之丞病死仕候。跡式知行高六貫四百拾弐文御扶持方五人分、并拙者御切米三

両・御扶持方四人分、御取合無御相違同年十二月七日に成田木工御取次にて被下置候。御当代寛文元年に、知行へ御切米・御扶持方持添申候衆之分御知行に被相直候時節、拙者御切米三両・御扶持方九人分高五貫七百六拾四文に被相直被下置之旨、同年十一月十六日之日付にて、奥山大学以書付拝領仕候。御当代寛文拾壱年十二月十日に、野谷地三町五反歩新田に拝領仕度旨、御郡司郡山七左衛門を以奉願候処、同十二年閏六月廿二日之日付にて、田村図書・和田半助・鴇田淡路連判之書付を以被下置、延宝五年三月十五日に御竿被相入、起目高壱貫百九拾八文之所、同六年十月十九日黒木上野御取次にて拝領仕候。右知行高合拾三貫三百七拾四文に御座候。以上

延宝七年二月廿七日

22　星平右衛門

一　拙者養祖父星平右衛門儀、永井御譜代に御座候て、貞山様へ御奉公仕候。御知行高拾壱貫八拾文先祖より引続被下置候由、先祖何代以前誰様御代より被召出候哉不承伝候。右平右衛門寛永拾七年九月十日に死去仕候付、実嫡子甚吉に右御知行高之通無御相違被下置候。何年に誰を以被下置候哉、其段不承伝候。其後改名平右衛門罷成、御郡代御用被仰付、弐拾ヶ年相勤申候。義山様御代寛永二十壱年二割出目弐貫弐百弐拾文被下、都合拾三貫三百文之高被成下、同年八月十四日之御黒印致頂戴候。平右衛門儀男子持不申候付て、拙者儀桜田又左衛門次男に御座候を山口内記を以申上、聟名跡に被仰付

候。右平右衛門承応四年正月廿五日に病死仕候。跡式御知行高拾三貫三百文無御相違、明暦元年六月二日に右内記御申次にて拙者に被下置、同年同日之御黒印奉頂戴候。養父平右衛門先祖之儀、前書之通承伝申候間、如斯申上候、以上

延宝七年二月廿六日

23　渡辺惣兵衛

一　拙者儀渡辺故七兵衛次男に御座候。義山様御代明暦元年七月、古内故主膳を以定御供御奉公に被召出、無足にて御奉公致勤仕、翌年四月御供仕江戸へ罷登候処に、同年山本故勘兵衛を以御切米三両・四人御扶持方被下置、引続定御供之御奉公拾ヶ年御当代迄相務申候。然処三迫若柳村にて野谷地十町歩拝領仕、右起目七貫六百拾七文之所、寛文九年七月四日に柴田外記を以、右御切米・御扶持方へ添被下置之由被仰渡候。同四年加美郡小野田原御新田御取立被遊候付て、御役人に田村図書を以被仰付、延宝四年迄十三ヶ年御新田開発仕候。然処寛文七年に御新田所之内にて野原五町歩抱新田に申請、自分開発、其上首尾能御役目相務申候段、和田半之助・田村図書・内馬場蔵人右三人之衆より柴田中務・小梁川修理・大条監物へ被申達候付て、御披露之上為御加増、右地形五貫五百文、延宝三年三月廿二日柴田中務を以被下置候。且又其以前加美郡（小野田本郷）水芋村にて野原四町歩拝領仕、此起目代高百七拾文御知行高に被結下之旨、同五年二月十日に柴田中務を以被仰渡、当時拙者御知行高拾三貫弐百八拾七文・御切米三両・四人御扶持方被下置候。以上

延宝五年四月九日

24　今泉八郎兵衛《婦人科医》

一　拙者伯父今泉金十郎塩之森之者に御座候。義山様御部屋之時分古内故主膳を以被召出、御納戸御用被仰付、御切米三両・四人御扶持方被下置御奉公相務申候。其以後桃生郡鹿又村に御新田御取立之時分野谷地拝領仕、切起高三貫四百弐拾弐文寛永十年古内故主膳を以被下置、起過弐貫五百七拾八文御座候付願申上、御切米指上、右起過之地被下置、都合六貫文と四人御扶持方被下置候。何年に被召出、御切米御扶持方被下候は不承伝候。右金十郎寛永十七年に相果申に付、拙者親今泉正斎に兄金十郎跡式無御相違、寛永十七年古内故主膳を以被下置、婦人治療之御奉公相勤申候。其以後立花左近様・同御姫様・又助様・喜之助様御四人様、京極近江様・御次男三郎様・同御姫様御三人様御誕生被遊候節、為御療治之度々被相登御奉公相勤申に付、正保三年に山口内記を以御加増之地四貫文、其上川内に屋敷壱軒作事迄被成下拝領仕、拾貫文に四人御扶持方に罷成候。慶安四年国分芋沢村にて久荒所壱貫四百四拾五文山口内記を以拝領仕、拾壱貫四百四拾五文に四人御扶持方に罷成候。承応二年親正斎相果申に付、家家無御相違、承応二年に山口内記を以拙者に被下置候。

御当代寛文元年御下中並を以、右御扶持方御知行壱貫八百文に被直下、都合拾三貫弐百四拾五文之御黒印奉頂戴候。以上

延宝七年六月廿九日

25 網代十次郎

一 拙者養之先祖、網代因幡伊達御譜代之由に御座候。米沢長手村にて御知行拝領、同村前高屋と申所在所に御座候由承伝候。

誰様御代先祖被召出候哉、五代以前之祖因幡儀

誰様御代御奉公仕候哉、尤進退高不承伝候。因幡子吉兵衛

貞山様へ御切米御扶持方にて御奉公仕候。其高不承伝候。高麗へ致御供被遊御帰朝候翌年、京都にて御知行五貫文鈴木和泉を以拝領仕、其以後於伏見御加増五貫文奥山出羽を以被下置、其後四貫百六拾九文茂庭了庵を以被下置、寛永三年御前へ被召出、二宮五助御取次にて六貫文拝領、右合弐拾貫百六拾九文之高に被成下、改名備後に罷成、御作事奉行御役目数年致勤仕候。御加増拝領仕候儀何様之品を以被下置候哉、勿論年号共に不承伝候。段々御加増被成下御黒印所持不仕候。先年御知行割奉行衆高城外記・大町勘解由御下書寛永三年十二月九日之日付にて渋川久右衛門・中山源太夫・黒沢久左衛門・漆山覚右衛門御書替寛永十三年九月十六日之日付にて所持仕候。右備後男子持不申、安藤彦四郎子清九郎は甥に御座候、致養子名跡に仕度段、

貞山様へ奥山故大学を以備後願申上御前相済、寛永六年より御国御番帳に相付、同十三年迄七ヶ年無足にて御番仕、備後は御役目相勤親子御奉公仕、備後歳寄病人に罷成御役目御免被成下、清九郎儀備後御番代に御奉公相務申候。然処寛永十九年正月四日備後致病死付て、

義山様へ富塚内蔵丞以披露、跡式無御相違清九郎に右内蔵丞を以被下置候由承伝候。年号承伝不申候。寛永年中惣御検地之節二割出目被下置、弐拾四貫弐百文之高に被成下、寛永廿一年八月十四日之御黒印取持仕候。右清九郎

男子持不申、佐藤故五郎右衛門次男十次郎正保元年八月廿七日、
義山様へ御小性組に成田木工を以被召出、御切米六両四人御扶持方被下置御奉公仕候処、清九郎聟苗跡に右十次郎
仕度段、正保四年に
義山様へ山口内記を以願申上、御前相済申候。清九郎は御郡代官役目相務、十次郎は御小性御奉公致勤仕候。慶安
弐年に清九郎御訴訟御役目御免被成下、同年十二月二十八日成田木工を以隠居被仰付、清九郎御知行高弐拾四貫
弐百文十次郎に被下置、十次郎御切米御扶持方被召上、為御加増御知行五貫八百文木工を以被下、都合三拾貫文
之高に被成下、慶安弐年極月廿一日之御黒印所持仕候。
義山様御代正保三年に右清九郎国分芋沢村にて野谷地拝領開発、高壱貫弐百弐拾三文山口内記・真山刑部・武田五
郎左衛門を以慶安三年に被下置、同年四月廿五日之御黒印所持仕候。
義山様御代明暦三年に右十次郎野谷地拝領開発高七貫九百弐拾弐文万治三年二月十日茂庭周防・富塚内蔵丞を以被
下置、寛文元年十一月十六日之御黒印所持仕候。右国分芋沢村知行切添之地四百八拾六文、延宝元年十月廿四日
に大条監物を以被下置、都合三拾九貫六百三十壱文之御知行高に罷成申候得共、切添之地は御黒印之御高へは相
入不申候。右十次郎改名九左衛門に罷成御奉公仕所、男子持不申候付、拙者儀佐々布後五郎右衛門実次男に御座
候。久左衛門甥に御座候。養子に仕度と古内志摩へ申聞手前に養育仕置名跡に仕度段願可申上と奉存内、久左衛
門延宝五年六月廿二日に病死仕付て、御知行高之内三ヶ一拾三貫弐百拾文を以久左衛門名跡に拙者被仰付之旨、
延宝六年五月廿五日に黒木上野被申渡候。于今御黒印は頂戴不仕候。以上
延宝七年六月十五日

26　庄子平左衛門

一　拙者親庄子平左衛門儀、最上浪人にて罷在候所、貞山様御代に秋保長門手前御給主に被召出、御切米御扶持方被下置候。高は相知不申候。御奉公仕、大坂御陣之節も十七歳にて御供仕罷登、其節大坂にて右長門・同甚平父子共に討死仕候節も、親平左衛門手首尾を合申由承伝候。左様之儀御耳にも相立申候哉、義山様御部屋住之節何程に候哉、御切米御扶持方を以御歩行衆に被召出之由、其以後御歩目付役被仰付、御切米三両・御扶持方四人分被下置御奉公相務申候。御切米三両被召上、御知行拾貫文并御扶持方四人分被下置之旨、寛永二十一年三月十四日に奥山大学を以被仰渡御黒印頂戴仕候。正保元年に野谷地申請、起高壱貫四百四文同四年十月九日に山口内記を以被下置、都合拾壱貫四百四文と御扶持方四人分に被成下、御黒印頂戴仕候。且又承応弐年八月十八日、親平左衛門病死仕、跡式無御相違拙者に被下置旨、同年十月廿三日に津田豊前を以被仰渡御黒印頂戴仕候。

御当代寛文元年に惣侍持添之御切米御扶持方知行に被直下候節、拙者持添之御扶持方四人分を壱貫八百文に被直下、都合拾三貫弐百四文之高に被成下御黒印頂戴仕候。以上

延宝五年三月八日

27　須田与左衛門

一　拙者祖父須田主計白川譜代御座候。親須田休意、主計三男に御座候。

貞山様御代寛永五年に、茂庭佐月を以被召出、御知行壱貫八百文被下置御奉公相務申候。其後
義山様御代寛永十八年十月山口内記被申上、右御知行壱貫八百文之所を御切米三両・御扶持方四人分に被直下候。
慶安元年に黒川之内大衡村野谷地新田并野屋敷壱町歩拝領仕度段山口内記を以願上、起目高五百八拾六文承応弐年十月十七日右同人を以被下置候。明暦弐年に茂庭故周防被申上、右御切米御扶持方を御知行三貫五百拾四文に被直下、右新田五百八拾六文共に四貫百文、其上御加増三貫九百文拝領仕、合八貫文同年極月右同人を以被下置候。且又慶安四年に野谷地新田拝領仕度旨山口内記を以申上、起高八百八文明暦三年二月右同人を以被下置、右高合八貫八百文に罷成、
御当代御黒印頂戴仕候。寛文元年に黒川之内大衡村知行替被仰付、其御替地東山舞草村にて被下置候砌、右除屋敷之替同所にて中畑四拾間・五拾間被下置候。其代付弐百六拾七文之所御知行高に被相入被下置度旨、寛文九年に柴田外記・古内志摩を以願上申候得ば、同年五月十三日願之通被成下、高九貫七拾五文之御黒印頂戴仕候。同年茂庭周防知行所之内、新田起目周防願上、同年十月廿六日に古内志摩を以親休意に四貫七拾六文被分下、都合拾三貫百五拾壱文之御黒印頂戴仕候。休意事隠居仕度旨、柴田中務を以願上、延宝三年六月十七日右同人を以願之通被仰付、右御知行拾三貫百五拾壱文無御相違私に被下置、家督被仰付候。以上
延宝五年三月十一日

28　笹木彦六

一　拙者祖父武田大学儀故武田五郎左衛門弟に御座候。

貞山様御代に被召出、御切米五人御扶持方被下置、御肴奉行被仰付相務申候。然処右大学縁者佐々木九郎右衛門と
　申者進退拾七貫文にて、
貞山様へ御奉公仕候。九郎右衛門実子作蔵に家督被仰付候時分、御知行拾七貫文之内五貫文之御知行末々武田大学
に被下置度と、慶長拾七年大町駿河を以右九郎右衛門願申上候処、願之通被仰付候。翌年大学儀江戸へ罷登、其
より大坂へ致御供、落城之節討死仕候付、則家督拙者親権兵衛に被下置候。元和五年霜月十二日
御同代右御切米御扶持方御知行に被直下、弐貫三百四拾八文に罷成候。如何様之品を以御知行に被直下候哉不承伝
候。右五貫文之御知行へ取合、都合七貫三百四拾八文に被結下候旨、奥山故大学を以被仰渡、権兵衛十一歳より
義山様御奥小性に被召出、十五歳にて表御小性に被仰付、江戸定詰十四・五ヶ年御奉公仕、其より表虎之間へ被相
出、六・七ヶ年江戸御番相務、其以後御手水番被仰付、御他界之節迄御奉公申上候。
御同代惣御検地之節二割倍拝領、御知行高八貫八百文に罷成候。
御同代に久荒新田起目四貫三百弐拾壱文正保二年に為御加増山口内記を以拝領仕、都合拾三貫百弐拾壱文に被成下
　候。御黒印頂戴仕候。
綱宗様御代御国御番被仰付、
御当代迄引続五十七ヶ年御奉公相務申候。右権兵衛儀歳六十八に罷成老衰仕候間、延宝三年隠居願申上候得ば、願
　之通被仰付、家督無御相違同年十二月廿三日柴田中務を以拙者に被下置候。右九郎右衛門先祖之儀は不承伝候。
　以上
　　延宝五年四月廿六日

29　八谷市郎兵衛

一　拙者祖父八谷二兵衛儀
貞山様御代に被召出、御知行七貫四十文被下置候。誰を以被下置候哉年号承伝不申候。
義山様御代惣御検地之時分二割出之地壱貫四百文被下置、八貫四百四拾文之高に被成下候。
御同代に二兵衛実嫡子同氏越後儀、親子共御奉公申上度由奉願、御小性組に被召出、別て御切米五両・御扶持方四人分被下置御奉公相務申候。二兵衛儀隠居被仰付、御知行八貫四百四拾文之所越後に被下置度旨奉願、明暦弐年三月三日古内故主膳を以如願被仰付候。其以後御切米御扶持方両様所持仕者御知行に直被下並を以、四貫六百五拾七文被直下、右八貫四百四拾文へ取合拾三貫九拾七文、何も御本地被下置旨、寛文元年十一月十六日古内中主膳を以被仰付候。越後儀寛文八年四月十四日病死仕、跡式知行無御相違拾三貫九十七文拙者に被下置旨、
御当代寛文八年八月廿九日原田甲斐を以被仰渡御奉公相務申候。以上
　延宝四年極月廿三日

30　高橋伝吉

一　拙者先祖は御家御譜代之由承伝候得共、
誰様御代拙者先祖被召出、何時御知行拝領仕候哉、祖父以前之儀不存候。

貞山様御代祖父高橋彦助儀、御知行高四貫三百三拾文之所被下置候。男子無之付、浜田外記次男拙者親伝吉聟養子に仕候。寛永拾壱年正月廿四日彦助病死仕候付、苗跡無御相違親高橋伝吉被下置候。右跡式被仰付候年号・御申

次拙者幼少之時分親伝吉相果申候故其段承伝無之候。

義山様御代寛永年中惣御検地以後御知行御割之砌、二割出目八百六拾文之所正保元年八月十四日富田内蔵丞・奥山故大学を以被下置、合五貫百九拾文之御知行高に被成下候。柴田郡上名生村・中名生村・下名生村右三ヶ村にて田畑久荒之所拝領仕、自分開発之新田正保弐年御竿被相入、高七貫八百七拾九文之所同三年二月十六日津田豊前を以被下置、都合拾三貫六十九文之御知行高被成下候。明暦弐年十一月廿一日親伝吉病死仕候付、同三年三月十五日右御知行高無御相違津田豊前を以拙者に被下置御黒印頂戴所持仕候。以上

延宝五年三月廿五日

31 目黒兵右衛門

一 拙者養曽祖父目黒石見に被下置候知行高五貫弐百文、并伊貢郡島田村にて池田在家・鳥内在家二ヶ所山共石見嫡子同氏助太郎に引続被下置候段、保山様より天文十二年五月三日御判物頂戴仕、代々不相替拝領仕、于今右在所罷在、右御判物も拙者取持仕候。拙者儀右助太郎実子同氏仲右衛門聟苗跡に御座候故、先祖石見誰様御代誰を以被召出候哉、勿論助太郎実子仲右衛門に家督被下置候年号不承伝候。右知行高之内如何様之儀にて御減少御座候哉、養父仲右衛門知行高二割出共に四貫九百文に罷成、御国御番相務罷在候。拙者実父坂本出雲と申者、岩城譜代御座候て宮城之内へ罷越浪人にて罷在候。拙者儀は奥山故大学を頼罷在候所、寛永八年八月貞山様御鷹野被遊候刻、右出雲罷在候屋敷之前に御馬被為立出雲を被召出、品々御尋被為成、同年九月廿八日拙者

儀右大学・佐々若狭を以被召出、久荒之所知行高弐貫四百二十四文拝領仕、右大学御奉行職相勤候に被付置候由被仰渡御用相勤罷在候所、寛永十五年より御評定所物書御用被仰付相務申候得共、小進退にて勤兼申に付、同年九月茂庭故周防右大学を以御扶持方四人分被下置、慶安三年迄右御用相勤申候。然処目黒仲右衛門実子又蔵、慶安四年二月廿九日病死仕候付、拙者を聟苗跡に仕候間、拙者に被下置候知行高二割出共に弐貫九百弐拾弐文へ、右仲右衛門知行高四貫九百文取合七貫八百弐拾弐文に被成下、仲右衛門跡式相続仕度奉存旨、奥山大学を以義山様御代右仲右衛門願申上候所、願之通被成下之旨、承応元年三月廿日右大学を以被仰渡御黒印頂戴仕候。拙者に元来被下置候御扶持方は其節被召上候。其後野谷地七町拝領仕、起目弐貫八百五文之所、右大学を以寛文元年十一月十六日被下置御黒印頂戴仕、拾貫六百十七文に罷成候。拙者儀男子持不申候故、庵原彦左衛門実弟彦四郎聟苗跡に仕、末々拙者家督に被成下度奉存旨、寛文八年六月願申上候所、願之通被成下之旨、同年七月廿八日古内志摩を以被仰渡候。且又右彦左衛門野谷地拾町拝領仕候内、起目弐貫四百三拾九文之所拙者知行高に分被下、末々彦四郎に被下置度旨、彦左衛門願申上候処、願之通彦左衛門知行高之内弐貫四百三拾九文之所、拙者に被下置候旨、延宝六年四月廿五日黒木上野を以被仰渡、拙者知行高拾三貫六拾六文に御座候。以上

延宝七年三月七日

32　浜尾次郎兵衛

一　拙者祖父浜尾駿河、慶長弐年に貞山様へ被召出、御知行宮城之内高崎村被下置御奉公相務罷在候所、大坂御陣之砌病気にて御陣之御供仕儀不罷成、

駿河嫡子九平次名代に罷登候所、遠江守様へ被遣、予州へ罷越候。駿河病気に予州へ同心申儀不罷成候由申上候得ば、不便に被思食候間、堪忍分に仕候様にと御意を以、御知行五貫文別て被下置候。右御知行駿河三男次郎兵衛被下置、御奉公被仰付被下度旨申上候所、願之通被成下候由承伝得共、分明に不奉存候。惣領式に御座候間、委細之儀は同氏勘右衛門申上候。

義山様御代惣御検地弐割出自壱貫文被下置、右合六貫文に御座候。右次郎兵衛実子無御座候付、拙者を養子に仕度由願申上候付、私実兄青木弥惣左衛門知行高之内四貫文分被下、拾貫文之高に被成下、右次郎兵衛家督に被仰付被下度旨申上候処に、明暦弐年三月廿二日山口内記を以願之通被成下候。同年八月廿日親次郎兵衛病死仕、跡式無御相違同年に山口内記を以拙者に被下置候。

御同代黒川之内大松沢村野谷地、右内記・真山刑部を以拝領仕、綱宗様御代御竿入、高三貫五十三文万治元年霜月九日於御蔵水牒相写拝領仕候。誰を以被下置候儀は無御座候。都合拾三貫五拾三文之御黒印奉頂戴候。以上

延宝五年五月四日

33　平沢加右衛門

一　拙者先祖大崎譜代之由承伝候。親平沢加右衛門

貞山様御代元和四年に被召出、御仕着被下置御右筆御奉公相務申候。

義山様御代右之御仕着地形に被直下候処、高何程に御座候哉不承置候。親代に惣御検地二割出目共に拾弐貫七百文

之高に被成下候。御黒印頂戴仕候。然所慶安三年八月廿二日に親病死仕候付て、同年十一月十一日に戸田喜大夫を以家督無御相違拙者に被仰付、継目之御黒印も被下置、勿論御当代之御黒印も頂戴仕候。右知行地付之内切添新田高三百三拾八文、延宝元年十月廿九日大条監物を以拝領仕、知行高拾三貫三拾八文に御座候。切添知高に被成下候御黒印は于今頂戴不仕候。御割奉行衆書替は所持仕候。以上

延宝五年三月廿五日

34　桑嶋源左衛門

一　拙者親桑嶋九右衛門儀

貞山様御代慶長十三年五月廿日御歩行衆に被召出、御切米銀九拾五匁四人御扶持方被下置、大坂御陣両度共御供仕、後之御陣落城之日首御牒にも相付申候。寛永五年十二月十日伊藤肥前を以御歩行番頭被仰付、御奉公相務罷在候処、同七年九月十五日右肥前を以御知行拾貫文被下置候。同九年二月三日名取郡坪沼村起目新田壱貫文、右肥前を以御加増拝領仕候。寛永十八年御検地二割出被下置、都合拾三貫文に被成下御奉公相勤罷在候処、寛永二十壱年二月七日古内主膳を以御歩番頭御免被成下、同年十月五日右主膳を以江刺御境目御足軽頭被仰付候。依之右拾三貫文之御知行内拾貫文、江刺郡餅田村にて被下置候。残三貫文伊貢郡島田村にて被下置候。右餅田村拾貫文之所伊達左兵衛殿罷成候付て、寛文元年十一月十六日磐井郡上折壁村にて被下置候。右九右衛門儀病人に罷成候付、御役目御免被成下度由、古内主膳を以訴訟申上候得ば、慶安弐年三月十三日右主膳を以御役目御免被成下候。拙

者儀九右衛門御奉公仕罷在候内、無足にて御番仕度由、成田木工を以奉願候所、正保三年五月十一日古田内匠御番組中之間御番所被仰付相勤罷在候。

御当代に罷成、右九右衛門年七十一に罷成候に付、隠居仕度由奉願候処、寛文三年四月七日原田甲斐を以九右衛門家督無御相違拙者に被下置、御国御番相勤罷在候所、寛文七年正月十三日古内志摩を以定御供被仰付、同十二年二月定御供御免被成下、同十三年六月より宮内権十郎御番組被仰付候。拙者知行高拾三貫文に御座候。以上

延宝五年三月十六日

侍衆

御知行被下置御帳（三十二）

拾弐貫九百六拾四文より
拾弐貫拾四文迄

1　堀小伝次

一　拙者儀堀源兵衛二男に御座候。源兵衛知行三拾七貫五百弐拾文之内、新田拾弐貫九百六拾四文之所拙者に被分下度段、御当代寛文七年大町権左衛門・各務采女・渋川助大夫を以右源兵衛奉願候処、同八年正月廿六日古内志摩を以願之通被成下旨被仰渡、則御黒印頂戴仕、御次之間御番所被仰付当時御納戸御用相勤申候。以上

延宝五年三月十三日

2　富田吉左衛門

一　私養父富田平右衛門義山様御部屋住之時被召出、御切米四両・四人御扶持方被下置、其後野谷地致拝領、高三貫拾文之所開発仕候処、

病人に罷成、実子持不申候付、拙者富田越中二男、平右衛門甥に御座候を家督養子に仕度旨、義山様御代奉願候処、寛永二十年に如願被成下、平右衛門隠居被仰付、家督無御相違津田近江を以拙者に被下置候。右開発仕候新田三貫拾文之所、同年十月廿四日右近江を以拙者に被下置、三貫拾文之御黒印頂戴所持仕候。御知行并御切米・御扶持方両様被下置候衆御知行に被直下並を以、右御切米・御扶持方寛文元年十一月十六日に御知行高四貫八拾六文に被成下、都合七貫九拾六文之御黒印頂戴仕候。其後宮城郡沢音村にて野谷地拝領開発、高七百六文之所為御加増寛文八年八月廿九日柴田外記を以被下置、都合七貫八百弐文に被成下、御黒印頂戴所持仕候。拙者儀男子持不申候付、大和田市右衛門弟市之助を胥苗跡に申合、市右衛門知行高之内五貫文相譲、拙者知行高に結被下度旨、双方親類奉願候処、如願延宝四年三月六日小梁川修理を以被仰付、知行高都合拾弐貫八百弐文に被成下、御下書所持仕候。以上

延宝五年三月十日

3　貝山太兵衛

一　拙者先祖田村御譜代に御座候由承伝候。然処貞山様御代親太兵衛被召出、御切米御扶持方被下置御奉公仕候。何年に誰を以被召出候哉、何程之御切米御扶持方被下置候哉、其段は不存候。且又寛永十年に茂庭了庵を以、上納三貫三拾四文并荒所七貫六百六拾弐文、都合拾貫六百九拾六文に右御切米御扶持方御知行に被直下候哉、御加増に被下置候哉、其段不存候。引続義山様御代迄御奉公相勤申候。

御同代寛永十七年惣御検地之刻、二割出弐貫百四文被下置、高拾弐貫八百文に罷成候。御黒印頂戴仕候。親太兵衛儀、正保弐年二月病死仕候処、拙者家督無御相違被下置旨、同年極月山口内記を以被仰渡候。
御当代御黒印頂戴仕候。拙者知行高拾弐貫八百文に御座候。以上
延宝五年三月廿三日

4　永野伊織

一　私祖父永野帯刀儀、相馬浪人に御座候。慶長年中貞山様御代被召出、御知行拾貫六百六拾文被下置御奉公仕候。右帯刀儀如何様之品を以被召出候哉、勿論御取次等不承伝候。
義山様御代寛永年中惣御検地之節、二割出目弐貫百四拾文被下置、取合拾弐貫八百文に被成下候。其後御籠役目被仰付勤仕之内、囚人壱人籠破欠落申に付て進退被召上候。慶安年中御国浪人衆数多被召返候節、山本勘兵衛を以右帯刀被召返、本高拾弐貫八百文被下置候。慶安何年に被召返候哉不承伝候。
御同代慶安年中右帯刀老衰隠居之願申上候処、山口内記を以如願跡式嫡子父伊左衛門に右高拾弐貫八百文被下置候。慶安何年に被下置候哉不承伝候。
御当代寛文三年霜月父伊左衛門病死仕、跡式被下置候様に奉願候処、如願原田甲斐を以同四年二月跡式高拾弐貫八百文之所無御相違私に被下置、御黒印頂戴仕候。以上
延宝七年三月廿一日

5 丹野小右衛門

一 拙者祖父丹野対馬国分譜代に御座候。貞山様御代中島監物を以被召出、四人御扶持方・御切米弐両被下置御奉公仕候。右対馬病死、跡式親今内に右監物を以被下置候。年号は覚不申候。右今内両度之大坂御陣へも御供仕相勤申候処、元和四年に御知行拾貫文右監物を以被下置候。寛永十八年十月親今内病死、跡式無御相違拙者に被下置之旨、同十九年四月十三日古内主膳を以被仰渡候。寛永年中惣御検地之節、二割出目共に拾弐貫八百文之高に被成下御黒印頂戴仕候。以上

延宝五年三月十一日

6 永倉六郎衛門

一 拙者高祖父永倉信濃伊達御譜代之由承伝申候。稙宗様・晴宗様御書拙者先祖被下置所持仕候得共、従誰様御代先祖被召出御奉公仕候哉不承伝候。右信濃嗣子美作儀於伊達宮代次郎兵衛と口論仕、右次郎兵衛切殺申候付進退被召上、御国浪人にて罷在内、高籠御働之砌仕合を以首捕申候付、御勘当御赦免被召返、依之本進退之内被下置由申伝候。先祖より持来所之御知行高何程に御座候哉、又美作被召返時分本進退之内何程被下置候哉其段相知不申候。右美作長子清左衛門に跡式被下置候年号・御申次不承伝候。清左衛門御知行高拾貫百九拾六文に御座候。右美作被召返時分拾貫百九拾六文被下置候哉、又清左衛門代に罷成御加増致拝領、右之通之御知行高に被成下候哉、此段も相知不申候。右清左衛門儀寛永二年三月十七日相果申候。跡式拙者親新蔵人に無御相違佐々若

狭を以被下置候。年号不承伝候。且亦
義山様御代惣御検地之刻弐割出目御座候て、拾弐貫七百文之御知行高に被成下候。新蔵人儀承応三年八月十日病死仕候。同年十月廿三日奥山大学を以親跡目無御相違拙者に被下置御黒印奉頂戴候。以上
延宝七年七月九日

7　渡辺伊左衛門

一　拙者祖父渡辺権之丞、田村御譜代に御座候由承候。
政宗様御代慶長年中権之丞儀御小人に被召出、御切米御扶持方被下置御奉公仕候処、無油断御奉公相勤奇時に被思食之由御諚之上、寛永四年七月十八日佐々若狭・馬場出雲を以御知行拾貫文被下置、御小人組頭被仰付候。御知行被下置候時分、右両人へ御直書被下候、于今拙者所持仕候。其以後国分之内若林にて野谷地拝領仕由承及申候。新田高、御申次共に久儀御座候得ば不奉存候。右権之丞儀御加恩被成下、其上度々難有御意に付て、二世之御供可申上由御約束仕候処、寛永十三年
政宗様御遠行遊候。権之丞儀男子持不申、女子一人持申候付、漆山対馬三男弥市郎壻苗跡に被成下度由、同年於江戸
忠宗様へ申上候処、願之通弥市郎に被仰付、御小人与頭御免被成下、中之間御番所被仰付難有仕合奉存、権之丞御礼申上由承伝申候。同年六月廿日権之丞儀於覚範寺殉死御供仕候。則跡式無御相違右弥市郎に被仰付候由承候。
御申次不奉存候。其以後弥市郎儀改名被仰付、伊右衛門に罷成候。且又惣御検地二割出目新田共、都合拾弐貫六

百文之高に被結下候。親伊右衛門儀慶安四年二月廿二日病死仕、跡式無御相違拙者に被下置候由、同年古内故主膳を以被仰付候。当知行高拾弐貫六百文之御黒印奉頂戴所持仕候。以上

延宝五年三月十八日

8 鶴谷善助

一 拙者先祖国分一家に御座候処、曽祖父鶴谷治部儀貞山様御代被召出、御知行五貫弐百五拾文被下置、御奉公相勤申由承伝候。右治部病死仕、祖父左伝次に家督無御相違被下置候。右左伝次病死仕、其節拙者実父彦太夫二歳に罷成候節、右御知行之内御減少被遊、壱貫五百文被下置候。其後本御知行高之通被返下、寛永年中惣御検地被相入砌、二割出目を以御知行高七貫五百三文に被成下、御黒印頂戴所持仕候。右段々家督相続仕候年号・御申次等、且又右本御知行如何様之品を以被返下候哉、年久儀と申、拙者者事未生以前故不奉存候。

義山様御代宮城郡高城之内竹谷村にて野谷地申受開発、高壱貫百拾弐文正保三年に拝領仕候。本地取合八貫六百拾五文に被成下、御黒印頂戴所持仕候。

御同代右起残野谷地闢之、三貫百三拾三文慶安五年に拝領仕、本地取合拾壱貫七百四拾八文に被成下、御黒印頂戴所持仕候。両度共に誰を以拝領仕候哉不承伝候。

御当代右御知行地続にて、切添起目七百六拾五文、延宝元年十月廿九日大条監物を以拝領仕、都合御知行高拾弐貫五百拾三文に被成下候。父彦太夫儀延宝三年正月十七日病死仕候。跡式御知行無御相違拙者に被下置旨、同年四

月八日柴田中務を以被仰渡候。以上
延宝五年四月十六日

9　山元儀左衛門

一　拙者祖父山元源内儀伊達御譜代に御座候。貞山様御代被召出、御知行拾貫文被下置候由申伝候。誰を以被召出候哉不奉存候。右源内元和七年二月九日病死仕、跡式嫡子源右衛門に無御相違被下置候。年号・御申次不奉存候。義山様御代惣御検地之節、二割出目を以拾弐貫百文に被成下候。源右衛門儀男子無御座娘一人所持仕候処、拙者儀荒井加右衛門二男に御座候。聟苗跡仕度由願上申候処、承応弐年九月十五日山本故勘兵衛を以願之通被成下旨被仰渡候。右源右衛門儀明暦元年霜月十五日に病死仕、跡式同弐年正月十七日右勘兵衛を以無御相違拙者に被下置、御黒印頂戴仕候。御当代に罷内、拙者知行続に野谷地御座候を願上申候処、御竿入四百拾文之所被下置、都合拾弐貫五百拾文被成下之旨、延宝元年十月廿八日大条監物を以被仰渡、右新田高に被成下候。以後之御黒印は于今頂戴不仕候。以上
延宝五年二月十三日

10　高成田覚右衛門

一　祖父高成田修理二男、拙者には亡父同氏覚助儀

貞山様御代に被召出、御切米弐両・御扶持方四人分被下置、御歩行御奉公仕候。右被召出候年号・御申次不承伝候。慶長十九年・元和元年二度之大坂御陣にも御供仕候。

御同代茂庭采女御横目被仰付、其以後佐藤内膳御横目被仰付、江戸御国共に定詰御奉公数年相勤申候付、寛永七年に御知行拾貫四百弐文之所被下置之旨、湯村勘左衛門を以被仰渡、右御切米御扶持方は被召上候。

義山様御代寛永廿一年惣御検地之砌、二割出目共拾弐貫五百文に被成下候。然処父覚助儀承応二年十一月病死仕候付、跡式無御相違拙者に被下置之旨、同三年二月山口内記を以被仰渡候。当時拙者知行高拾弐貫五百文之御黒印頂戴仕候。先祖委細之儀は惣領筋目同氏半助方より可申上候。以上

延宝七年四月九日

11 上野幸安

一 拙者祖父上野太郎左衛門儀江州所生筋目有之者に候得共、浪人為渡世銀細工仕候処、慶長十六年貞山様被召抱、長尾主殿を以御知行拾四貫五拾文被下置、御細工御奉公相務寛永十三年九月病死仕候。迹式無御相違子共太郎左衛門に被下置、打続御細工御奉公相勤申候。寛永廿一年御検地二割出御竿被相入、右御知行高拾六貫九百文に被成下候。御下中にも親類之者応其身分被召使候故、太郎左衛門儀右職目を以御奉公相勤申儀無拠奉存、

義山様御代明暦三年十月、古内主膳を以訴訟申上如願被成下、太郎左衛門迹式之儀御細工職目をは弟子之者に相譲、拙者を聟苗跡に被仰付、御知行高之内拾弐貫五百文拙者に分ヶ与、四貫四百文は弟子之者に分ヶ与可申由、右主

膳を以同年十月十七日被仰付候。然処
義山様為御意拙者儀氏家紹安弟子に被仰付、同年より十四ヶ年紹安に相付致医学、至
御当代寛文七年二月、紹安奉願為学問在京之御暇被下置、三ヶ年於京都致勤学罷下、寛文九年より御次医師御奉公
相勤申候。拙者知行高拾弐貫五百文之御黒印頂戴仕候。以上
延宝五年正月廿七日

12　橋本市太夫

一　拙者曽祖父橋本半左衛門田村御譜代之者候由承伝候。
義山様御代寛永十三年に被召出、御知行拾貫四百五拾四文被下置、御奉公相勤申候由承伝候。右之御申次不承伝候。
同十九年右半左衛門病死仕候付、嫡子弥次右衛門に跡式無御相違被下置旨、同年四月十三日古内故主膳を以被仰
渡候。其後同廿一年二割出目被下置、知行高拾弐貫五百文に被成下候。右弥次右衛門男子無御座候付、多田故清
左衛門次男拙者親清七を養子に仕度旨願申上候処、願之通被仰付候。年号・御申次不承伝候。然処明暦弐年右弥
次右衛門病死仕候付、右清七に跡式無御相違被仰付候。御申次不承伝候。寛文七年右清七病死仕候。跡式無御相
違拙者に被仰付旨、同年十一月廿二日柴田外記・古内志摩を以被仰渡候。其節拙者幼少にて両親相果申候間、委
細之儀不承伝候。拙者知行高拾弐貫五百文に御座候。以上
延宝五年三月廿一日

13　豊島杢丞

一　拙者兄豊島縫殿儀滝川壱岐守殿へ奉公仕罷在候処、
貞山様御代右縫殿事、壱岐守殿より御所望被遊被召使候付、拙者儀は森川出羽守殿に奉公仕罷在候を御国元へ相下
可申由、従
貞山様度々縫殿に被仰付候。依之出羽守殿より暇貰、寛永八年に御国元へ罷下居申候処、蟻坂丹波を以御目見被仰
付候。其砌被成御意候は、誰そ養子に願申者有之候はば承立可申上候。御前にても思食当御座候はば可被仰付旨
御意御座候処、
貞山様遠行被遊候付、無進退にて数年罷在候処、
義山様御代右縫殿野谷地申請、開発之地竿入高六貫弐百七拾八文之所拙者に被下置、御奉公被仰付候様に仕度段右
縫殿申上候処、如願之被成下候旨慶安五年二月十日に山口内記を以被仰渡候。就夫御国御番又は石巻御運賃渡御
用相勤申候処、
御同代明暦二年三月十日に御切米三両・四人御扶持方為御加増被下置之旨、右内記を以被仰渡候。
綱宗様御代並を以右御切米御扶持方御知行三貫五百拾四文に被直下、本地合九貫七百九拾弐文之高に被成下御黒印
頂戴仕候。且又伊達左兵衛殿へ兼日御出入仕候御因《ちなみ》を以、右御同人御拝領之野谷地起目之内、弐貫六百六拾九文
之所、拙者に被分下候様に被成度旨御願に付、延宝二年五月三日大条監物を以右貫高之通拙者に被分下候旨被仰
渡、都合拾弐貫四百六拾壱文当時拝領仕候。左兵衛殿新田起目被分下、拙者知行高に被成下候以後之御黒印は于
今頂戴不仕候。以上

延宝五年三月十七日

14 八嶋九兵衛

一　拙者祖父八嶋新右衛門伊達御譜代御座候由承伝候。拙者親八嶋九兵衛儀同氏新右衛門二男御座候て、義山様御部屋住之御時新規御奉公に被召出、御切米三両・四人御扶持方被下置、御歩横目御奉公仕候。年号・御申次不承伝候。

義山様御代寛永廿一年三月十四日御知行拾貫文被下置、御切米は被召上、御扶持方は被差添被下置旨、奥山大学・津田近江を以被仰渡候。

御同代野谷地申受、新田開之高六百四拾九文之地、正保三年六月廿三日山口内記を以被下置、都合拾貫六百四拾九文と四人御扶持方にて御奉公仕候処、承応二年三月十三日病死仕、跡式拙者に無御相違拾貫六百四拾九文と四人御扶持方被下置旨、古内故主膳を以同年四月十四日に被仰渡候。

御当代寛文元年十一月十六日四人御扶持方御知行壱貫八百文に被直下、都合拾弐貫四百四拾九文に被成下、御奉公相勤罷在候。御扶持方持添は何もへ被直下並を以、御知行に被成下候。以上

延宝五年四月廿八日

15 梅津五兵衛

一　拙者父梅津五兵衛儀、

貞山様御代御知行高三拾壱貫文被下置、御足軽奉行被仰付相勤申候処、寛永六年右五兵衛病死仕、其比拙者六歳に罷成幼稚に御座候得共、父五兵衛御奉公仕候者之末候間、御知行三拾壱貫文之内拾貫文御役無に被下置、残弐拾壱貫文之所は被預置候。其身成長仕御奉公仕候節は、本知行高三拾壱貫文之都合に可被成下与之御黒印、寛永七年五月廿七日奉頂戴家督拙者被仰付候。年号誰を以被仰付候は、幼少之節に御座候故覚不申候。然処義山様御代寛永十三年御家中並に右御黒印被召上候付、御役人衆書替于今所持仕候。私幼少にて御預之内御年貢等取納申儀、如何御座候間成長御奉公仕候迄は、御預之地上置申候は可然由、親類共以相談差上申由承伝候。御同代惣御検地被相入二割出寛永弐十一年御家中並に拝領仕、拾弐貫文之高に罷成候。自分開発新田御当代寛文元年三百八拾七文拝領仕、知行高都合拾弐貫三百八拾七文に被結下候。右新田拝領仕候御申次致失念候。右御黒印之通知行高拾弐貫三百八拾七文之所、於于今御知行御役御免被下候。父五兵衛御譜代之者に御座候由申候得共、

誰様御代先祖被召出候哉不承伝候。以上

延宝五年四月二日

16　大石十郎右衛門

一　拙者先祖伊達御譜代之由承伝候。

誰様御代被召出候哉不奉存候。拙者祖父大石清助、

貞山様御代御切米・御扶持方被下置被召使候由承伝申候。然処増岡御陣にて手負かたわに罷成、御奉公不罷成候付

て、進退差上罷在候。其後拙者親十郎右衛門成人仕候て、御切米・御扶持方被下置、御歩小性に被召使、大坂へも乍二度御供仕候由承伝申候。其後又伯父大石長門と申者、御知行高四拾貫文余被下置候内、拾貫弐百五拾文之所拙者親十郎右衛門に分譲申渡候。残所は家督大石孫右衛門に被下置度由願差上申に付て、右両人京都へ罷登、片倉小十郎・中島監物御披露被申上候得ば、願之通無御相違両人に分被下置候。

義山様御代、寛永廿一年御検地之時分二割出被下置、拾弐貫三百文之高に結被下置候。其後三迫石越村に野谷地五町歩被下置候。悪所にて起不申、畑代六拾弐文之所起申候を、山口内記を以高に被結下置、都合拾弐貫三百六拾弐文之高に御座候。右何も年号然と覚不申候。

義山様御代明暦弐年七月親相果申候付、家督拝領仕度由願差上申候得ば、成田木工を以同年九月九日無御相違家督拝領仕候。

御当代寛文弐年に御黒印頂戴仕候。拙者御知行高拾弐貫三百六拾弐文に御座候。以上

延宝五年二月五日

17　富沢権内

一　拙者曽祖父富沢伊予

貞山様米沢に被成御座候時分御奉公仕、其子右馬助・其子主計代々御奉公仕候処、主計儀は遠江守様へ御人分ヶ被進候刻、予州へ主計も被進候。年号不承伝候。尤先祖代々も委細には不奉承知候。拙者親権内儀右右馬助二男に御座候。

貞山様御代被召出御切米御扶持方被下置、御歩小性組之御奉公仕候。年号尤御切米御扶持方之員数も不奉承知候。然処親権内、大坂御陣にて筈《やはず》合仕尤首牒にも御座候由承候。依之御知行被下置候か、元和弐年右御切米御扶持方被召上、則御歩小性組御免被成下、御知行拾貫文中島監物を以被下置候。其以後改名被仰付伊予に罷成候。拙者十三歳に罷成候刻、伊予死去仕候付、委細之品不奉承知候。右之通伊予死去仕候刻、跡式無御相違拾貫文之御知行寛永十二年霜月

貞山様御代右監物を以拙者に被下置候。

義山様御代御領分御竿入候刻二割出目被下置、本地共に拾弐貫文に被成下候。御黒印所持仕候。右御知行之内四貫弐百八拾壱文、江刺之内高寺村に畑地形にて拝領仕候処、古内故主膳畑返新田に被申請、明暦三年に開発相極、右畑高替地四貫弐百八拾壱文之上、五割出目之御加増三百五拾七文同年三月右主膳を以被下置、御意之段右主膳宅にて被申渡候。両度之御加増本地共合拾弐貫三百五拾七文に御座候。御黒印所持仕候。以上

延宝五年四月廿一日

18　安達市三郎

一　拙者高祖父安達彦右衛門国分譜代御座候処、

貞山様へ被召出、馬上にて御奉公仕候由承伝候。誰を以被召出候哉、且又御知行何程被下置候哉不承伝候。彦右衛門子弥兵衛

貞山様伏見に御詰被遊候節、両度罷登三ヶ年相詰御奉公仕候由、其子善三郎代迄三代御奉公仕候由承伝候。然処

貞山様御代祖父善三郎儀、御知行高拾七貫文之進退にて被召使候由、誰を以被下置候哉、亦先祖より拝領仕来候哉、委細之儀不奉存候。右善三郎儀
貞山様御代寛永十一年に蒙御勘気、進退被召上浪人にて病死仕候。以後亡父市右衛門儀、
義山様御代茂庭佐月を以慶安三年に被召出、善三郎残命に候はば本進退之通可被下置候得共、代替に候条半分を以八貫文被下置候。末々御奉公仕候はば本地返可被下置由被仰渡候。
御当代に罷成、野谷地新田弐貫三百九拾六文之所、寛文八年三月三日に古内志摩を以拝領仕、其以後野谷地新田壱貫九百五拾八文寛文十一年五月八月に右志摩を以拝領仕、本地取合拾弐貫三百五拾四文之高に結被下、御黒印頂戴仕、石川次郎左衛門組中之間御番相勤申候処、市右衛門儀延宝六年三月晦日病死仕に付、右迹式無御相違被下置度由、親類以連判願差上、願之通被成下之旨、同年八月廿二日黒木上野を以被仰渡、拙者御知行高拾弐貫三百五拾四文に御座候。以上
延宝七年十二月八日

19　玉手次左衛門

一　拙者先祖玉手伊豆と申者、
稙宗様御代より御奉公仕、伊貢郡於佐倉村御知行三拾貫文被下置、
輝宗様為御意、与力馬上三十騎・御足軽七百人被差副、相馬御境警固仕候処、伊達兵庫殿相馬へ御働之節、右伊豆・同子修理両人共に討死仕候。其砌修理嫡子四歳に罷成孤にて家来之者に被致養育、成長以後修理と申、無足にて

御奉公仕候。拙者には曽祖父に御座候。右之品々
貞山様御代に申上候得ば、祖父次左衛門に先渇命相続為可申と被仰出、御切米本代壱貫八百七拾五文・四人御扶持方被下置、元和二年に蟻坂丹波を以御知行に被直下弐貫九百五拾五文に被成下候。祖父次左衛門病死跡式無御相違、親次左衛門に被下置候。寛永年中大御検地之節二割出被下置、三貫五百三拾五文に被成下候。然処親次左衛門代に野谷地拝領開発仕候内、
義山様御代承応三年五月九日病死仕候。同月十一日迹式無御相違古内主膳を以拙者に被下置、新田御竿入八貫七百六拾八文為御加増明暦三年五月十三日右主膳を以被下置、取合拾弐貫三百三文之御黒印頂戴仕候。先祖之品拙者幼少之砌親相果申候故、委細には不奉存候。承伝を以如斯御座候。以上

延宝五年二月十一日

20 杉田弥次右衛門

一誰様御代拙者先祖を始て被召出候哉、曽祖父以前之儀不承伝候。曽祖父高梨雅楽丞
貞山様永井に被成御座候時分、新宿と申所被下置御奉公仕候由、併知行高等相知不申候。其後雅楽丞病死仕、祖父弥次右衛門幼少之砌進退御減少、家督被仰付候由に候得共、御知行高尤年号等相知不申候。其以後御国替之節、右弥次衛門岩出山へ御供仕罷越候処、
貞山様伏見に被成御座候付、罷登御奉公仕度段願上、御歩行御奉公被仰付、其上御切米御扶持方被下置相勤申候。以後右御切米御扶持方御知行に直被下、本知合九貫七百弐拾文に被成下、御歩行御番頭被仰付由申伝候得共、御

切米御扶持方員数御知行に被直下、年号等不承伝候。且又祖父弥次右衛門儀、貞山様江戸へ御登之節、仙道杉田と申所にて御中間衆無調法之儀有之、右弥次右衛門に討留可申由被仰付、首尾能仕候付、向後杉田と名字相改可申由御意に付、本苗を改杉田に罷成候由申伝候。委細之儀不承置候。其後国分之内南目にて野谷地拝領、切闢新田高五百三拾文馬場出雲を以被下置、知行高拾貫弐百五拾文に被成下候由、年号等は相知不申候。元和元年祖父弥次右衛門病死仕、引続御知行親弥次右衛門に被下置、御歩行御奉公仕候。家督被下置候御申次は、相知不申候。

義山様御代惣御検地被相通節二割出目被下置、都合拾弐貫三百文に被成下候。然処祖父弥次衛門・親弥次衛門両人共に引続御歩行御奉公数年相勤申候間、実嫡子拙者には何方之御番所成共被仰付被下候様にと、親弥次右衛門願申上候処、願之通被成下、中之間御番所被仰付旨、慶安二年三月山口内記・成田木工を以被仰付、則御番牒に相付、無足にて十三ヶ年相勤申候。然処親弥次右衛門万治四年隠居之願申上候処、願之通被成下相続、右御知行無御相違拙者に被下置旨、同年四月廿四日に富塚内蔵丞・奥山大炊を以被仰付候。当時知行高拾弐貫三百文、御当代御黒印頂戴所持仕候。先祖之儀委細承伝無御座候。以上

延宝五年二月十八日

21　安藤伊左衛門

一貞山様御代慶長十八年拙者祖父犬飼清右衛門儀馬場出雲を以被召出、御切米壱両・四人分之御扶持方被下置御奉公相勤申候。元和元年より鮭塩引子籠仕御役目被仰付、数年相勤申に付、

御同代寛永十二年為御加増御知行五貫文之所、赤坂玄蕃を以被下置候。義山様御代迄右御役儀相勤申に付、寛永十五年御加増五貫百六拾文之所鴇田駿河を以被下置、右進退合拾貫百六拾文之高に被成下候。寛永十八年御竿二割出之所被差加、都合拾弐貫三百文之高に被結下候。右清右衛門寛文元年九月十一日隠居被仰付、親伊左衛門に家督無御相違被下置旨古内中主膳を以被仰渡候。其後父方安藤之苗字に被仰付被下度段願申上、寛文三年八月古内志摩を以願之通安藤に被成下候。延宝元年三月廿二日親隠居被仰付、拙者に家督無御相違被下置旨、古内志摩を以被仰付候。御知行高拾弐貫三百文に御座候。以上

延宝四年十二月廿一日

22 門目甚兵衛

一 拙者先祖伊達御譜代に御座候。誰様御代被召出御奉公仕候哉、年久儀御座候間不承伝候。晴宗様御代門目小太郎御知行拝領之分、弘治四年卯月十六日之御直書之面、下長井庄くの本郷内ふな木居屋敷手作、黒沢郷内切田くの本之内棟役田役共に永代御免許被成下御直書一通、永禄三年五月十三日之御直書面小島内匠方より下長井庄くの本郷内新地屋敷共不残買置候。永代御知行不可有御相違候御直書共に二通所所持仕候間、小太郎代より書上仕候。改名丹後に罷成御奉公仕候内病死仕、嫡子大炊助に丹後苗跡、御知行高四拾貫文被立下候。御取次不承伝候。

性山様御代大炊助儀御奉公相勤そへ川御陣にて討死仕候。嫡子大炊丞に五十嵐豊前を以被召出、其身幼少に付て大

炊助苗跡十貫弐百拾三文に立被下候旨、被仰渡由に御座候。年号不承伝候。
貞山様へ御奥小性に被仰付、十四歳より御奉公仕候。二本松御陣・高麗・大坂御陣迄右所々御働之御供仕候。若林御城にて、石母田大膳を以諸侍系図被相尋候砌、右三通之御直書差上申候処、御知行高之御直書被相留、二通之御直書返被下置、唯今に所持仕候。大炊丞年至極仕隠居願申上、嫡子甚左衛門に寛永廿年十月廿日御知行高拾貫弐百拾三文、中島監物を以被下置候。同二十一年御検地二割出被下置候。御割余之地四拾五文拝領、都合御知行高拾弐貫三百文御黒印頂戴仕候。
義山様御代洪水之砌、惣侍・諸寺・家中・諸職人・御村迄被借下、御金役人親甚左衛門被仰付、寛永十六年より正保弐年迄御勘定相勤、其後御検地御用・越河御境御横目被仰付十ケ年相務、右之御役目御訴訟申上御免被成下、御入部之砌御目見仕隠居願申上、延宝四年正月廿三日柴田中務を以御知行高拾弐貫三百文拙者に被下置候。御黒印は頂戴不仕候。以上
延宝五年三月六日

23　富沢又兵衛

一　拙者先祖伊達御譜代之由、
誰様御代先祖誰を被召出候哉、其段は不承伝候。養祖父富沢加賀儀
貞山様御代御知行拾貫弐百五拾文被下置、御奉公仕候。然処寛永廿一年惣御検地之節二割出目被下置、取合拾弐貫三百文被成下候。右祖父加賀一子弥市右衛門儀、加賀舅新田刑部家督に可申立者無御座候付、奉願右舅刑部家督

被仰付候。仍祖父加賀家督相譲可申男子無御座候付て、祖父加賀甥安積七右衛門弟又兵衛を苗跡に相立申度旨、義山様御代願上候処、無御相違跡式被下置候。年号は承覚不申候。右父又兵衛男子持不申候に付、拙者儀実父は栗村与兵衛に御座候、右又兵衛甥に御座候付苗跡願上、御当代寛文十三年、柴田中務を以願之通被成下候。養父又兵衛延宝二年病死仕候付て、其旨申上候処、跡式無御相違拾弐貫三百文之所拙者に被下置候由、同年四月廿二日大条監物を以被仰付候。先祖之儀品々委細不承伝候故、有増如斯御座候。以上

延宝五年三月八日

24 後藤正右衛門

一 拙者祖父島貫信濃儀

貞山様米沢に被為成御座候節、御切米御扶持方被下置御不断御奉公仕、御当地迄御供仕罷越候。御切米御扶持方何程被下置候哉、然と承伝不申候。右信濃病死、跡式私父正右衛門に被下置、御歩行御奉公仕候。貞山様御代右正右衛門苗字島貫を改後藤に被成下、其以後大坂へ御供仕罷帰候。以後右御切米御扶持方を御知行高に被直下、何程に被相直候哉然と承伝不申候。其以後貞山様御代野谷地新田三貫五百八拾四文拝領仕、二割出取合高拾貫七百文被成下候。御先代之儀然と承伝不申候間、大図右之通御座候。私父正右衛門老衰仕隠居之願御当代申上候処如願之被成下、家督無御相違拙者に被下置旨、奥山大学を以被仰付、寛文二年十二月廿五日被下置

候。其以後野谷地新田壱貫百三拾八文之所、原田甲斐・田村図書御披露之上、寛文十一年五月八日に被下置由、片倉小十郎を以被仰付、高拾壱貫八百三拾八文に被成下候。然処志田郡之内荒田目村除屋敷一軒、私父正右衛門拝領仕候処、二軒囲罷在候内壱軒へ御竿被相入、高に結被下度旨奉願候処、延宝弐年春御竿被相入、四百四拾三文之所小梁川修理・古内造酒祐御披露之上、如願之高に被結下旨、同三年九月朔日柴田中務を以被仰付、高都合拾弐貫百八拾壱文に被成下御国番相務申候。以上

延宝五年二月十五日

25　佐々木彦太夫

一義山様御代、拙者親佐々木茂兵衛被召出、御切米弐両・四人御扶持方被下置、御割屋御用相勤、其後真山刑部手前物書御用被仰付、江戸御国にて御用相勤申候。寛永十五年十月廿四日御扶持方三人分御加増被成下、弐両七人御扶持方拝領仕候。同十七年十二月廿二日御切米弐両御加増被下、四両七人御扶持方に罷成候。同十八年御蔵久荒鍬先次第拝領仕、此起目六貫三百弐拾四文御知行高に被成下、并正保弐年十月廿八日右御切米御扶持方御知行五貫九百五拾文に被直下、都合拾弐貫弐百七拾四文拝領仕候。其後常陸之内平形御用相勤申内病死仕候。御同代迹式無御相違拾弐貫弐百七拾四文、明暦元年六月二日嫡子拙者八歳之時被下置候御黒印奉頂戴候。拙者幼少之時分親茂兵衛相果申候故、親代に新田御切米御扶持方如何様之品を以御知行に、誰を以直被下候哉不承伝候。以上

延宝五年二月廿八日

26 石森松栄

一 拙者儀六歳之時分少物書申由、貞山様相達御耳被召出、馬場出雲を以御仕着被下置候。

義山様御代山口内記御申次にて、右之御仕着被直下、御切米拾壱切・御扶持方四人分被下置候。慶安三年霜月古内主膳御申次にて御加増被下、八両六人扶持に被成下、明暦元年十二月古内主膳御申次にて、御知行五貫文被下置候。寛文元年惣侍衆御知行へ御扶持方御切米持添之衆御知行に被直下候節、拙者にも右御切米御扶持方七貫弐百七拾壱文に被直下、合拾弐貫弐百七拾壱文之御黒印頂戴仕候。委細は兄石森喜右衛門申上候条、拙者は具不申上候。以上

延宝五年二月五日

27 内馬場孫右衛門

一 拙者先祖伊達御譜代に御座候。誰様御代より被召出候哉、然と相知不申候。然処輝宗様御代に先祖内馬場弥五郎と申者、知行高伊達塩松境飯野と申所四百貫文余被下置、御奉公仕候由承伝候。貞山様御代大崎一栗御陣於城内討死仕候。弥五郎子能登と申者幼少に御座候付て、伯父内馬場道順に御番代被仰付、如何様之品に御座候哉、三百貫文余被召上候て、飯野并大窪と申所にて、八拾貫文余、米沢手の子と申所にて弐拾貫文合百貫文余能登に被下置、能登成長候て御近習にて被召仕候由承伝候。

陽徳院様御供仕京都へ罷登、伏見御留守居被仰付候。能登子拙者祖父伊予と申者幼少之時分、右能登死去仕付て、迹式四拾貫文余鈴木和泉を以被下置候。中比如何様之品に御座候哉浪人仕、其後被召出為苗代目本地拾貫弐百文・久荒之地四十町佐々若狭を以被下置候。右久荒之地は起不申内、
義山様御代惣新田御法度に罷成被召上候て、本地拾貫弐百文計所持仕候。右段々年号不承伝候。寛永二十一年之惣御検地に二割出目被下置、拾弐貫百文之高に罷成候。伊予儀明暦弐年に病死、迹式古内故主膳を以拙者亡父清十郎に被下置候。年号相知不申候。右清十郎儀寛文九年に病死仕、迹式御知行高拾弐貫百文、寛文十年三月朔日柴田外記を以、
御当代拙者に被下置御黒印頂戴仕候。右知行地付に切添之起目百四拾壱文之所、延宝三年九月朔日柴田中務を以被下置、都合拾弐貫弐百拾壱文之高に被成下候。以上
延宝五年四月十三日

28　中荒井正右衛門

一　拙者祖父中荒井越中儀白川浪人に御座候処、
貞山様御代被召出、御知行拾貫文被下置、大坂御陣へ御供仕候。年罷寄候付、寛永元年に中島監物を以隠居願申上候処、則拙者親正右衛門に家督被下置候由承伝候。江戸御番をも仕、其上寛永十四年より正保弐年迄御郡代仕候。

義山様御代寛永廿一年弐割出被下置、拾弐貫弐百文之御黒印頂戴仕候。寛文元年知行所切添弐拾壱文奥山大炊を以拝領仕、拾弐貫弐百弐拾壱文之御黒印

御当代頂戴仕候。親正右衛門寛文二年四月病死仕候に付、茂庭中周防を以拙者に家督無御相違被下置之旨、同年七月被仰付候。右拾弐貫弐百弐拾壱文之所、寛文二年十月六日御黒印頂戴仕候。以上

延宝五年三月八日

29 佐賀市郎左衛門

一 拙者祖父佐賀将監儀

貞山様御代被召出、天麟院様御祝言之時分被相付、上総介様へ致御供参候由、右将監嫡子親助兵衛儀も、御同代御奥小性に被召出、御切米御扶持方被下置之旨承伝候。誰を以被召出候哉、何程之御合力被下置候哉、年号不承伝候。

義山様御代親助兵衛野谷地拝領、自分開発にて新田三貫七百四拾文之所、慶安五年四月六日山口内記を以被下置候。御黒印所持仕候。承応三年野谷地拝領自分開発にて御竿相入、高壱貫弐百三拾九文被下置、且又御切米御扶持方地形に被直下置候高六貫弐百八拾三文に罷成之由承伝候。如何様之品を以地形被直下候哉、年号・御申次共相知不申候。且又何年に誰を以右開発之新田被下置候哉不承伝候。御知行取合拾壱貫弐百六拾弐文

御当代御黒印寛文元年十一月六日之御日付にて所持仕候。右助兵衛願を以、拙者儀聟苗跡被仰付、寛文七年より御小性組に被召出御奉公相務申候処、延宝二年二月廿四日助兵衛病死仕付、同年七月十三日各務采女を以家督無御相違拙者に被下置之旨被仰渡候。其以後新田起残寛文十二年に拝領、延宝五年に御竿入、高九百五拾九文之所、延宝六年十月十八日被下置之由、黒木上野被申渡、取合高拾弐貫弐百弐拾壱文に御座候。右高之御下書申請、唯

今に御黒印不奉頂戴候。以上
延宝七年六月廿七日

30　草野二兵衛

一　拙者養祖父草野二兵衛儀慶長年中
貞山様御代守屋伊賀を以被召出、
義山様御小座へ被相付、御切米拾四切四人御扶持方被下置候旨、古内故主膳を以被仰付、江戸御国共久敷相勤申候。小身にて江戸定詰相勤兼申候付て、名取郡足水村にて野谷地申立、自分開発起目新田百文之地古内故主膳を以拝領仕候。年号相知不申候。寛永年中
義山様御代年久御奉公相勤申候付て、古内故主膳を以御知行拾貫文被下置之旨被仰渡候。寛永何年と申儀は相知不申候。都合拾貫百文四人御扶持方に被成下、御切米拾四切は其節より被召上候。寛永廿一年八月御黒印頂戴仕候。其後右同所にて野谷地申請、自分開発新田起目七拾八文之所奥山大学を以拝領仕、御知行高拾貫百七拾八文四人御扶持方に被成下候。年号相知不申候。承応三年三月御黒印奉頂戴候。
綱宗様御代右二兵衛儀致老躰候付て、隠居仕度候旨奉訴候処に願之通被仰渡、実嫡子才兵衛家督無御相違、万治三年に奥山大学を以被下置、定御供役右大学を以被仰付相勤申候。寛文元年に何も並右四人御扶持方御知行に被直下、壱貫八百文に相直同年右足水村切添起目新田弐百四拾壱文、奥山大学を以拝領仕、都合拾弐貫弐百拾九文之高に被成下、寛文元年十一月御黒印頂戴仕候。右才兵衛子共持不申候付て、拙者儀松坂九郎左衛門三男に御座候

処、寛文八年養子仕度旨致言上、原田甲斐を以如願被仰付候。然処才兵衛同九年九月病死仕、同年十一月迹式無御相違拙者に被下置候旨、古内志摩を以被仰付、拾弐貫弐百拾九文之御黒印奉頂戴候。以上

延宝七年八月朔日

31 御代田太郎左衛門

一 拙者先祖之苗字仙道之御代田に御座候。尚宗様御代拙者七代以前之先祖御代田下野被召出、御知行被下置御奉公仕候。右下野嫡子伯耆・右嫡子周防・右嫡子拙者曽祖父伯耆代迄引続御知行被下置御奉公仕候由承伝候得共、御知行高何程被下置候哉不承伝候。右嫡子祖父伯耆儀は

貞山様御代御知行拾貫文被下置御奉公仕候。右段々家督被下置候年号・御申次相知不申候。祖父伯嘗儀は、寛永元年九月朔日病死仕候。同年迹式親太郎左衛門に無御相違高拾貫文奥山大学を以被下置候。其以後惣御検地被相入、寛永二十一年二割出目弐貫文被下置、取合拾弐貫文に罷成候。

御当代寛文弐年正月十八日奥山大学を以親隠居被仰付、右御知行拾弐貫文無御相違拙者に被下置候。延宝元年十月廿九日切添弐百拾四文大条監物を以被下置、都合拾弐貫弐百四拾文に御座候。以上

延宝五年三月廿六日

32 坂本清助

一　拙者先祖

誰様御代被召出候哉不奉存候。従

稙宗様・晴宗様・輝宗様曽祖父坂本平右衛門に数ヶ村被下置候。

右御三代御書判之御証文、只今之坂本平右衛門所持仕候。貫高知不申候。曽祖父平右衛門病死仕候付、嫡子甚七に

迹式被下置候。年号・御申次覚不申候。右甚七

貞山様御代慶長七年に病死仕候。嫡子長三郎二歳に罷成候付て、拾貫百四拾七文被下置、残所は右甚七弟坂本平右

衛門被分下候由承伝候。拾貫百四拾七文之御下書之書替所持仕候。寛永十八年惣御検地之砌二割出目被下置頂戴

仕候。右高之内拾四文過に相見え申候。新田起目にても拝領仕候哉覚不申候。右長三郎寛永弐十一年十二月十一

日に病死仕付、嫡子長四郎迹式無御相違古内故主膳を以被下置候。御黒印頂戴仕候。右段々家督被仰付候年号・

御申次不承伝候。右長四郎承応三年九月朔日病死仕候。子共所持不仕候故、拙者儀右長四郎弟御座候付て、迹式

無御相違右主膳を以、同年十二月八日被下置、御黒印頂戴仕候。尤

御当代御黒印頂戴仕候。以上

延宝五年五月三日

33　櫻田三右衛門

一　政宗様御代拙者実父桜田三右衛門儀天正十六年被召出御奉公相勤、御知行五貫弐百四拾壱文之地拝領仕由承伝候。

御申次之衆并年号は不承伝候。勿論先祖伊達御譜代に御座候由承伝候。新田手前起目為御加増四貫九百三拾四文

政宗様御代元和六年馬場出雲を以拝領仕、取合拾貫百七拾五文に被成下候由承伝候。忠宗様御時寛永十九年九月、右三右衛門病死仕候。迹式御知行高無御相違、同年十一月十二日前古内主膳を以拙者に被下置候。忠宗様御代惣御検地之砌二割出拝領仕、都合拾弐貫弐百文に被成下候。寛永廿一年八月十四日御日付之御黒印所持仕候。尤当屋形様御代初之御黒印、寛文元年十一月十六日御日付にて頂戴致所持候。以上

延宝五年二月廿五日

34 西山加兵衛

一 拙者祖父西山新兵衛相馬浪人に御座候。御家中へ罷越、貞山様御代御知行四貫四百七拾五文、茂庭石見を以被下置被召出候。年号は承伝不申候。其後摂津守殿へ被相付御奉公仕候。嫡子助右衛門別進退にて御奉公仕候。二男加兵衛に新兵衛跡式被下置、加兵衛江戸・御国御奉公数年相勤申候。右家督被仰付候年号・御申次不承伝候。義山様御代寛永弐十一年二割出被下置、高四貫九百五拾壱文に罷成候。加兵衛儀拙者親に御座候。年罷寄候間願申上、名代に拙者被召使候。御同代願申上野谷地被下、此起目六貫三百弐拾七文万治三年二月十日古茂庭周防・富塚内蔵丞を以被下置候。御当代願申上野谷地拝領、此起目九百七文寛文八年三月三日古内志摩を以被下置、都合拾弐貫百八拾五文に被成下

候。拙者儀御郡御代官役目十八年、引続御村横目并新御買米上廻御用両様十弐ヶ年、且又御出入司衆御寄合所万御取次御穿鑿等御用被仰付、当時相務罷在候。右年数当年迄三拾弐ヶ年無懈怠致勤仕候。拙者親加兵衛寛文五年隠居被仰付、右拾弐貫百八拾五文之御知行無御相違拙者に被下置之旨、寛文五年八月十七日柴田外記・原田甲斐・富塚内蔵丞を以被仰渡候。寛文八年三月三日右高之御黒印奉頂戴候。以上

延宝五年四月十五日

35　岡本半兵衛

一　拙者祖父岡本久兵衛生国高麗之者に御座候。彼国御陣之節幼少にて御国元へ罷越成長之時分、政宗様御時被召出、御切米弐両銀拾弐匁・五人御扶持方被下置、江戸御屋敷御花壇差引被仰付、定詰御奉公相勤申候。右被召出御切米御扶持方被下置候年号・御取次不承伝候。久兵衛実子同氏清太夫儀寛永八年十四歳之節、政宗様御奥小性に被召出、御仕着被下置御奉公仕候。御他界以後、忠宗様御代右之御仕着、御切米五両三分・四人御扶持方に被直下御小性組被召仕、寛永十八年光宗様へ被相付御膳番相勤、御逝去以後御小性組被成御免御国御番仕候。右御仕着被下置候年号・御取次不承伝候。久兵衛儀老衰仕御奉公勤兼由に付御訴訟申上、慶安四年春江戸御役目被成御免、御国元へ罷下、同年極月廿二日前古内主膳を以、久兵衛御切米御扶持方之通清太夫に為御加増被下置、親子御恩取合七両三分銀拾弐匁・九人御扶持方被成下、久兵衛隠居被仰付、其以後承応三年之八月、清太夫儀御郡御代官被仰付相勤申候。野谷地申請、起目三貫五百四拾四文之所、寛文九年四月五日古内志摩を以被下置候。御黒印頂戴所持仕候。清太夫儀年久御奉公仕候段申立、

御切米御扶持方御知行に被直下候様に奉願候付、八貫五百八拾六文に寛文十年十月廿五日古内志摩を以被下置、新田取合高拾弐貫百三拾文に被成下、御黒印頂戴所持仕候。右之通清太夫儀御代官御用打続相勤罷在候処、寛文十二年二月御評定所記録御役被仰付、延宝元年之春御役替御物置番被仰付、則江戸へ罷登候。此節迄御奉公之年数四十四年相勤申候。然処病気差出、同四年四月病死仕候。迹式知行高之通無御相違延宝五年十月三日小梁川修理を以拙者に被下置、御番所虎之間不相替被仰付、拾弐貫百三拾文之御黒印頂戴仕候。以上

延宝七年三月廿七日

36 細谷甚兵衛

一 拙者曾祖父細谷甚兵衛儀同氏助六郎弟に御座候処、貞山様御代於米沢被召出、御歩行衆之様に被召仕候由、其砌は方々御陣有之、度々御用立申に付、両度に御知行拾貫文拝領仕候由承伝候。年久儀に御座候得ば、委細に不被申上候。然処男子無御座候付て、桑嶋将監弟三七儀、聟苗跡に仕度由、御同代申上願之通被仰付、右御知行高之通被下置候。義山様御代惣御検地之節二割出目拝領、拾弐貫文之高に被成下候。且又明暦二年祖父甚兵衛隠居仕度由申上候得ば、願之通被仰付、親三七に右知行高之通被下置候。御当代寛文八年に知行所之内にて、畑新田壱町歩申請候処、同九年閏十月病死仕、同十年二月廿三日右知行高拾弐貫文之所、原田甲斐を以拙者被下置、同拾弐年右新田へ御竿被相入、代高百弐拾九文之所、延宝元年霜月朔日に

大条監物を以被下置、当時拾弐貫百弐拾九文之高に被成下候。以上
延宝五年二月十一日

37　松本作右衛門

一　拙者祖父松本佐渡慶長年中に会津より罷越候処、従
貞山様被召出、御知行高拾貫百弐拾壱文被下置御奉公仕候。親同氏十兵衛儀は部屋住にて別て御奉公仕候故、右之外御知行拾貫文、寛永八年に被下置候処、同十弐年病死仕候付、迹式之儀、拙者弟同氏十兵衛其節は伊之助と申候て八歳に罷成候を申立候処、家督被仰付候。祖父佐渡寛永十三年病死仕候付て、拙者儀家督に相立申度由、
義山様御代鴇田駿河を以申上候処、願之通被仰付、同年十月高拾貫百弐拾壱文之所被下置、同二十一年二割出被下置、高拾弐貫百文に罷成候。御奉公相勤申候。以上
延宝四年十二月十六日

38　坂元勘右衛門

一　拙者祖父坂元修理儀
貞山様御代被召出、十人御扶持方被下置、
御同代御知行地弐貫文に被直下候。拙者親坂元勘之丞右修理実子に御座候て、父子共に御奉公仕候処、右勘之丞別て御知行拾貫五拾七文

御同代被下置候。拙者儀右勘之丞実子に御座候。幼少之時親勘之丞病死仕候処、跡式無御相違寛永三年に茂庭佐月を周防と申時御申次にて、右拾貫五拾七文之御知行

御同代拙者に被下置候。継目之御目見之儀、幼少御座候付御免被成下、其以後若林御城於中之間、右周防を以貞山様へ御目見仕候。祖父修理苗跡は坂元左伝次被立下候。但拙者親勘之丞死後祖父修理病死仕候。拙者幼少にて親跡式被下置候砌故、祖父苗跡は願上余人立被下候。

義山様御代惣御知行取並に二割出目被下置候付、拙者当分御知行高拾弐貫百文に御座候。

御当代唯今迄右之通御座候。以上

延宝五年正月廿九日

39 蓬田三之助

一　拙者曽祖父蓬田助兵衛伊達御譜代に御座候。

誰様御代に被召出、御奉公仕候哉不承伝候。曽祖父助兵衛二本松御陣之節、性山様致御供討死仕候由承伝候。祖父助兵衛儀胎内に罷在候故、迹式継申者無之故相禿申候。右結所伊達之内蓬田村と申所罷在候。祖父助兵衛成長之上、祖母跡式被下置候。祖母は貞山様致御守、名をおたいなと被仰付、御知行五貫文被下置、従米沢・岩出山・仙台御移迄御供仕、国分之内小田原村右御知行五貫文被下罷在病死仕候。跡式祖父助兵衛は右おたいな孫に御座候間、右御知行伊藤肥前を以被下置御納戸御奉公被仰付、引続

義山様御代迄江戸京都相勤申候。

貞山様御代に為御加増、御切米四両・御扶持方六人分右肥前を以被下置候。右御切米御扶持方寛永十二年に御知行に被直下、本高共に拾貫五拾文被成下、祖父助兵衛致拝領候。誰を以被下置候哉不存候。おたいな跡式被下候節田制助兵衛と申候処、寛永拾弐年に蓬田と名乗申度由申上候得ば蓬田に被仰付候。祖父助兵衛正保元年十月十日に病死仕、跡式同年極月十日

義山様御代御知行高拾弐貫百文二割出共に鴇田駿河を以、拙者親助兵衛被下置、御国御番相勤申候。右助兵衛延宝四年十月廿二日病死仕候。跡式同五年二月右高拾弐貫百文之所、柴田中務を以拙者に被下置候。以上

延宝五年三月四日

40　高野七九郎

一　拙者高祖父高野美濃儀紀伊国所生之者に御座候。

性山様御代被召出、御知行三拾貫文被下置御奉公仕候。及老年病死仕、跡式無御相違嫡子源兵衛に被下置御奉公相勤申候内、如何様品を以被召上候哉、三拾貫文之内弐拾貫文被召上、拾貫文被下置御奉公相務申候由承伝候。右被召出候年号・御取次并家督、且又御知行被召上候年号・御取次等品々不承伝候。

貞山様御代隠居被仰付、嫡子勘九郎に迹式無御相違、拾貫文被下置、御奉公相勤申候。右家督被仰付候年号・御取次不承伝候。

御同代従江戸御供仕罷下、於中途慶長十八年七月病死仕候。子共無御座候付、勘九郎実弟弥三郎跡式無御相違、同年

極月佐々若狭を以被下置御奉公相勤申候。

義山様御代寛永年中惣御検地之時分、二割出目弐貫文拝領仕、御知行高拾弐貫文に被成下候。其後切添百文之所拝領仕候。都合知行高拾弐貫百文に被成下候。右切添拝領仕候年号・御取次等不承伝候。

御同代隠居被仰付、迹式無御相違嫡子加右衛門に、慶安三年三月廿七日被下置御奉公仕候内、寛文弐年十一月病死仕、跡式無御相違同三年三月廿五日奥山大学を以嫡子拙者に被下置候。御黒印奉頂戴候。以上

延宝五年四月十六日

41 沼辺甚左衛門

一 拙者祖父沼辺兵部大崎左衛門家来之者に御座候て、大崎之内沼辺と申所に知行仕罷在候。然処右左衛門進退相禿申以後

貞山様へ鈴木和泉を以被召出、御知行拾貫九拾六文被下置、御奉公相勤候。其比之年号覚不申候。右兵部病死仕、拙者親沼辺甚左衛門幼少に御座候得共、跡式無御相衛鈴木和泉を以被下置、成長之内は右和泉に御預ヶ被成候。其後御国御番并江戸御奉公相務申候。右跡式被下置候年号不承伝候。

義山様御代寛永二十年二割出弐貫四文被下置、拾弐貫百文に罷成候。右甚左衛門病死仕、跡式従

義山様拙者に無御相違山口内記を以承応弐年六月被下置御黒印頂戴仕候。祖父代之儀尤親甚左衛門代之儀も右申上候通に御座候。年久儀に御座候故、然と覚不申候。承伝候通有増如斯御座候。以上

延宝五年二月十九日

42　谷地森十次郎

一　拙者先祖大崎譜代に御座候処、亡父笠原次兵衛儀
義山様御代古内故主膳を以被召出、志田郡稲葉村御蔵新田之内拾三貫五百文之所荒所に罷成候を、慶安五年三月十
九日右主膳を以被下置、御番所中之間被仰付候。右知行所切添御座候付、追て願申上候処、御竿被相入、高拾貫
六百九拾弐文為御加増、明暦三年六月十六日右主膳を以被下置、都合弐拾四貫百九拾弐文之高に被成下候。且又
大崎殿御代、先祖加美郡之内谷地森に罷在、在名谷地森相続仕来候条、在名谷地森に被成下度旨申上候付、願之
通苗字谷地森に被成下之由、右同日主膳を以被仰付候。然処次兵衛儀寛文十年九月八日病死仕、跡式御知行高之
通無御相違、同年十一月廿八日柴田外記を以嫡子九十郎に被下置、番所中之間被仰付候。九十郎儀延宝三年三月
四日に病死仕、実子無之付て、跡式御知行高半分拾弐貫九拾六文、九十郎実弟拙者に被下置、不相替中之間御番
所被仰付旨、同年閏四月十七日柴田中務を以被仰付候。拙者儀御国御番相務申候処、同四年四月廿九日御小性組
に被仰付当時右御奉公相勤申候。以上
延宝七年六月晦日

43　錦戸平八郎

一　錦織休安末弟錦戸十蔵、十歳より
貞山様御奥小性被仰付、御仕着并四人御扶持方被下置御奉公相勤申候。十蔵十五歳之時、
貞山様御遠行、引続

義山様へ御小性組に被召出、御奉公相勤申候。兄休安三拾五貫文被下置内五貫文弟十蔵被分下度之旨申上候処、願之通被成下、其上御仕着を金七両壱歩銀十匁に直被下候。右五貫文二割出之時分六貫文に罷成候。十蔵儀誰を以被召出御加恩被下置之段委細承知不仕候。十蔵三十二之年より病気故御奉公相勤兼、実子無御座候付、拙者儀古村田吉助末子御座候を、

義山様御代養子仕度旨申上候処、願之通被仰付、明暦三年五月廿九日山口内記を以迹式無御相違拙者に被下置、当年迄二十年御奉公相務申候。十蔵儀は四十歳にて病死仕候。

御当代寛文元年十一月十六日為御公儀、右之御切米御扶持方知行六貫三拾弐文に被直下、高合拾弐貫三拾弐文に御座候。以上

延宝四年十二月十四日

44 遠藤三太夫

一 拙者先祖伊達御譜代之由承伝候。祖父以前誰様御代に誰を以被召出、御知行何程被下置候哉、其段は不承伝候。養祖父遠藤彦惣、貞山様御代御知行九貫弐百五拾文被下置御奉公仕候。寛永年中惣御検地二割出目共拾壱貫百文之御黒印彦惣頂戴仕候。右彦惣儀病気故御奉公相勤兼申に付て隠居願申上候処、願之通被仰付、跡式無御相違亡父三右衛門に被下置旨、慶安二年三月廿五日成田木工を以被仰渡候。

義山様御代御知行畑返被仰付候節、拙者知行出目九百拾四文古内故主膳を以被下置、都合拾弐貫拾四文之御黒印亡

父三右衛門頂戴仕候。右出目被下置旨被仰渡年号不承伝候。養父三右衛門儀男子無御座候付、安久津金左衛門二男拙者を聟養子に仕度段、
御当代寛文十年に奉願候処、願之通同十一年正月廿八日古内志摩を以被仰付候。
御同代延宝四年七月七日父三右衛門病死仕候。跡式無御相違拙者に被下置旨、同年十一月九日小梁川修理を以被仰渡候。当時拙者知行高拾弐貫拾四文に御座候。御黒印は于今頂戴不仕候。以上
延宝五年三月二日

侍衆

御知行被下置御帳（三十三）

拾弐貫文より
拾壱貫四百五文迄

1　守屋伝右衛門

一　拙者祖父守屋釆女儀、須賀川譜代に御座候所、須賀川御陣之節忠節仕候付被召出、於仙道岩瀬之内稲村一宇、従貞山様御知行に被下置候。御自筆之御証文于今所持仕候。右稲村之高何程之所に御座候哉不存候。其後御国替に付、於御当地御知行十貫文被下置候。誰を以拝領仕候哉、其段不承伝候。釆女儀慶長十七年八月三日に病死仕、跡式無御相違嫡子同氏五右衛門に被下置候。誰を以被下候哉承伝不申候。

義山様御代寛永廿一年に、弐割出目弐貫文拝領仕、御知行高十二貫文被成下候。右五右衛門は拙者親に御座候。大坂御陣へ馬上にて両度御供仕、其後江戸御納戸御用三十ヶ年余相勤、明暦三年に御役目訴訟申上、御国御番相勤申候所、年至極仕候間隠居被仰付、其子伝右衛門跡式被下置度由願上候所、願之通被成下之旨、原田甲斐を以、寛文六年十一月廿六日に被仰渡候。同九年七月廿五日に右五右衛門病死仕候。跡式引続拙者拝領仕候。尤義山様御代・御当代御黒印共頂戴仕候。当時拙者御知行高十二貫文に御座候。已上

延宝五年三月十三日

2　志村藤兵衛

一　私先祖代々伊達御譜代之由に御座候得共、誰様御代先祖誰を被召出候哉、年久事に御座候得ば承伝不申候。貞山様御代拙者祖父志村豊前に刈田郡白石城代を被仰付、同郡之内青木と申一村拝領仕御奉公相勤申処に、貞山様右青木村替地と被仰出、右豊前に御知行高十貫文被下置候。豊前死去以後嫡子同氏親藤兵衛に、従貞山様御知行無御相違被下置候。義山様御代寛永廿一年御検地之節弐割出目にて、高十弐貫文に罷成候。其後御当代親藤兵衛隠居仕度旨申上、寛文五年十二月十三日富塚内蔵丞御申次を以願之通に被成下、右御知行高十弐貫文無御相違拙者拝領仕、御黒印取持仕候。已上

延宝五年正月十七日

3　柿沼喜助

一　拙者先祖米沢御譜代御座候。私より七代已前柿沼因幡儀稙宗様御代に於名取郡下余田村、御知行拝領仕、妻子等は彼地指置、馬上にて米沢定詰仕、御右筆御奉公相勤病死仕候。実嫡子左馬助に跡式無御相違被下置候。先祖何年に誰を以被召出候哉、勿論知行高等不承伝候。

貞山様御代佐沼御陣へ右左馬助并実嫡子高祖父讃岐父子共に御供仕候所、左馬助儀は討死仕候付、跡式無御相違讃岐に被下置、伏見迄相詰、引続御奉公申上候処に、無調法有之進退被仰付候由承伝申候。無調法之品は不承伝候。実嫡子曽祖父喜兵衛儀八歳之時、右讃岐病死仕候。其後

貞山様御代慶長八年に右喜兵衛儀、奥山出羽を以御歩行に被召出、御切米銀子五十目・四人御扶持方被下置、御奉公相務申候。大坂御陣両年共御供仕候由、其以後先祖より御奉公申上候品々被聞食、寛永元年十二月三日蟻坂善兵衛を以、宮城郡岩切村にて御知行十貫文被下置、右之御切米・御扶持方は被召上候。且又右喜兵衛儀先祖より代々名取郡下余田村在所御座候間、於彼地右御知行之内半分被下置度旨御訴訟申上候得ば、由緒有之儀に候間、願之通御割替可被下置由為御意被仰付、右岩切村御知行之内五貫三十三文之所被召上候て、下余田村にて五貫三十五文被下置、取合十貫弐文に被成下候旨、寛永九年二月十三日に石母田大膳・中嶋監物を以被仰渡候。

義山様御代惣御検地之節、二割出目壱貫九百九十八文被下、置取合十弐貫文に被成下候。下余田村にては壱貫文被下置、其外二ヶ所にて御割替被下候。寛永廿一年八月十四日之御黒印所持仕候。右喜兵衛儀寛永弐年に御郡横目被仰付、引続同十四年に加美郡御代官被仰付相勤申候所、慶安四年三月九日に於御代官所に死去仕候。跡式御知行高十二貫文之所、無御相違実嫡子祖父出雲被下置由、同年四月四日に古内故主膳を以被仰渡候。

御当代拙者親喜兵衛儀は祖父出雲実嫡子に御座候故、御番代等相務申候所寛文十弐年江戸御納戸御用被仰付相務申候。然処右出雲儀隠居被仰付被下度由願申上候得ば、願之通に被成下、家督無御相違喜兵衛に被下置旨、延宝弐年霜月十三日、小梁川修理を以被仰渡候。右喜兵衛儀、右御用相勤申候処、延宝四年九月当番にて江戸へ罷登候所、病気段々指重申候付、同五年二月御暇申上、御国元へ下着仕、同年三月病死仕候付、跡式御知行高十弐貫文

之所、柴田中務を以同年六月三日に無御相違拙者に被下置候。先祖之儀は承伝を以粗書上仕候。已上
延宝七年三月七日

4　東海林半衛門

一　拙者曽祖父東海林備後と申者、伊達御譜代之由申候。何之品を以御知行被下候哉、従
貞山様御知行百貫文被下置、
御東様へ被相付、御奉公仕候。然所
御東様岩出山より最上へ御出之時分、右備後致御供最上へ参候。
御東様最上より御帰之時分、備後も致御供罷帰候。其節従
貞山様被仰付候は、最前に被下置候百貫文返可被下候得共、先以十貫文被下置候間、御奉公可仕由被仰付候由申伝候。
御同代備後病死仕、拙者祖父同氏半右衛門に苗跡無御相違被下置由御座候。
御同代右半右衛門元和七年十二月朔日病死仕、拙者親半右衛門に家督無御相違十貫文被下置候。且又
義山様御代惣御検地以後二割出目弐貫文被下置、右本地都合十二貫文に被成下候。寛永廿一年八月十四日之御日付にて、右半衛門に被下置候御黒印持所仕候。右半衛門正保三年三月十一日病死、同年六月奥山古大学を以跡式無御相違十二貫文之地拙者に被下置、正保三年十二月十日之御日付之御黒印頂戴仕候。曽祖父より親代迄段々家督被仰付候年号・御申次は不承伝候。以上

延宝五年三月十三日

5 七宮吉兵衛

一貞山様御代祖父七宮喜兵衛被召出、御知行十貫文被下置御奉公仕候。誰を以何年に被召出候哉承伝不仕候。祖父喜兵衛子共持不申候付、桑折豊後三男右喜兵衛為に甥に御座候条、拙父喜兵衛を家督に仕度由申上、相立申候由承及候。養父喜兵衛儀、寛永十五年十月廿一日病死仕候。跡式無御相違拙者親喜兵衛に被下置候。年号・御申次不承伝候。

義山様御代惣御検地之時分弐割出目弐貫文、寛永廿一年八月十四日に親喜兵衛に被下置、都合十二貫文被成下候。

喜兵衛儀

御同代に隠居之願申上候処、願之通隠居被仰付、跡式十二貫文無御相違拙者被下置旨明暦三年霜月廿六日山口内記を以被仰付候。

御当代御黒印頂戴仕候。以上

延宝五年四月廿六日

6 吉住五兵衛

一 曽祖父吉住五兵衛生国佐渡之内吉住と申所に住居仕候処、佐渡没落之刻浪人仕候節、貞山様伏見に被為成御座候砌右五兵衛被召出、御知行高十貫文被下置、祖父杢助に引続右御知行被下置候。御申次衆・年号等年久敷儀に御座候故覚不申候。親杢助十四歳に罷成候時祖父病死仕候。引続右御知行十貫文無御相違被下置候。御申次衆・年号覚不申候。

義山様御代惣御検地之時分弐割出目取合十弐貫文之所、寛永廿一年八月十四日之御黒印、寛文元年十一月十六日御黒印共奉頂戴候。然処杢助隠居被仰付、延宝弐年三月六日大条監物・柴田中務を以右御知行十弐貫文無御相違拙者に被下置候。以上

延宝五年正月廿八日

7　佐瀬正之助

一　拙者先祖

誰様御代被召出候哉、養祖父以前之儀は不承伝候。祖父佐瀬久太郎

貞山様御代御知行十貫文被下置御奉公仕候。右久太郎病死已後、嫡子権之助に不相替家督被仰付候。年号・御申次不承伝候。寛永十九年御検地弐割出共弐貫文、同弐十壱年八月十四日之御黒印奉頂戴候。右権之助儀男子持不申候付て、拙者儀日下五右衛門三男に御座候を聟養子に仕度段、寛文九年三月願申上候所、同年六月廿三日に原田甲斐を以、於江戸実父日下五右衛門に願之通被仰付候。養父権之助儀は同月廿五日於御当地病死仕候故、右之被仰付は不承候。弥拙者被仰付被下置度旨、双方親類共奉願候所に、同年十二月四日古内志摩を以跡式無御相違拙者に被仰付、知行高十弐貫文之御黒印奉頂戴候。右之通に御座候故、先祖之様子承伝不申候。已上

延宝五年四月廿三日

8 塩松三太夫

一 拙者先祖仙道塩松之城主塩松久義と申者弟、同氏玄番次男拙者養祖父同氏清左衛門儀、貞山様御代御歩小性組頭被仰付、御扶持方五人分・御切米弐両被下置候。何年に誰を以被召出、御扶持方御切米被下置候哉不承伝候。元和年中野谷地拝領仕開発高三十貫文之所被下置候。何年に誰を以被下置候哉不承伝候。其節御歩小性組御免被成下、右御扶持方御切米被召上御奉公仕候内、伊達遠江守様御領地之内三万石、貞山様御取納被成置候所へ、御郡司被仰付、五年程替々に予州へ相詰申、大坂御蔵元へ帰参仕、彼地に相詰申候内病死仕候。右清左衛門嫡子、拙者養父清左衛門事、其節八歳に罷成幼少に御座候由にて、祖父清左衛門跡式三ヶ一被下置之旨、貞山様御代中嶋監物を以被仰付候。年号不承伝候。其以後寛永年中弐割出目被下置、十弐貫文之所拝領仕候由承伝候。右清左衛門男子持不申に付、拙者儀増田将監三男に御座候を聟苗跡に奉願候所、願之通被仰付候。寛文四年に拙者養父清左衛門病死仕、跡式無御相違、同五年五月九日拙者に被下置、御黒印頂戴仕候。誰を以被仰付候哉、幼少之時分にて覚不申候。已上

延宝七年三月七日

9 高野善内

一　拙者祖父中村八右衛門は小田野七兵衛に奉公仕候。八右衛門三男拙者親善内儀、本苗中村御座候得共、高野権之助に因御座候付、高野善内と申、元和元年に
義山様御部屋住之時古内故主膳を以被召出、御歩行之御奉公仕候。御切米銀五十目・四人御扶持方被下置、其已後御加増被下置、御切米三両二分被成下、并御番所中之間被仰付相勤候処、寛永廿一年御知行十貫文右主膳を以被下置、御郡代官、引続仙台御扶持方奉行被仰付相勤申候。惣御検地之二割出目共十二貫文に被成下候。老衰仕候故、御役目御赦免以後隠居願上、跡式無御相違拙者に被下置候旨、寛文三年七月廿九日富塚内蔵丞を以被仰付、当知行高十弐貫文之御黒印頂戴仕候。已上
延宝五年二月廿八日

10　青木仲三郎

一　拙者親青木但馬儀
関白様へ御奉公仕、其後
台徳院様へ被召出已後浪人仕、慶長六年
貞山様へ於伏見佐々若狭を以御目見仕、則御切米金三枚、十五人御扶持方被下置、御国元へ罷下御奉公仕候。同九年右之御切米御扶持方御知行弐十八貫三百文に山岡志摩を以被直下候。元和四年筑前殿へ被相付、十貫文御加増被下、都合三十八貫三百文之御知行高被成下候。寛永四年六月右但馬病死仕候節、筑前殿御病気被為重に付て、跡式之御披露相延候所、同年八月八日に御遠行被遊、同年

貞山様へ茂庭佐月御披露之所、拙者幼少候条右御知行高之内弐十八貫三百文被召上、十貫文被下置候。

義山様御代御検地之刻弐割出弐貫文被下置、合十弐貫文之御知行高に被成下、御国御番相勤申候。已上

延宝四年十二月十日

11 西方小左衛門

一 拙者祖父西方駿河儀は先祖より会津譜代に御座候。義広滅亡之砌、浜田伊豆を以
貞山様へ被召出候。其後岩出山へ御国替之砌は御知行七貫文被下置、志田郡古川被指置候。年号・御申次不存候。
然処
義山儀御幼少之砌より御部屋へ被相付、江戸定詰仕御奉公相勤申に付、江戸詰之内は御切米御扶持方を以被下置候。
其後駿河儀老躰に罷成候に付、御国元へ被相下、牡鹿郡水沼村にて御知行十貫文被下置候。駿河儀寛永三年閏四月病死仕に付、苗跡之儀嫡子西方右近は、
義山様御部屋住之内御物置番相勤申候内相果申候。次男西方清右衛門儀も御知行被下置、
貞山様にて被召使、三男西方勘十郎儀も御知行被下置、
義山様御部屋住之内より御小性御奉公相勤罷在候付、駿河家督四男西方庄兵衛に被下置度奉存候由、中嶋監物を以申上候所に、願之通家督無御相違右同人を以庄兵衛に被下置、其後
義山様御代御知行高弐割増に罷成候に付、十弐貫文に被成下候。庄兵衛儀老躰に罷成御番等も相勤兼由付、願之書物を以、嫡子西方市兵衛儀は相果申候間、次男拙者儀御切米御扶持方にて御奉公仕候間、拙者御切米御扶持方は

被召上候て、庄兵衛家督被下置度奉存候由申上候所、於江戸片倉小十郎・茂庭主水遂披露御前相済、庄兵衛願之通隠居被仰付、家督知行高之通無御相違拙者に被下置、拙者御切米御扶持方は被召上候由、寛文十弐年四月廿三日古内志摩を以被仰付候。拙者儀は其節江戸当番にて罷在候付、於江戸同月廿九日柴田中務を以右之通被仰付、同五月五日に継目御目見仕罷下候。以上
　延宝五年二月十六日

12　岩山小兵衛

一　拙者養祖父岩山宗伯
貞山様へ御奉公申上、十貫文御知行被下置、奥方御用被仰付相勤、大坂御陣へ致御供罷帰、すのまたにて病死仕候。何年に誰を以如何様之品にて被召出、御知行被下置儀、久敷事に御座候故不承伝候。私親織部儀君ヶ袋助八郎実子に御座候所に、右宗伯養子に罷成、其以後小塚監物所へ聟名跡に被仰付、宗伯名跡相続可仕者無御座、右十貫文御知行親織部に被下、取合四十壱貫六百八十文被下置候。何年に誰を以被下候儀不承伝候。小塚織部儀寛永十五年於江戸病死仕候砌、
義山様へ古内主膳を以申上、岩山之名跡相続不仕儀無拠奉存、次男拙者被下置、惣領に御座候助八に小塚之家督被下置度旨申上候所、如願右主膳を以被仰付、宗伯十貫文之御知行寛永十五年十月拙者被下置候。寛永年中惣御検地之節二割出目被下、取合十弐貫文之御黒印頂戴仕候。
御当代右之高にて御黒印頂戴仕候。岩山先祖之儀未生以前之儀に御座候故明白不被申上候。以上

13 野村喜兵衛

一 拙者親清蔵儀葛西浪人に御座候。祖父野村内膳同前に慶長五・六年之比被召出、清蔵儀は御不断衆に被召出、大坂御陣へも御供仕候。御帰国已後馬場出雲を以御不断衆御免被成下、石母田大膳御番組に被仰付、清右衛門に改名被仰付之由承伝申候。其已後江戸御切米御用并御郡代官被仰付相勤申候。御知行弐貫四百四十文被下置候。何時誰を以拝領仕候哉承伝無御座候。右清右衛門儀承応元年九月十四日七十六歳にて病死仕候。拙者儀
貞山様御代寛永十年八月松本左兵衛を以被召出、岸帯刀方より手習可仕由被仰付、無足にて罷在候付、同十壱年三月江戸へ松本左兵衛寄子に罷成罷登候所、則四月二日に御次之御物書に被仰付、同五月廿三日に和田主水・松本左兵衛を以御切米御扶持方御仕着被下置候て、御上洛之御供被仰付致勤仕候。右御切米弐両・御扶持方四人分御仕着之事は小袖三之内《ママ》・袷壱つ・帷子二・麻上下二具・木綿袴壱下・上鼻紙百弐十帖毎年被下置候。同十弐年為御加恩御人足代金壱両宛被下置候。同十三年
貞山様御遠行被《ママ》成置候以後、不相替
義山様へ被召出、右御仕着は御切米に直被下、本御切米合六両壱切と四人御扶持方并御人足壱人被借下候。同年より
義山様致御供、江戸へ両度致勤仕候。已後寛永十六年越前守様御元服被遊候付、御物書に被相付、正保弐年迄江戸定詰仕候。越前守様御遠行以後、正保四年に笠原修理御番虎之間被仰付、同年茂庭佐月を以御評定所御札御用被仰付毎月致勤仕候。慶安四年七月親清右衛門中風仕候付、山口内記を以願申上候所に、年久父子共致勤仕候間、

親清右衛門知行弐貫四百四十文、其身御切米御扶持方之上に被下置之由、山口内記を以同年十月廿九日被仰渡御黒印致頂戴候。且又寛文弐年三月十八日奥山大炊を以、惣侍衆中知行御切米御扶持方持添之分御知行被直下、拙者御切米御扶持方五貫三百七十壱文、本地合七貫八百十一文被成下、御黒印致頂戴候。同寛文十年之春御老中御寄合所へ訴訟指上申候趣は、拙者儀年久
貞山様御代より御物書役目御用及三十八ヶ年勤仕、仙台定詰仕進退困窮仕候間、御憐愍被成下可然様に奉頼候由申上候所、古内志摩・古内造酒助於江戸御同役中御相談之上被遂披露、御加恩被成下之旨、同年七月七日柴田外記宅にて被仰渡、為御加恩四貫百八十九文、本地合十弐貫文被下置、御黒印頂戴仕候。延宝元年十月廿五日大条監物宅にて役目御免被成下之由被仰渡、同弐年三月十八日より御番仕候。如前々御番所虎之間西大条右兵衛御番組に御座候。以上
延宝五年二月廿三日

14　多田杢右衛門

一　拙者儀伯父多田古清左衛門次男権六と申者、
貞山様より御切米弐両弐分・六人御扶持方・御仕着物致拝領、兵部殿へ奉公仕候所、於若林右権六病死仕候故、拙者を名跡被仰付被下度趣、
貞山様へ佐々若狭を以右清左衛門就奉願候、右之内御切米弐分壱人御扶持方為御減少、相残御切米弐両・五人御扶持方御仕着物共拙者被下置、権六名跡被仰付、打続兵部殿へ奉公仕候内、右御切米御扶持方御仕着物被相直、

知行六貫文兵部殿より被下候得共、進退続兼申付、其後弐貫八文足被下、都合八貫八文にて数年奉公仕候故、寛文元年に御加増を以二百石に被成下候。然処に兵部殿御一儀以後古内志摩を以被召出、右進退高二百石之内三ヶ二被下置之由被仰付、只今御知行十《ママ》三貫三百文致拝領、中之間御番被仰付、笠原内記御番組にて相勤申候。已上

延宝五年正月二日

15 米谷長左衛門

一政宗公様御代私親米谷喜右衛門葛西浪人にて罷在候所に、鈴木和泉へ出入仕候得ば、何そ殿様御勝手にも可成儀存寄候はば申上候様にと被申付、牡鹿郡石巻に御米蔵被相立、奥中御米大豆等被結置、江戸・塩竈へ御運送被成置候はば上意御勝手にも可被成由申上候付、其段被遂御披露、原田新兵衛と申仁御蔵場見分に被仰付、元和八年石巻へ御米蔵被相立、私親喜右衛門御米積立御役人に被仰付、元和九年九月為御褒美佐々若狭を以、御知行六貫三百九十三文之所拝領仕御奉公相勤罷在候。

忠宗様御代寛永十三年霜月五日親喜右衛門病死仕候。其砌拙者儀四歳に罷成候得共、家督無御相違、同年極月廿五日奥山古大学を以被下置候。私幼少故、伯父米谷七郎兵衛門御番代相勤、拙者十四歳より御番等仕候。慶安元年霜月私十六歳に罷成候節、御小性組に被召加御奉公仕候処に、承応弐年極月為御加増御切米三両四人御扶持方戸田喜夫太を以被下置候。其刻牡鹿郡蛇田村に笹町但馬野谷地拝領仕候。拙者親類に付右野谷地之内所望仕候。自分下中之者共に為起申所に、万治弐年三月御検地之上起目弐貫六十四文之所、山口内記を以拝領仕候。

御当代御家中御知行御切米扶持方持添之分何も御知行被直下節、拙者御切米御扶持方三貫五百十四文に被直下、当

時拙者知行高都合十壱貫九百七十壱文之御黒印頂戴仕候。已上

延宝五年二月八日

16 田母神源之丞

一 私実父は養父田母神源左衛門弟に御座候。浪人之内病死仕、私幼稚に御座候故、伯父源左衛門養子に罷成候。然処

御当代に源左衛門隠居仕候砌願申上候は、拝領仕候御知行高四十壱貫九百六十壱文之内、嫡子田母神次郎右衛門に三十貫文にて、苗跡被立下、残十一貫九百六十壱文は養子私に被下置、両人共に御奉公為仕度由申上候得ば、寛文四年正月廿日に原田甲斐を以願之通被成下、御国御番致勤仕候。依之私拝領之知行高十壱貫九百六拾壱文に御座候。以上

延宝四年十二月廿二日

17 木村三之丞

一 拙者先祖之儀曽祖父木村駿河葛西旗下渡部月鑑一族にて、葛西没落以後祖父清左衛門儀浪人にて罷在候所、貞山様御代寛永年中佐々若狭を以被召出、御知行六貫文拝領御次之間御番相勤、清左衛門及老衰隠居願申上候得は、義山様御代正保四年古内故主膳を以、跡式私親善助に被仰付、其後野山開発之新田三貫三百廿三文、承応三年古内故主膳を以被下置候。

御当代罷成野谷地開発之新田二貫五百八十五文、寛文十三年六月十八日小梁川修理を以拝領仕、都合知行高十壱貫九百八文被成下候。善助儀後嗣無之付、拙者儀は谷津喜左衛門二男に御座候、聟名跡仕度旨願上申候所、寛文十壱年十月十一日柴田中務を以願之通被仰付、善助儀延宝弐年四月病死仕跡式無御相違拙者に被下置旨、延宝弐年六月廿九日大条監物を以被仰付、当時知行高十壱貫九百八文に御座候。已上

延宝五年三月四日

18

田手市右衛門

一 拙者儀寛永五年

義山様へ御歩行御奉公に被召出、同十三年に御歩行番頭被仰付相勤申候内、慶安弐年極月晦日成田木工を以御知行十貫文被下置、同三年二月十四日御黒印頂戴仕候。

綱宗様御代万治弐年茂庭周防・富塚内蔵丞を以右御役目御免被成下御村御横目御用被仰付、二ケ年相務

御当代寛文元年右御役目御免、御次之間御番被仰付、寛文五年に桃生之内釜谷浜野谷地申請、新田起目七百六十文之所古内志摩於江戸披露之上則被下置之旨、同十年柴田外記を以被仰渡、都合拾貫七百六十文之御黒印寛文十年七月廿九日頂戴仕候。以上

延宝五年二月六日

19

釜石二兵衛

一　実父釜石加兵衛儀
貞山様御代寛永七年に佐々若狭を以御割衆に被召出、御切米弐両四人御扶持方被下置御奉公仕候処、慶安三年極月廿五日為御加増御切米壱両御扶持方弐人分山口内記・和田因幡・武田五郎左衛門を以被下置、合三両六人御扶持方にて右御役目之致御奉公、明暦元年極月六日に相果申候。然所親加兵衛儀御割屋方統取役目之御奉公数十年致勤仕候間、存命候はば御取立可被下置所に相果申候条、其身所持仕候御切米三両・六人御扶持方御知行高四貫八百文に被直下、其外江刺郡石山村に野谷地壱町五反慶安五年三月廿一日拝領仕開発、高壱貫三百五十九文に罷成候。且又右同所に御蔵新田弐貫五百四十六文御座候を被指副、御加増に被下置、取合八貫七百五文之所、親相果申候以後明暦元年極月廿八日に、山口内記・真山刑部を以拙者に跡式御加増共に右之通御知行に被成下、同年同日御黒印頂戴仕候。
綱宗様御代万治三年二月十日に切添新田壱貫三十五文、茂庭中周防・富塚内蔵丞を以被下置、右合九貫七百四十文之高に被成下、寛文元年十一月十六日に御黒印頂戴仕候。
御当代延宝元年十月廿八日に、切添新田弐貫六十文大条監物を以致拝領、都合十壱貫八百文之高に御座候。已上
延宝五年四月十七日

20　小関加左衛門

一　拙者親小関加左衛門儀、従
貞山様御知行五貫文被下置御奉公相勤申候。如何様之品を以御知行被下候哉、其段は不存候。右加左衛門嫡子又

蔵・次男甚五左衛門・拙者は三男に御座候、加左衛門兄小関又左衛門病死仕、跡式又蔵に被下置、又蔵も病死仕候故、甚五左衛門に又蔵家督被下置、拙者儀は加左衛門苗跡分に仕指置申候。従貞山様親加左衛門新田十貫百七十五文拝領仕候て、本地取合十五貫百七十五文之高被成下候。然所右知行高之内十貫八十七文甚五左衛門に被分下、本馬上に被成下度旨寛永十八年親加左衛門願申上、従義山様古内主膳を以願之通被仰付、同十九年に右加左衛門病死仕、五貫八十八文其上弐割出壱貫文、取合六貫八十八文無御相違拙者被下置候。且又黒川之内大瓜村にて新田願申上候付、寛文元年霜月十六日に七百四文、御当代に拝領仕候。誰を以被下置候哉、其段は失念仕候。右新田本地へ取合六貫七百九十弐文之高に被成下、御黒印頂戴仕候。寛文八年に小関吉兵衛知行高之内五貫文拙者に被分下度旨右吉兵衛願申上、同九年二月廿五日、御当代に柴田外記を以被下置候。本地取合十壱貫七百九十弐文之高に被成下、右同年御黒印拝領仕候。已上

延宝四年十二月十三日

21　富沢与五右衛門

一　私亡父富沢与左衛門儀

義山様御代に被召出、御切米三両・四人御扶持方被下置、御納戸御役自被仰付、江戸御国共に御奉公仕候。寛永弐十壱年山口内記を以、右御切米御知行弐貫百五十三文に被直下候。右御扶持方は引続被下置候。寛永十八年に野谷地新田拝領開発仕、御竿被相入起目七貫八百六文、正保三年に為御加増右内記を以被下置候。右本地合九貫九百五十九文に被成下、右御扶持方共に被下置候。亡父与左衛門儀、御納戸御奉公御免被成下、御国御番被仰付、

数年御奉公仕罷在候所に、年寄御奉公不罷成故隠居被仰付、跡式拙者に被下置度旨、寛文元年霜月古内主膳を以願指上申候に付、同弐年二月願之通に無御相違奥山大学を以被仰渡、私に家督被下置候。同年六月十日に四人御扶持方惣侍衆中御知行へ御扶持方御切米持添之通、御知行に直被下置候並を以、御知行壱貫八百文に被直下置、右御知行高取合今以十壱貫七百五十九文被下置候。以上

延宝五年三月廿一日

22　目々沢虎之助

一　拙者祖父目々沢太郎左衛門儀は貞山様御代に被召出、御切米御扶持方を以御奉公仕、大坂両度之御陣に致御供、其以後御意を以御材木御用被仰付、江戸に数十年定詰仕、右之御切米御扶持方を御知行五貫三十弐文に被直下、寛永廿壱年之御知行割に弐割増被下、六貫三十弐文拝領仕候。義山様御代右之太郎左衛門舅大町藤兵衛、起目新田壱貫四百四十文之所太郎左衛門に被下置度旨、右藤兵衛願指上申候処に、慶安四年十月三日願之通に被成下、御知行高七貫四百七十二文罷成候由承伝候。拙者幼少に御座候て、跡々之品委細不奉存候。親目々沢源之丞儀は幼少之比無進退にて、義山様御小性之間にて御奉公仕、義山様御代親太郎左衛門相果候。跡式七貫四百七十弐文之知行、明暦二年三月廿六日致拝領候。御申次衆は幼稚故不存候。

義山様御代野谷地被下開発之地三貫百七十六文、明暦三年八月十四日山口内記・真山刑部を以拝領仕候。
御同代に野谷地被下開発之地壱貫九十三文
綱宗様御代万治三年二月十日、茂庭先周防・富塚内蔵丞を以拝領仕、源之丞知行高十壱貫七百四十壱文に罷成候。
拙者儀は親源之丞寛文九年五月相果、跡式十壱貫七百四十壱文之御知行、
御当代に柴田外記・茂庭周防・古内志摩を以同年九月廿五日に拝領仕候。其節拙者八歳に罷成候故、委細之儀不奉存候間有増申上候。以上

延宝五年五月十六日

23 大松沢利左衛門

一 拙者曽祖父宮沢信濃儀、宮沢八郎左衛門次男に御座候所、輝宗様御代被召出、四人御扶持方被下置御奉公仕候。何年に誰を以被召出候哉不承伝候。右信濃文録元年に病死仕、嫡子拙者祖父半右衛門跡式無御相違被下置候。其節御申次・年号等不奉存候。其後従貞山様慶長十三年に右御扶持方御知行に直被下、七百弐十文之所鈴木和泉を以被下置候。其上為御加増五百弐文之所同時右同人を以被下置、取合壱貫弐百弐十弐文之高に被成下候。右御扶持方御知行に被直下、且又五百弐文御加増何様之品を以被下置候哉不承伝候。元和元年に従貞山様伊達河内殿へ被相付候節、御知行四貫四百九十五文之所、為御加増山岡志摩を以被下置、五貫七百十七文之高被成下、其以後従

貞山様元和九年に壱貫三百三十二文之所被下置、七貫四十九文之高罷成候。右壱貫三百三十弐文之所、如何様之品を以被下置候哉、御申次誰御座候段も不承伝候。私祖父大松沢半衛門儀寛永四年に病死仕、嫡子父大松沢利左衛門に、跡式無御相違従河内殿被下置候。右半右衛門苗字改大松沢に罷成候品左に申上候。河内殿御死去已後義山様御代寛永十七年に古内古主膳を以被召返、本知行七貫四十九文之所被下置御奉公仕候。惣御検地之砌寛永廿壱年に弐割出壱貫四百文被下置、取合八貫四百四十九文之高に被成下、其以後親利左衛門野谷地申請開発、高弐貫八百十七文之所、正保三年に山口内記を以被下置、其後知行所切添起目四百六十壱文之所、寛文弐年に奥山大学を以被下置、都合十壱貫七百弐十七文之高に被成下候。親利左衛門儀寛文九年に病死仕、跡式無御相違同年八月廿日に古内志摩を以拙者に被下置候。当時拙者知行高十一貫七百弐十七文之御黒印頂戴所持仕候。且又苗字大松沢に罷成候儀は大松沢八郎左衛門、祖父宮沢左衛門代に貞山様御意を以苗字大松沢に相改申に付、右半右衛門儀も右左衛門に近き親類に候間、大松沢に改可申由河内殿被仰付大松沢に罷成候。先祖之儀は嫡子筋目に御座候間、大松沢八郎左衛門可申上候。以上

延宝七年三月五日

24 御歩小性 大内源兵衛

一　拙者祖父大内内蔵丞儀、大内備前一門に御座候て、塩松に罷在候所、備前御当地へ罷越候時分、右内蔵丞事も罷越候得共、浪人にて罷在候内病死仕候。私親同氏正左衛門儀依親類小田部大学頼申候て罷在候処に、貞山様御代元和九年に右大学・大町駿河指引之御歩小性組に被召出、御切米六切・御扶持方四人分被下置候由承伝

候。然処

義山様御代牡鹿郡門脇村之内にて野谷地申受、起目御竿入高壱貫六百十三文之所、寛永廿一年八月十四日に拝領仕候。

御同代伊貢郡尾山村・桃生郡深谷之内福田村・大曲村にて久荒并野谷地申請、起目御竿入高八貫四百弐十弐文之所正保三年六月廿三日に被下置、合十貫三十五文之高に被成下候。右両度之新田起目御知行高に被成下候儀、誰を以何年に被仰付候哉、其段承伝も無御座候得共、右年号月日は御黒印之御日付を以書上申候。正左衛門儀

綱宗様御代万治弐年二月病死仕、跡式御知行高并先年より被下置候組付之御切米御扶持方之通無御相違拙者に被下置之旨、同年九月十日古内中主膳を以被仰渡候。正左衛門存生之内、桃生郡深谷之内福田村にて野谷地申受指置申候処に、右新田起目御竿被相入、高壱貫六百六十九文之所拙者に被下置、都合十壱貫七百四文之高に被成下候旨、

御当代寛文元年に早川淡路を以被仰渡候。御黒印は同年十一月六日之御日付にて頂戴仕候。当時御切米六切四人御扶持方并右御知行高之通致拝領候。私先祖之儀委細不奉存候得共承伝之通申上候。以上

延宝五年二月廿八日

25 二宮六郎左衛門

一 拙者養祖父二宮平兵衛儀、

貞山様御代被召出、御切米御扶持方被下置御奉公仕候由承伝候。誰を以何年に被召出候哉不承伝候。其後右御切

米御扶持方被召上、御知行弐貫八百八十六文被下置候由承候得共、年号・御申次不承伝候。平兵衛儀病死仕候節、拙父満吉儀は甥に御座候付養子に仕度旨願申上候所、右弐貫八百八十六文之内九百六十弐文拝領仕候由、其品尤年号・御申次共に不承伝候。

義山様御代御検地惣並に弐割出目拝領仕、高壱貫百五十五文に被成下候。其後満吉儀海新田取立起申、九貫六百十文之所寛永十九年に古内主膳を以拝領仕、弐口合高十貫七百六十五文に被成下候。拙者儀真山九右衛門次男に御座候所満吉妹に取合聟苗跡に仕度旨、古内主膳を以願申上候所、如願被成下段、承応三年六月十四日に右主膳を以被仰付候。其後満吉儀病死仕候付、家督願古内中主膳を以申上候所に、右十貫七百六十五文之所無御相違、万治元年八月十九日に拙者に被下置候。且又切添起目八百四十六文、延宝元年二月三日に大条監物を以拝領仕、高十一貫六百十壱文に被成下候。以上

延宝五年五月三日

26　菊田正兵衛

一　拙者先祖岩城之者に御座候。如何様之品にて御当家へ被召出候哉、拙者十歳にて親善兵衛死去仕候付、品々覚不申候。親類に承合候得共、様子覚申者無御座候。拙者祖父菊田助右衛門御知行八貫文被下置御奉公仕候所、貞山様より河内殿へ被相付候。拙者親善兵衛引続右御知行被下置、河内殿へ御奉公仕、河内殿より弐貫文御加増被下置、合十貫文にて御奉公仕候。寛永十壱年に河内殿御遠行被遊、御跡式兵部殿へ被進候。御家中衆共被相付候処、河内殿へ被進候御知行減少申候付、右御家中進退高之者は、

義山様へ被返上候。拙者共始無足に罷成候付、何も御訴訟申上候得ば、知行高之内四分一は起目、四分三は野谷地にて被下置候。拙者親善兵衛寛永十弐年正月死去仕、拙者幼少に御座候付、伯父菊田与市衛門御番代に申上、右善兵衛に被下置野谷地切起八貫弐百八十三文に御竿入、寛永弐拾壱年に右与市衛門に被下置候。番代に被仰付候段、

義山様へ申上候得ば右御知行八貫弐百八十三文、慶安三年に津田豊前を以拙者に被下置、与市右衛門には御切米弐両四人御扶持方被下置候。右起残野谷地拙者取立切起三貫三百十弐文に御竿相入、

義山様へ申上候得は、明暦弐年山口内記を以被下置候。其以後切添新田十三文御割奉行堀越甚兵衛・柳生権右衛門を以被下置候。都合十一貫六百六文拙者御知行高に被下置候。以上

延宝五年二月廿日

27 佐藤六右衛門

一 拙者亡父佐藤内蔵丞儀御知行四十七貫六百文被下置御奉公仕候所、男子無之に付、同氏次郎右衛門聟苗跡仕度段奉願候処、願之通被仰付、其已後拙者出生仕候付、右知行高之内十壱貫六百文拙者に分為取申度由、親内蔵丞遺言仕、於江戸明暦弐年五月廿六日病死仕候付、右遺言之趣同氏次郎衛門願申上候処、明暦弐年七月十七日に

義山様御代に、古内主膳を以願之通被仰付、当時拙者知行高十一貫六百文之御黒印拝領仕候。先祖之儀は同氏次郎右衛門方より可申上候。以上

延宝七年三月廿五日

28 本郷清三郎（穀舟御用）

一　拙者祖父本郷善内儀
貞山様御代被召出、御切米壱両三人御扶持方、畑新田弐百六十三文被下置御奉公仕候。何年に誰を以被召出候哉不承伝候。
義山様御代拙者親本郷与右衛門儀定御供に御召出、無足にて御奉公仕候。已後祖父善内隠居被仰付、跡式無御相違被下置、常陸・相馬御穀舟御用、御国舩割御用数年相勤申候。依之為御加増御新田起目二貫九百五十八文、明暦元年六月十九日山口内記を以被下置、都合三貫二百弐十壱文に被成下、右御扶持方御切米被召上候。右与右衛門御舩方御用過分之御徳目仕出申品々、和田織部・田村図書・内馬場蔵人御老中へ披露之上、大条監物・茂庭周防・富塚内蔵丞江戸へ被為相達、兵部殿・右京様へ於江戸柴田外記遂披露、為御加増御新田起目五貫文富塚内蔵丞を以、寛文四年十二月三日に被下置、都合八貫弐百弐十壱文に被成下候。右与右衛門儀延宝三年八月九日に病死仕、跡式知行高八貫弐百弐十壱文之所、柴田中務を以同年十一月十九日拙者に被下置候。右与右衛門存生之内、海新田拝領仕候起目高四貫三百三十六文、延宝五年二月十日柴田中務を以被下置、都合十弐貫五百五十七文被成下候。拙者幼少に付、祖父・親代之儀委細に不存候。已上
延宝五年二月十九日

29 磯田作右衛門

一　拙者祖父磯田作右衛門儀本国遠江之者御座候所、慶長八年御国元へ罷下被召使被下置度由

貞山様へ片倉小十郎を以申上候処、同十三年願之通被召抱、奥山出羽を以御知行六貫五百九十文被下置、石垣衆被預置御奉公仕候。大坂両度之御陣へも右石垣衆召連御供相勤、罷下候以後病死仕、嫡子亡父作右衛門跡式無御相違被下置之旨、中嶋監物を以被仰付候。且又寛永十弐年新田起目三貫文之所被下置候。右新田拝領御申次衆は不奉存候。惣御検地之砌弐割出被下置、都合十壱貫五百文之高に被成下候。右作右衛門寛文六年病死、跡式拙者に無御相違被下置之由、同年霜月廿三日古内志摩を以被仰渡候。右御知行十壱貫五百文之所被下置候。御黒印頂戴仕候。已上

延宝五年二月六日

30 小川十兵衛

一 拙者先祖伊達御譜代に御座候由申伝候。

貞山様御代拙者祖父小川作右衛門儀被召出、御知行七貫三百六十七文被下置、御大所御奉公相勤罷在候内、御同代拙者親十兵衛被召出、御切米三両・五人御扶持方被下置、御歩行之御奉公仕候処に、御同代右作右衛門病死仕候。跡式御知行高七貫三百六十七文五人御扶持方御加増にて佐々若狭を以親十兵衛に被下置候。其時分之年月は覚不申候。其節右御切米は被召上候。寛永弐十年惣御検地之節二割出目共九貫弐百九文に被成下候。寛文弐年に親十兵衛病死仕候。家督願申上候処、御当代奥山大学を以、同年四月廿三日に願之通跡式無御相違被下置旨被仰渡候。寛文弐年六月十日に御知行に御扶持方持添之分御知行被直下候。五人御扶持方弐貫二百五十文に被直下、御知行高拾壱貫四百五十九文之御黒印頂

戴仕候。当時御納戸御用相勤罷在候。以上

延宝五年二月廿八日

31　浜田利左衛門

一　拙者先祖伊達御譜代御座候由申伝候。

貞山様伏見に被遊御詰候時分、祖父浜田正右衛門御切米御扶持方にて、御不断衆被召出御奉公仕候処、貞山様伏見より被遊御下向已後、御知行八貫弐百十七文被下置候由承伝申候。且又正右衛門儀御不断衆組頭被仰付、一生相勤申候由承及申候。拙者儀幼少にて親に相離申候故、御切米御扶持方之員数、御知行拝領仕候時節不奉存候。右正右衛門儀男子持不申に付て、聟大立目権吉娘養子仕漆山対馬四男正六聟苗跡に仕候。然所正右衛門儀寛永九年霜月朔日病死仕、家督無御相違親浜田正六に寛永十年に被下置、中之間御番所被仰付候。御申次は不奉存候。其已後

義山様御代寛永廿年、伊貢郡藤田村にて久荒野谷地拝領仕、正保三年に御竿相入、新田高壱貫四百四十五文、同年六月廿三日被下置候。真山刑部・和田因幡・山口内記御下書御座候。御申次は不奉存候。寛永年中惣御検地弐割出目共十壱貫四百四十五文之高に被成下候。親正六儀慶安三年に正右衛門と改名仕候。同年に江戸御勘定頭被仰付相勤申内、承応四年四月廿日於江戸病死仕、跡式無御相違拙者に被下置旨、同年六月十九日山口内記を以被仰付候。当時拙者知行高十一貫四百四十五文之御黒印奉頂戴候。以上

延宝五年正月廿九日

32　菊田武兵衛

誰様御代に拙者先祖誰を始て被召出候哉、亡父已前之儀は不承伝候。拙父菊田弥平左衛門儀は、御切米弐両御扶持方四人分被下置、従貞山様御代、義山様御代迄御普請御割御用相勤申由申伝候。其前何御奉公申上候哉、且又右御用何年より相勤申候哉不奉存候。寛永弐十年に右御用御免被成下、正保元年よりは福田町御新田御百姓御取立被遊に付被仰付、然と付居申内、宮城郡田子村・福室村・岡田村・蒲生村右四ヶ村にて野谷地久荒拝領仕御竿被相入、高四貫八百四十五文山口内記を以正保三年六月廿三日拝領仕候。然処に右御百姓人頭九三人取立申候得共、右御新田悪地故御百姓共困窮仕、段々相禿申由山口内記を以申上候得は、御意には御直に取柄被御覧立、其上田子村・福室村両村之堀に被相立候。御新田町之儀に候間、両村より一字宛御取被成、福田町と名迄御直に被相立候所を、早速被相禿候儀如何に被召置候間、御新田起目壱人高七百文宛被下置、禿残六十八人は御足軽に被仰付候間、弥引続指引可仕由被仰付候。其已後御意には御新田御取立に付、年久付居骨折仕候。其上御百姓も御足軽に被成置引続指引被仰付候間、御加増可被成下由にて、本御切米御扶持方之分被召上、本知行高四貫八百四十五文に、御加増之地高六貫五百六十文慶安五年六月廿二日に山口内記を以被下置、都合高十壱貫四百五文罷成、右御足軽御当代迄指引仕、延宝弐年五月十六日に病死仕候。跡式拙者に被下置度段、願覚書物大条監物へ同年七月二日に相出申候得ば、御前無御相違相済、願之通右跡式拙者に被下置旨、同年八月廿八日に於右監物宅に被仰渡候。拙者知行高十壱貫四百五文に御座候。以上

延宝四年極月十三日

侍衆

御知行被下置御帳（三十四）

拾壱貫四百文より
拾貫五百拾八文迄

1　上石十左衛門

一　祖父上石将監儀田村浪人御座候。
貞山様御代に被召出、御知行三貫文被下置、御歩行御奉公仕候。茂庭采女御横目被仰付相勤申付、御知行七貫文御加増拝領仕、高十貫文に被成下候。将監儀元和年中病死仕候由承伝候。拙者未生以前之儀に御座候間、年号并御知行誰を以被下置候哉、一円不奉存知候。右将監嫡子同氏助作家督被仰付、御知行無御相違被下置、御国御番相勤申候処、寛永年中に病死仕候。右助作嫡子無御座候付、弟同氏太郎左衛門家督被仰付、蟻坂丹波を以御知行無御相違被下置、御国御番相勤申候。

義山様御代寛永廿一年之惣御検地之節二割出目、壱貫四百文と本拾貫文取合高拾壱貫四百文に被成下候。御黒印頂戴仕候。拙者儀未生以前之儀に御座候間、委細之儀は不奉存知候。太郎左衛門儀寛文十二年に病死仕候。拙者儀は太郎左衛門実子に御座候。同年閏六月十日古内志摩を以家督被仰付、御知行拾壱貫四百文無御相違被下置候。

御黒印頂戴仕、同年より御国御番相勤申候。以上
延宝五年二月八日

2 田中市郎左衛門

一 貞山様御代私祖父田中佐渡、御知行拝領仕候品委細は拙者未生以前にて不奉存候。
義山様御代まて佐渡御奉公相勤申、七十歳に及隠居之願申上候処、願通被仰付、拙者親三之丞に跡式無御相違被下置、右三之丞御奉公相勤申候処、親開発仕候起目新田四百九拾弐文之所、
義山様御代慶安三年に成田木工を以御加増被成下、右御知行高被結下候処に、三之丞儀寛文九年に病死仕候付、拙者に迹式無御相違被下置旨、
御当代に寛文九年五月廿八日に柴田外記を以拝領仕候。都合御知行高拾壱貫三百九拾弐文に御座候。以上
延宝四年十二月十三日

3 半沢太兵衛

一 私曽祖父半沢杢助儀伊達御譜代にて、従
晴宗様伊達之内にて御知行被下置に付、天文廿二年、同廿四年に頂戴之御黒印、并永禄二年に御自筆にて被下置候御黒印、共に三通所持仕候。祖父半沢六郎衛門親同氏六郎右衛門まて、段々引続御知行被下置、御奉公仕候品、私未生以前之儀に御座候故、委細之儀は不奉存候。正保三年六月十一日に親六郎右衛門病死仕に付、家督私に被

下置度旨、
義山様へ奥山大学御披露を以、右六郎右衛門に被下候御知行高二割出共に拾壱貫三百文、同年極月無御相違私に被
下置御黒印頂戴仕候。以上
延宝五年二月十七日

4 登坂権右衛門

一 拙者祖父登坂式部上杉景勝譜代に御座候。然処に慶長五年に白石御陣之節、右式部兄弟并白井左衛門・南右馬丞
・葛西長三郎・同家中富沢吉内・黒沢豊前・高野佐渡籠城仕候処、落城之砌石川大和殿、片倉小十郎方より城明
渡候はば身命に御相違有之間布候。謀計にも無之候。右之衆より
貞山様御意之段神文を以右式部・右馬丞方へ被申越候付て、景勝方よりも達て加勢も不相入、落城次第捨置候様子
故、諸勢頼少内々含恨景勝へ随可申覚悟にも無之故御味方仕、白石落城仕候付、其後式部被召出、御知行拾六貫
文拝領仕候由承伝候。右神文于今取持仕候。式部儀段々老衰御奉公成兼申候故、嫡子拙者親弥右衛門幼少に付、
右式部親類林半丞と申者、弥右衛門成人迄番代被仰付候。右半丞御金山御用相勤申候処不調法之儀御座候て、切
腹仕候付て、式部御知行被召上候。弥右衛門十二歳にて
貞山様御奥小性被仰付御奉公仕候。元和六年に奥山古大学を以、御切米五両・拾人御扶持方被下置候。
義山様御代正保二年山口内記を以、御切米御扶持方御知行八貫文に被直下候。慶安元年野谷地新田、起目五百七拾
壱文山口内記を以拝領仕候。同弐年野谷地新田起目壱貫七百八拾壱文山口内記を以被下置候。承応二年野谷地新

田起目五百八拾四文、奥山大学を以被下置候。右段々弥右衛門拝領仕、御知行高拾貫九百三拾六文御黒印頂戴仕候。親弥右衛門儀万治二年正月廿三日病死仕候。跡式無御相違拙者に被下置旨、古内故主膳を以被仰付候。延宝元年十月廿九日右知行所地付切添起目三百六拾弐文、柴田中務を以被下置旨被仰付候。都合拾壱貫弐百九十八文之内三百六拾弐文之所于今御黒印拝領不仕候。以上

延宝五年二月二日

5 秋保十兵衛

一 拙者先祖

誰様御代に被召出候哉、養父以前は不奉存候。養父秋保藤右衛門儀は、義山様御幼少之時分御小性組に被召仕、御切米六両・四人御扶持方被下置、其後御手水番に被仰付候。拙者儀石原文右衛門次男に御座候処、義山様御代に御算用衆に被召出、御切米弐両・四人御扶持方寛永十七年極月廿五日に鴇田駿河・和田因幡を以被下置候て、武田五郎左衛門手前へ物書役に被仰付候。正保四年十月十九日に御加増被成下、御切米三両七人御扶持方山口内記・和田因幡を以被下置候。其後藤右衛門儀相煩申候処に、藤右衛門男子持不申候付、拙者を聟苗跡に仕、藤右衛門御切米六両・四人御扶持方、拙者御切米三両・七人御扶持方取合九両十一人御扶持方拙者に被下候様にと、津田豊前を以願申上候処、承応二年閏六月七日に右豊前を以願之通被成下候由被仰渡候。藤右衛門事病気段々重り、明暦元年四月六日に相果申候。同二年に右御切米御扶持方御知行に被直下候様にと、右豊前を以願

申上候処、願之通御知行高拾壱貫弐百五拾文に被直下旨、豊前を以被仰渡候。尤御黒印奉頂戴候。以上
延宝五年四月廿七日

6 谷津喜左衛門

一 拙者先祖伊達御譜代之由承伝候。
誰様御代先祖誰被召出候哉不承伝候。曽祖父谷津左馬丞儀は、柴田郡平村一円拝領住居仕、貞山様へ御奉公仕候処、御国替之刻進退御減少、以後隠居仕、名を改佐渡に罷成、親善左衛門に迹式被仰付、筑前殿へ被相付候。御死去以後被召出、三貫六百文被下置御次之間御番相勤申候。右品々年号御取次は相知不申候。義山様御代喜左衛門野谷地開発之新田七貫六百拾文、正保三年成田木工を以拝領、都合知行高拾一貫弐百拾文に被成下候。喜左衛門男子無之付、拙者儀は大崎譜代堤根七右衛門次男に御座候を娘に取合、聟苗跡に仕度旨願上申候処、寛永廿年極月十日成田木工を以願之通被仰付、綱宗様御代喜左衛門及老衰、隠居仕度旨願上候刻、喜左衛門は佐渡に罷成、拙者は喜左衛門に罷成度由申上、万治二年十月十八日茂庭古周防を以願之通被仰付、迹式無御相違拙者に被下置候。当時知行高拾一貫弐百拾文御黒印頂戴仕候。以上
延宝五年三月十日

7 和賀帯刀

一　拙者祖父和賀主馬南部和賀郡知行仕罷在候処、不慮之仕合を以、慶長三年進退相禿、仙北牢人仕罷在候付、従
貞山様御扶持方可被下置由被遊御意に付て御国へ参上仕候処、御扶持方百弐十人分被下置罷在候処、右御扶持方、
御知行八貫六百文に被直下候。右御扶持方御知行に被直下候品、誰を以被下置候も、祖父幼少に御座候時分被召
出候故、不奉存候由申伝候。
御同代祖父主馬茂庭佐月を以江刺之内大田代村にて新田百町拝領仕候得共、所柄悪御座候故、漸起目八百文に罷成、
右拝領仕候。年号・御申次は不承伝候。且又寛永廿一年二割出目高壱貫八百文之所被下置、都合高拾壱貫弐百文
に被成下、主馬代より引続右御知行高拝領仕罷在候。
義山様御代正保三年九月、祖父主馬病死仕候付て、茂庭佐月御取次を以、右御知行高無御相違親帯刀に被下置、右帯
刀寛文三年二月病死仕候付て、迹式同年四月十三日柴田外記・大条監物披露を以家督無御相違拙者に被下置候由、
富塚内蔵允・奥山大学を以被仰付、御黒印頂戴仕候。拙者儀西大条右兵衛御番組、虎之間御番相勤申候。以上
延宝五年三月十六日

8　志賀甚之丞

一　拙者曽祖父志賀丹後岩城浪人に御座候処、
貞山様御代何年に被召出候哉、年号不承伝候。茂庭了庵を以被召出、御知行高六拾貫文被下置候由承及候。右丹後
病死仕、男子無御座候付て、後家に拾貫文被下置候。丹後娘御座候付て、同国親類拙者祖父志賀弥作と申者、右
娘取合御奉公為仕度由後家奉願候処に、願之通被仰付由承伝候。年号・御申次は不承伝候。弥作病死仕、一子拙

者父同氏正五郎幼少に御座候故、小泉弥蔵と申者、佐々若狭を以右五五郎御番代に被仰付候由承及候。右弥蔵病死仕、以後右之御知行無御相違正五郎に被下置候。誰を以被仰付候哉、年号・御申次不承伝候。右正五郎儀則改名弥蔵に被仰付、

義山様御代迄引続御奉公仕候処、寛永十七年惣侍衆二割出目被下候節、拾弐貫七百文高に被成下由承伝候。拙者幼少之時分親相果申候故、委細之儀不奉存候。親弥蔵儀慶安五年七月七日病死仕候。同年十二月津田豊前を以家督無御相違拙者に被下置候。拙者知行高之内壱貫五百文、拙者弟七丞に被分下、丹野理右衛門聟苗跡被成下度旨、双方願之書物延宝四年差上申候処、同年九月六日に小梁川修理を以願之通被成下、当時拙者知行高拾壱貫弐百文に御座候。右之通知行分被下、以後之御黒印は于今頂戴不仕候。以上

延宝七年六月廿三日

9　中里庄太夫

一　拙者親中里平左常衛門、常陸に住居仕候。平左衛門伯父氏家主水、

義山様へ御奉公仕候付、右平左衛門儀も山本勘兵衛を頼罷在候処、慶安二年に山本勘兵衛を以被召出定御供御奉公被仰付、御切米四両御扶持方四人分被下置御奉公相勤申候。明暦三年に山本勘兵衛を以御切米御扶持方御知行に被直下候様に奉願候処に、御蔵新田并永荒取合九貫九百九拾八文之所、同年十月十七日右同人を以被下置候。且又流郡下油田村・涌津村弐ヶ所野谷地三町、山口内記・真山刑部書付を以拝領仕、起目御竿入壱貫百八拾四文に罷成候。誰を以被下置候哉覚不申候。右取合拾壱貫百八拾弐文之高に被成下、寛文二年六月十日に御黒印頂戴仕候。

延宝四年二月二日に親平左衛門病死仕、迹式同年五月十三日に無御相違、小梁川修理を以拙者に被下置候。以上

延宝五年三月七日

10 前田河太兵衛

一 拙者先祖仙道譜代に御座候由承伝候。

尚宗様御代に拙者高祖父前田河壱岐と申候者被召出、

稙宗様御代に死去仕、跡式嫡子右馬丞後豊後と申候者に被下置候。拙者曽祖父に御座候。従

輝宗様曽祖父豊後に被下置候御書于今所持仕候。

貞山様御代に右豊後死去、迹式嫡子孫左衛門に被下置候。右孫左衛門白石御陣にて討死仕、迹式嫡子次兵衛に被下

置候。此者宮崎御陣にて手を負、高麗御陣之時分対馬之国にて右手所再発死去仕、子共無御座候付、御知行六拾

貫文之所被召上候由承伝申候。勿論

誰様御代に右之高に被成下候哉、従

尚宗様被下置候御知行に御座候哉、委細之義承伝無御座候。右二代目之豊後二男右馬丞は拙者祖父御座候。此者

輝宗様へ御児小性衆に被召出、御切米御扶持方其外御仕着色々被下置、引続

貞山様へ御奉公申上候処に、右御切米御扶持方御仕着等御知行に被直下、五貫弐十三文に被成下候。右御切米御扶

持方御仕着等之員数御申次・年号共に承伝無御座候。

御同代に右之右馬丞嫡子次兵衛、拙者には親に御座候。此者大坂御陣之時分牧野大蔵を以被召出、御切米御扶持方

被下置、
御同代に御申次湯村勘左衛門を以御知行に被直下、弐貫九百六拾文に被成下候。且又御切米・御扶持方之員数・年号共に承伝無御座候。

義山様御代に右之右馬丞隠居之願鴇田駿河を以申上候処に、親次兵衛本知行弐貫九百六拾三文へ取合七貫九百八拾三文に被成下、寛永十九年四月十二日に隠居、跡式右駿河を以次兵衛に被下置候。

御同代正保三年四月十日に山口内記・和田因幡・真山刑部書付を以国分松森村・苦竹村・南目村にて野谷地拝領仕、自分開発之高壱貫五百六拾三文之所、山口内記を以慶安五年四月六日に被下置候。

御同代惣御検地之時分二割出、壱貫六百拾七文被下置候。都合拾壱貫百六拾三文に被成下候。拙者親次兵衛、寛文元年に奥山大学を以隠居之願申上候処に、於江戸柴田外記被申上御前相済候由、同年閏八月三日右大学被申渡、跡式無御相違十壱貫百六十三文之所被下置、御黒印頂戴仕候。以上

延宝五年三月廿六日

11　田中十左衛門

一　拙者親田中十左衛門最上義光へ奉公仕候。最上没落に付浪人仕御国元罷越申候処、元和九年
貞山様御代従
御東様被仰上、茂庭周防を以被召出、御知行七貫五百文被下置、御次之間御番被仰付御奉公仕候。
義山様御代寛永十八年惣御検地之時分二割出目共九貫文被成下候。正保二年野谷地拝領仕、慶安四年御竿被相入、

起目弐貫百四拾七文、同年十月三日山口内記を以被下置、本地新田取合拾壱貫百四拾七文被下置候。
御当代寛文四年十月二日親十左衛門儀隠居願申上、同年十一月廿日願之通被仰付、家督無御相違拙者被下置旨、富塚内蔵丞を以被仰渡候。当御知行高拾壱貫百四拾七文之御黒印頂戴仕候。以上
延宝五年二月二日

12 刈谷加兵衛

一 拙者儀高橋孫右衛門四男に御座候。義山様御代寛永十七年四月八日に田中勘左衛門を以被召出、御切米三両・四人御扶持方被下置、御納戸小道具御役致勤仕候処、御同代慶安三年七月刈谷覚右衛門病死仕、実子無御座候付、後家に拙者取合右覚衛門跡式御切米七両三分四人御扶持方へ拙者御切米御扶持方被相加、拾両三歩・八人御扶持方拙者に被下置旨、同年十月廿三日に戸田喜太夫を以被仰付候。御同代明暦元年三月七日右御切米御扶持方御知行に被直下度由、山口内記を以申上候処に、願之通御知行拾壱貫百弐十五文に被直下旨、同年四月五日に右内記を以被仰付、明暦二年四月四日之御黒印頂戴仕候。右覚右衛門以前誰様御代に被召出候哉、親類も無御座間不承伝候。以上
延宝五年三月十六日

13 吉村正次郎

一　私実父吉村次兵衛儀伊達兵部殿へ奉公仕候処に、御進退相禿候以後御当代被召出、寛文十二年六月廿三日に古内志摩を以、御知行高拾壱貫百文之所被下置候。御番所中之間被仰付相勤申処に、延宝三年六月二日に右次兵衛病死仕候。跡式無御相違、右御知行高之通実嫡子拙者に被下置、御番所不相易被仰付旨、同年九月六日小梁川修理を以被仰付候。御黒印は于今頂戴不仕候。以上

延宝五年三月廿六日

14 成田伊織

一　拙父成田古正左衛門儀伊達御譜代之由申伝候。貞山様御代御知行高四貫文被下置御奉公仕候処、兵部殿へ右正左衛門被相付候。遺跡之儀は、嫡子当正左衛門に御知行高之通無御相違被下置、于今御国御番致勤仕候。拙者儀は古正左衛門三男に御座候付兵部殿へ御奉公仕、別て御知行弐百五拾石被下候。然処兵部殿流人に被為成候付、拙者は寛文十二年六月廿四日古内志摩を以、御知行拾壱貫百文之所被下置、御国御番致勤仕候。以上

延宝四年十二月廿三日

15 嶋津権之助

一　拙者先祖米沢御譜代御座候。祖父嶋津下総家督嫡子文右衛門に被下置候。拙者親正右衛門儀右下総三男に御座候。

義山様御部屋住之節、寛永二年津田豊前を以被召出、御小性組之御奉公被仰付、御切米六両四人分御扶持方被下置、江戸御番三十二年相勤申候。寛永十四年野谷地五町歩拝領仕、手前開起高五貫八百四拾壱文津田近江を以被下置候。寛文元年惣御下中御切米御扶持方御知行被直下候節、右六両四人御扶持方五貫弐百弐拾九文被成下、二口合拾壱貫七拾文御黒印頂戴仕候。親正右衛門寛文二年三月八日病死仕候。迹式津田玄蕃を以申上候得ば同年十月六日無御相違右玄蕃を以拙者被下置、御黒印頂戴仕候。以上

延宝五年二月六日

16 久保文左衛門

一 貞山様御代に拙者祖父久保右近儀、御切米六切・六人分之御扶持方被下置被召出御奉公仕候。義山様御部屋住御代に、拙者親文左衛門儀御切米五切銀四匁・四人分之御扶持分被下置被召出、御歩行衆御奉公仕候。御同代に野谷地拝領仕、此起目三貫弐百三拾壱文之高に被成下、右之右近儀病死仕候。跡式文左衛門に被下置旨、寛永十三年極月廿三日に古内故主膳を以被仰渡、文左衛門進退へ取合、御切米弐両三分銀四匁・拾人分之御扶持方、御知行三貫弐百三十壱文之高に被成下、正保元年に御歩行御番頭被仰付、其上小袖為代金子弐切被下置、御切米へ取合拾三切銀四匁・拾人分之御扶持方御知行三貫弐百三拾壱文之所被下置候。右御奉公慶安三年に御免被成下、御国御番成田木工を以被仰付、御当代に寛文元年霜月十六日右御切米御扶持方惣並に御知行に相直り、高六貫三百七拾五文に被成下、都合九貫六

百六文之高に被結下候。親文左衛門儀寛文七年霜月病死仕候。跡式無御相違拙者に寛文八年七月十一日に柴田外記を以被仰渡候。御黒印寛文八年八月八日に頂戴仕候。御知行高九貫六百六文に御座候。以上

延宝五年正月廿六日

17　鹿又久兵衛

一　拙者曽祖父鹿又土佐伊達御譜代に御座候。祖父同苗次助右土佐三男に御座候。貞山様御代に被召出、御知行九貫百四拾五文佐々若狭を以被下候得共、年号覚無御座候。右次助寛永十一年九月十九日に病死仕、跡式無御相違同年十月十四日に拙者親久兵衛に被下置旨、佐々若狭を以被仰渡候。其以後義山様御代惣御検地二割出被下、取合拾壱貫文に被成下候。御当代寛文五年に親久兵衛隠居仕度旨申上候処、願之通同年六月十九日に被仰付、跡式御相違拙者に被下置旨、富塚内蔵丞を以被仰渡、御知行高十壱貫文之御黒印頂戴仕候。以上

延宝五年二月三日

18　遠藤吉太夫

一　私先祖

誰様御代に如何様之品を以被召出候哉不奉存候。承伝申候分私曽祖父遠藤兵部少輔伊達御譜代御座候て、輝宗様御代より、

貞山様御代迄御奉公仕候。御知行被下置候高何程に御座候哉不奉存候。先年兵部嫡子同氏善右衛門伊達遠江守様へ被相付候節、兵部進退之内御知行何程分被下被差遣候哉、残御知行五貫百七拾文にて御奉公仕候。以後兵部二男私祖父同氏与左衛門に引続被下置御奉公仕候処、
義山様御代祖父与左衛門知行地尻にて、御買新田三貫九百九拾四文寛永廿年に山口内記を以被下置、高取合九貫百六拾四文に御座候処に、同年御知行御割之時二割出目被下置、惣高拾壱貫文に被成下御黒印頂戴所持仕候。慶安三年祖父与左衛門病死、私親与左衛門に跡式茂庭周防を以同年九月被下置、御黒印頂戴所持仕候。親与左衛門延宝元年に願申上、与左衛門に衣躰被仰付、改名玄竹に罷成、右拾壱貫文之御知行私に柴田中務を以同年四月十六日に被下置候。有増承知仕候通申上候。以上

延宝五年三月十日

19 村上権十郎

一 拙者舅村上十右衛門儀御知行高本地六貫弐百文、新田取合拾八貫弐百文に被成下、御奉公仕候。右十右衛門男子無之付、
義山様御代慶安元年に中嶋監物を以御披露申上候は、本地六貫弐百文嫡女聟同氏次兵衛を名跡被成下、新田之内壱貫文十右衛門弟青木弥兵衛に為分取、残新田拾壱貫文にて十右衛門御奉公仕、末々は次女に拙者を取合聟苗跡仕度由申上候処に、右願之通被仰付、拙者儀御番代等相勤罷在候。然処に十右衛門、寛文十年七月六日に病死仕候付願を上、同年十月朔日柴田外記を以十右衛門迹式無御相違御知行高拾壱貫文拙者に被下置之旨被仰付、御黒印

頂戴仕候。右十右衛門先祖之儀は同氏次兵衛嫡子九兵衛方より委細可申上候。拙者儀井上九郎兵衛次男に御座候。

以上

延宝五年三月八日

20　遠藤覚左衛門

一　曽祖父遠藤彦兵衛儀不入と申候。同氏古山城弟に御座候。

性山様・貞山様両御代御奉公仕由承伝申候得共、誰を以何時被召出、御知行何程被下候哉不奉存候。不入子将監儀下総と申候。不入家督誰を以何時被下候と申儀承伝不申候。下総子与一郎と申拙者親に御座候。下総家督誰を以何時被下候哉不奉存候。御知行高拾五貫文被下候と承伝申候得共、拙者儀幼少之時、与一郎不調法之儀御座候て浪人仕候間、愷之儀は不奉存候。

貞山様御遠行之砌与一郎儀も被召返、

義山様へ御目見仕候得共、御知行不被返下内相果申候。与一郎一同に被召返候諸浪人皆御知行被返下、親相果候衆へは子共に被返下候得共、拙者儀後藤上野・成田木工を以

義山様へ申上、寛永十七年より

要山様へ御奉公仕、御切米三両御扶持方五人分被下候付、御知行不被返下候。拙者男子持不申候付、鴇田淡路末子七丞と申候に新田三貫文差添聟苗跡に申合、以来家督に相立申度と柴田外記・津田玄蕃を以申上候付、右三貫文古内志摩を以寛文六年に被下置候。

陽徳院様御法事之砌遠藤山城・後藤大隅訴訟申上候得共、親与一郎御知行返不被下候。乍去久御奉公相勤其上持添之新田も有之候間、御切米御扶持方御知行に直被下候由、柴田外記・原田甲斐被申渡、三貫九百六拾四文寛文十年に被下置候。後藤大隅拝領仕候新田之内弐貫文拙者に被下度由、小梁川修理・柴田中務を以申上候付、右修理を以寛文十年に被下置候。遠藤山城拝領仕候新田之内弐貫文、拙者に被下度由小梁川修理・大条監物を以申上候付、柴田中務を以延宝四年に被下置候。都合御知行高拾貫九百六拾四文に被成下候。以上

延宝七年十月廿三日

21 山路平右衛門

一 拙者高祖父山路讃岐

性山様御代に隠居分に高五貫文被下置候処、

貞山様御代右隠居分之高五貫文讃岐末子拙者曽祖父与次郎と申候に被下置、御奉公相勤申候由承伝候。右与次郎改名被仰付、右近に罷成候。右讃岐本知行高嫡子誰方へ相譲申候哉不承伝候。且又讃岐事、

誰様御代被召出候哉不承伝候。寛永八年十月十八日に右右近病死仕候付て、実子作之丞に跡式無御相違被下置候。年号・御申次は不承伝候。

義山様御代寛永十八年御検地二割出目同廿一年八月十四日に被下置、六貫弐百四拾七文之高被成下御黒印頂戴仕候。且又寛永十八年に野谷地拝領仕、以後御竿被入下、高四貫七百拾五文之所為御加増正保三年被下置、都合拾貫九百六十弐文之高に被結下御黒印頂戴仕候。祖父作丞万治二年四月廿五日に病死仕候。同年親作之丞に跡式無御相

違被下置御黒印頂戴仕候。右新田拝領祖父作之丞跡式被仰付候。御申次は不承伝候。親作丞実子無御座候付、拙者儀佐藤四郎左衛門弟に御座候。右作丞苗跡に申立候処、御当代寛文十年九月晦日に、柴田外記を以作丞養子被仰付候。同十一年四月朔日親作之丞病死仕候付て、右御知行高拾貫九百六十弐文之所、同年五月十日に富塚内蔵丞を以引続無御相違拙者に被下置候。以上

延宝五年四月廿八日

22 斎藤久兵衛

一義山様御代に養父斉藤久兵衛儀最上浪人に御座候を、御知行高弐貫七百壱文・御切米七両弐歩・御扶持方四人分被下置被召拘候処に、男子持不申候付、拙者儀聟苗跡に仕度旨申上候得ば、願之通に被成下、養父久兵衛隠居仕、正保三年に成田木工を以右御知行高弐貫七百壱文御切米七両弐歩・御扶持方四人分無御相違拙者に被下置候。御知行・御切米・御扶持方両様拝持仕候衆之分は寛文元年に御知行に何も被直下候節、拙者御切米七両弐分御扶持方四人分高六貫八拾六文に被直下、都合八貫七百八拾七文御知高に被成下御黒印頂戴仕候。拙者実之祖父は白石摂津守御譜代にて御奉公仕、実父は白石主水と申者に御座候。以上

延宝五年二月六日

23 新谷次左衛門

一貞山様御代私親新谷正右衛門被召出、御切米弐両弐分・三人御扶持方被下置御広間御番仕候。

義山様御代寛永十八年より親正右衛門番代仕罷在候処、正保四年御割衆に被相加、御扶持方四人分慶安元年三月山口内記・真山刑部・和田因幡を以被下置候。右正右衛門慶安元年八月病死仕に付、御切米は引続拙者に被下置、御切米弐両弐歩・御扶持方四人分高に被成下候。私儀御割屋統取役目被仰付候付、御切米弐切・三人御扶持方明暦元年極月廿九日山口内記・真山刑部を以御加増被下置、三両七人御扶持方に被成下候。

品川様御代万治三年に御切米弐両富塚内蔵丞・木村久馬を以御加増被下置、五両七人御扶持方に被成下候。

御先代より御割屋頭取役目首尾能相勤候者には、御切米御扶持方御知行に被相直、其上御加恩被成下候依御先例、私儀数年御割屋にて首尾能御奉公仕候段、御割奉行柳生権右衛門・松林仲左衛門願差上申に付、御当代寛文六年霜月柴田外記・古内志摩を以御切米御扶持方御知行に被相直、其上御加増被下置、拾貫文之高に被成下候。寛文八年に野谷地被下置候起目九百四拾壱文、同十三年六月柴田中務・小梁川修理を以被下置、当時拾貫九百四拾壱文之高に被成下候。以上

延宝五年二月十三日

24 及川七兵衛

一 拙者進退御知行高拾貫九百三拾八文に御座候。但貞山様御代慶長年中祖父及川掃部被召出、無足にて御村御用相勤申候付、元和五年に御知行拾貫文被下、同六年に拾貫八拾六文之所御加増拝領、二十貫八拾六文之高に被成下候処、寛永元年十一月掃部病死、同二年に亡父同氏七兵衛に家督無御相違被下置由御座候。但掃部被召出御知行被下候儀七兵衛に家督被仰付候段、誰を以被仰渡候

哉承伝不申候。然処掃部拝借金有之、七兵衛弁上金可仕様無御座、右知行高之内拾四貫八拾六文之所、寛永二年に差上、残六貫文之高にて御奉公仕候処、
義山様御代寛永年中御検地二割出目共に七貫六百拾弐文に被成下、其後正保二年山口内記・和田因幡・武田五郎左衛門を以野谷地拝領、慶安二年開発之新田弐貫四百八拾弐文、承応三年に山口内記・真山刑部を以野谷地拝領、万治元年に開発、新田八百四拾四文新田合三貫三百廿六文、本地合拾貫九百三拾八文之高被成下候。新田開発以後誰を以被下候哉、年号等承置不申候。親七兵衛数年御奉公相勤申候処、寛文元年十月病死仕候付、跡式願申上候得ば、於江戸柴田外記・富塚内蔵丞御披露、同二年正月十八日に右御知行高之通無御相違拙者に被下置由、奥山大学を以被仰渡御黒印頂戴仕候。夫より御国御番仕、同六年より江戸御納戸役被仰付、去秋役目替当時御郡代官御用相勤申候。私先祖葛西譜代に御座候。以上

延宝五年四月五日

25　小野寺格安

一　拙者親小野寺安節儀

義山様御代明暦二年三月廿六日に山口内記を以被召出、其節御蔵新田八貫八百五十九文之所被下置、御次医師被仰付候。安節江戸へ御番にて罷登候時分、道中にて落馬仕、寛文九年九月廿二日に相果申候。跡式無御相違、古内志摩を以同年十二月十一日に被下置候。其以後

御当代野谷地申請自分開発仕、新田起目高弐貫七拾文之所、寛文十二年正月廿五日古内志摩・柴田中務を以被下置、

都合拾貫九百三拾壱文に御座候。以上

延宝五年三月廿一日

26 斑目八右衛門

一 斑目勘四郎儀は同苗信濃と申者二男に御座候処に、右勘四郎貞山様御代に被召出、御知行八貫七拾壱文被下置、御奉公申上候。右御知行誰を以何年に被下置候哉、年久敷儀に候間委細不承伝候。右勘四郎儀寛永二年九月病死仕、跡式進退実嫡子万作に被下置、万作幼少に御座候間、勘四郎弟に御座候同氏甚右衛門番代為仕御奉公申上度旨、貞山様へ牧野大蔵副状にて御披露申上候処に、山路先八兵衛を以願之通、同三年無御相違被成下候。万作事親之名勘四郎に則罷成候。然処義山様御代惣御検地二割出目を以、九貫七百文之高に被成下候。御同代に勘四郎儀御奉公申上、歳此に御座候得共病人に罷成御奉公難叶故、番代をも仕者に候間、父右衛門に右御知行高被下置、引続御奉公右甚右衛門に為仕度旨勘四郎申上候処に、古内故主膳・内馬場蔵人御披露之上慶安四年に願之通無御相違被仰付旨右両人を以被仰渡候。弥御黒印同年十二月甚右衛門に被下置候。然処に右甚右衛門男子無之女子御座候に付、拙者義は右甚右衛門甥に御座候。右女子に取合家督に仕度旨、御当代寛文元年十月御番組長江主計末書古内中主膳添状にて、家督之願差上候砌、拙者兄今野甚左衛門に被下置候新田起目壱貫百八拾文之地、拙者に為取申度旨右甚左衛門願差上申候処、伯父甚右衛門跡式無御相違拙者に被下置、且又兄甚左衛門願之通被仰付、都合拾貫八百八拾文之高に被成下旨、寛文二年二月奥山大炊を以被仰付、御当代御黒印頂戴仕候。先祖之儀は惣領筋目に付、同名十左衛門可申上候。以上
延宝五年四月四日

27 畑半右衛門

一 拙者祖父畑与次右衛門と申者伊達御譜代に御座候。貞山様御代に親与次右衛門上郡山内匠を以御歩行衆に被召出、御扶持方四人分・御切米四切被下置御奉公仕候。御同代寛永二年玉造郡之内新田村野谷地起目六貫文赤坂蔵人を以被下置、右之御切米・御扶持方組共に差上申候。其以後惣御検地二割増壱貫弐百文右合七貫弐百文被結下候。義山様御代明暦三年に玉造之内新田村野谷地起目三貫六百六拾弐文、品川様御代に御知行高右二口合拾貫八百六拾弐文、万治三年三月廿日に松崎十太夫を以無御相違拙者に被下置候。其節十太夫は、御鷹御申次、拙者は御鳥見役目を被仰付候付て、右十太夫を以被下置候。御黒印は寛文二年十一月廿三日に頂戴仕候。以上
延宝五年二月廿六日

28 宮沢久左衛門

一 拙父宮沢久左衛門儀

貞山様御代元和六年に蟻坂丹波を以御歩小性に被召出、御切米壱両・御扶持方四人分被下置御奉公仕候。以後御買新田野谷地寛永二年に拝領開発仕、
義山様御代同十八年之御検地に壱貫弐百文之御知行高に被成下、右御切米御扶持方共に被下置、大条左馬助手前御歩小性組御奉公仕候処、同廿年正月廿八日に右久左衛門病死仕候付、右左馬助を以拙者に家督同年四月廿五日に被下置、右御奉公仕候。
御当代寛文七年に右御知行壱貫弐百文拙者に被下置、御歩小性組御免被成下、右御切米御扶持方は聟同氏十助に被下置度由、石母田権兵衛を以申上候得ば柴田外記・古内志摩御披露、同年八月四日に願之通右権兵衛を以被仰付、以後登米郡石森村にて笠原内記知行地尻野谷地拝領仕、新田起目弐貫九百九拾五文、同拾年七月廿九日以古内志摩・古内造酒祐被下置、本地共に四貫百九拾五文に被結下、同郡新井田村高泉長門知行地尻にて野谷地致拝領、新田起目六貫三百弐文同十一年五月八日に右志摩を以被下置、都合拾貫四百九拾七文之御黒印頂戴仕候。拙者儀我妻喜左衛門次男に御座候処に、久左衛門男子持不申付、寛永十九年に聟苗跡に罷成候故、先祖之品勿論右壱貫弐百文之御知行被下置候。御申次不承伝候。以上

延宝五年四月四日

29 真山長三郎

一 拙者曽祖父真山筑後
貞山様御代に被召出、御検地御帳役目依被仰付候。茂庭石見を以、御知行七貫六百弐拾弐文被下置御奉公仕候。右

筑後老衰仕、御用足兼申に付、
義山様御代寛永十六年二月古内古主膳を以申上、嫡子同氏久右衛門儀は分進退被下置御奉公仕候故、聟国分新右衛門子久左衛門を養子に仕家督被下置御奉公仕候。同廿一年八月十四日御黒印致頂戴所持仕候。且又明暦元年に山口内記・真山刑部を以野谷地申請、此起目三貫百七拾五文之所、
品川様御入国之刻、万治三年二月廿七日富塚内蔵丞・茂庭中周防を以拝領仕、取合高拾貫七百九拾七文に被成下、
御当代寛文元年十一月十六日御黒印致頂戴所持仕候。美父休左衛門儀延宝四年五月十三日柴田中務を以隠居被仰村、家督無御相違拙者に被下置御奉公仕候。以上

延宝四年十二月廿三日

30　大江左平次

一　拙者親上河名又兵衛儀
貞山様御代寛永十弐年秋、古奥山大学を以被召出御祐筆役被仰付、御知行高三貫七百文之所被下置、其後為御意母方之苗字に相改可申之由被仰付、大江又兵衛に罷成御奉公相勤、
義山様御代寛永十五年三月二日山口内記を以、四人御扶持方御加恩被成下候。且又寛永十八年惣御検地之砌、弐割出七百四拾六文御加増被成下、四貫四百四拾六文之所拝領仕、同廿一年八月十四日之御黒印一通致頂戴、慶安三年三月七日成田木工を以、御知行高四貫五百弐拾文之所御加増被成下、其上右四人御扶持方、御知行壱貫八百文に被直下、都合拾貫七百六拾六文之所致拝領御黒印一通、

御当代寛文元年十一月十六日之御黒印一通所持仕候。右又兵衛儀、寛文十一年六月十一日隠居之願申上候処願之通被仰付、家督知行高拾貫七百六十六文之所、無御相違拙者に被下置之旨、同年七月十一日片倉小十郎を以被仰渡御黒印一通頂戴仕候。以上

延宝五年二月廿八日

31　黒沢次兵衛

一　拙者養父同氏助右衛門曽祖父金沢弾正伊達御譜代御座候。従御先祖様御知行高四百貫文被下置、御家老職被仰付相勤申候由承伝申候。右御先祖誰様之御代に御座候哉、久儀に御座候故覚無御座候。勿論拙者先祖も御先祖様誰様御代より被召出候哉、右弾正前は一切覚無御座候。助右衛門祖父黒沢出雲儀、従輝宗様・政宗様迄御奉公仕、進退何程に御座候哉然と覚無御座候。小進にて御奉公仕候由承伝申候。名字黒沢に相改申候儀、如何様之品にて相改申候哉覚無御座候。助右衛門親同苗源内代に罷成、従政宗様御知行高弐十壱貫文被下置白石・大坂両度之御陣へも馬上にて御供相勤申候。其以後江戸御兵具方・御下屋敷御物置御蔵・江戸御買物役目右三役被仰付江戸定詰十六・七ヶ年相勤申候処、江戸於山王堂内之者喧嘩仕候付、政宗様御意には　御城於御近所内之者不儀仕候間、於其身も無調法に被思食由にて、源内切腹被仰付、拙者養父助右衛門儀も御屋敷被相払他国仕候。寛永年中に御領御免被仰付、慶安三年三月十六日に源内進退以半分拾貫文嫡子助右衛門に被下置、御国御城御番相勤申候。助右衛門子共持不申候付、拙者を養子に仕度段、寛文十年奉願候

得ば如願被仰付候。拙者儀須田藤左衛門二男に御座候。助右衛門年寄御奉公不罷成候付、大条監物を以隠居仕度段願差上申候得ば、延宝四年三月六日に小梁川修理を以願之通被仰付、右御知行高拾貫文無御相違拙者に被下置候。先祖御知行拝領、家督被仰付候年号・御申次承伝不申候。以上

延宝五年二月廿一日

32　鴇田九兵衛

一　拙者祖父鴇田主水儀、

貞山様御代被召出、御知行六貫四百三十四文被下置被召使候。右御知行被下候年号・御申次覚無御座候。主水子同氏助右衛門儀、

義山様御部屋住之節、御切米壱両三歩・御扶持方四人分津田豊前を以被下置被召使候。右御切米御扶持方被下候年号覚不申候。主水儀

貞山様御代寛永八年二月相果申候付、迹式知行高六貫四百三拾四文無御相違、助右衛門に佐々若狭を以被下置候。其節助右衛門持来候御切米御扶持方被差添被下置候。年号不承伝候。

義山様御代惣御検地被相入候節、二割出目壱貫弐百八拾文并御切米壱両三分を地形に被相直、壱貫弐百弐十五文寛永廿一年に被下置、都合八貫九百三十九文・御扶持方四人分に被成下候。右御切米地形被直下候品々覚無御座候。助右衛門儀慶安弐年三月七日に相果申候付、迹式無御相違同年四月廿八日山本勘兵衛を以拙者に被下置候。寛文二年三月十八日御知行へ御扶持方持副之衆何も地形に被直下候並を以、右四人御扶持方御知行壱貫八百文に被相直、

奥山大炊を以被下置、当時拾貫七百三拾九文之高に御座候。以上

延宝五年三月十七日

33　高田八兵衛

一　私祖父原田伊勢と申、伊達御譜代にて、貞山様御代伊達より御供仕御当地へ罷越、御知行弐十貫文被下被召使候。老衰御奉公不罷成隠居仕、嫡子万九郎に家督申上候得ば、無御相違被下、御小性組被召使候処致喧嘩相果申に付、迹式被相禿候。併伊勢儀御譜代之者御座候由被仰立を以、扶助分に御知行壱貫五百文被下候を、次男次兵衛に家督申立被下、貞山様御代元和五年に今市御足軽差引被仰付、寛永三年に御兵具奉行に役目替被仰付、義山様御代同十七年極月廿三日、為御合力金子五両古内故主膳を以被下置、同廿一年八月四日右御合力地形に被直下、二割出共三貫九百弐十七文之所為御加増奥山故大学・富塚内蔵丞を以被下、取合五貫四百廿七文之高に被成下、明暦弐年迄右御用三十箇年相勤申候処、中風差出申に付訴訟申上候得ば、引続拙者に相勤可申由、山口内記を以被仰渡相勤申候。

御当代一迫之内川口村にて野谷地拝領新田開発弐百三拾三文之所、寛文三年十一月十六日に茂庭周防・富塚内蔵丞を以被下、合五貫六百六十文之高に罷成候。次兵衛隠居願申上候得ば、無御相違家督拙者に被下置、役儀も引続被仰付候由、同年十二月十四日に富塚内蔵丞被申渡、同七年迄十二箇年勤仕、父子共に年数四十弐ヶ年御兵具御用相勤申候。依之為御加増御新田起目を以、御知行四貫三百四拾文被下置之旨、寛文七年五月十三日柴田外記・

原田甲斐被申渡、取合十貫文之高に被成下候。同八年に御国御扶持方奉行に役替被仰付候。又一迫之内川口村に野谷地拝領、新田起高六百九拾壱文之所寛文十一年三月十九日片倉小十郎を以被下、都合拾貫六百九拾壱文之高に罷成候。同十一年名字高田に相改申度由願申上候得ば、如願被仰付候由、寛文十二年正月廿五日柴田中務被申渡候。延宝元年二月迄御扶持方奉行相勤申候処に、江戸御国共に追廻に馬上之衆四人に被仰付候付、拙者儀御免、同八月常陸之内平形へ御穀舟御用被仰付被差遣当時相勤申候。親子共色々御役儀引続五拾八年当年迄相勤申候。

右伊勢親原田次郎左衛門、

輝宗様へ御奉公仕候由承伝候得共、

誰様御代に被召出候哉先祖不承伝候。勿論伊達にて伊勢代迄拝領仕候進退高承知不仕候。以上

延宝五年二月廿一日

34　沢辺新右衛門

一　拙者先祖葛西譜代に御座候。祖父栗原之内三迫沢辺村古館主沢辺肥前と申者之子、沢辺新右衛門拙者親に御座候。

右新右衛門慶長年中

貞山様御代被召出、二迫於黒瀬村、御本地三貫弐百三拾九文被下置候。如何様之品にて誰を以被召出候哉、其段は不奉存候。御国御番等致勤仕、其後大坂御陣も御供仕罷下、以後大崎・葛西放御蔵入御預差引御役目被仰付相勤申候由承伝候。

義山様御代寛永年中惣御検地二割出目六百四拾文被下置、本高合三貫八百七拾九文二迫於富村被直下、寛永廿一年

御黒印頂戴仕候。

御同代親新右衛門隠居被仰付、家督津田豊前を以寛永廿年正月無御相違拙者に被下置、御国御番致勤仕、其後栗原郡高清水中村御鳥見御用に付御案内等仕、其後御検地等之御用相勤申候。

御同代寛永廿年栗原郡於富村野谷地申請、起高弐貫八百六十五文之所津田豊前御披露之上被下置、本高合六貫七百四拾四文に被成下候。正保三年に御黒印頂戴仕候。

御当代寛文四年栗原郡於富村野谷地申請、切開高三貫九百三拾八文之所、同八年八月廿九日柴田外記・津田玄蕃御披露之上被下置、御本地新田共都合拾貫六百八拾弐文に被成下、御黒印頂戴仕候。以上

延宝五年正月晦日

35　小野長安

一　拙者親小野二右衛門儀伊達御譜代に御座候。

貞山様御代御歩行衆に被召出候処、二右衛門義兼て薬師を心懸申候段被及聞召、高屋快庵に被相付、御医師衆並御奉公相勤申候。其砌元和九年桃生郡にて野谷地被下置、起目高八貫八百四拾六文之所致拝領候。然処親二右衛門義寛永十一年四月十七日病死仕候。跡式無御相違同年九月十一日伊藤肥前を以拙者に被下置、引続右快庵に被付置御薬師御奉公仕候。且又

義山様御代寛永十八年惣御検地之刻、右本地八貫八百四拾六文より二割出目壱貫七百六拾文、取合高拾貫六百文に被成下候。右之外由緒承伝無御座候。勿論右御知行高之通御黒印拝受仕候。以上

延宝五年二月廿六日

36 小嶋次兵衛

一 拙者曽祖父小嶋丹波守嫡子播磨、右之代迄伊達於東根小嶋之城主にて本領五万石余所持仕罷有候。然処右丹波従御先祖様御奉公仕候付て、
貞山様伊達を御望被成候付、御味方御頼被成御直書被下置只今に持拝仕候。伊達御軍中父子共御奉公仕之旨、親次兵衛申伝承知仕候。
大閤様武州へ御出馬被遊候節丹波小嶋之城引退申砌、従
貞山様御直御知行七拾貫文天正時代被下置、御軍御奉公仕内、右七拾貫文より外御合力被下置被召仕候由親申伝候。丹波儀、於伊達掛田之一家に御座候付て御座敷に被差置候。
貞山様二条之伏見に被成御座候節、御執権屋代勘解由被仰付候。其節丹波年寄申に付御供不仕御国に罷在候。御留守中丹波相果申候砌、勘解由被申候は、
貞山様伏見御詰被成御座御物入に御座候条、御供不仕御国元に相残申者共、知行借上可申旨被申渡、被下置御知行六十七貫文借上申候。丹波跡式被立下候節、御知行三貫文御留守中播磨に勘解由慶長時代相立申候。岩出山御代、其より三貫文被下置候。右七拾貫文之御黒印只今に持拝可仕所、其節勘解由貸上被申候て持拝不仕候。播磨代罷成候ても御座敷に可罷在之旨被仰付候得共、三貫文にて御座敷に罷在儀、内々不勝手之品御座候て不罷成候条御訴訟仕、岩出山御代御広間壱ヶ所に御座候付て、御広間之御番仕候。
義山様御代右播磨病死仕、跡式三貫文之所寛永十八年八月廿五日成田木工を以播磨嫡子拙父同氏次兵衛に無御相違被下置、惣御検地之砌二割出目六百拾四文被下置、三貫六百拾四文に被成下、寛永弐十一年八月十四日御黒印頂

戴仕候。且又宮城郡国分六丁目村にて鍬先次第之野谷地拝領仕開発、起目高六貫九百五拾弐文之所正保三年六月廿三日真山刑部を以親次兵衛被下置、都合拾貫五百六十六文之高被成下候。其以後成田木工を以申上、親次兵衛小身に御座候得共、武道具嗜御国馬上にて何方迄も御奉公可仕旨申上拾四・五ヶ年綱宗様御代迄段々相勤申候。然処右次兵衛儀寛文四年十二月病死仕、跡式御知行高拾貫五百六拾六文之所拙者被下置旨、寛文五年五月九日に茂庭周防を以被仰付候。以上

延宝八年正月十八日

37 遠藤次郎左衛門

一 拙者亡父遠藤次郎左衛門儀

貞山様御代屋代勘解由を以被召出、御知行三貫文被下置、御歩行被仰付相勤申候。高麗御陣へも御供仕、其以後白石御陣之節も罷出御奉公仕候処、段々年罷寄御奉公不罷成、折節並御座候て、右高之内三ヶ二被召上壱貫文被下置候。然処寛永七年四月佐々若狭を以御大所御人足方御用被仰付候。次郎左衛門申上候は、私儀老衰仕其上少進退に御座候間御請申兼候と申上候処、拙者を同月五日に右若狭を以被召出、御切米弐両八人御扶持方被下置、右御用被仰付七ヶ年相勤申候。右次郎左衛門儀同十三年五月病死仕候。拙者嫡子に御座候得共、分進退御切米御扶持方被下置分御奉公仕候。此外嗣子無御座候故、右壱貫文之地被召上候。且又拙者儀義山様御代同十四年八月御次之間御番被仰付、当年迄四十壱年相勤申候。同十九年野谷地山口内記・武田五郎左衛門を以申請、起目三貫弐百拾九文正保三年六月廿四日富塚内蔵丞・奥山大学を以拝領仕御黒印致頂戴所持仕候。

亡父次郎左衛門に被下置候御知行被召上候儀、拙者分進退被下置御奉公仕候品々、山口内記を以明暦三年三月願申上候処、御蔵起目新田にて弐貫五百七拾五文之所、同年五月廿七日為御加増右内記を以拝領仕、御黒印致頂戴所持仕候。
御当代寛文元年惣侍衆持添之御切米御扶持方御知行に被直下候刻、右御切米弐両・八人御扶持方を四貫七百四拾三文に被直下、取合高拾貫五百三拾七文に被成下、同年十一月十六日御黒印致頂戴所持仕候。以上
延宝五年三月廿日

38　佐藤権太夫

一　拙者実親佐藤五郎八儀須田主計三男に御座候処、佐藤玄蕃嫡子佐藤小左衛門娘両人持申候て相果申に付、親五郎八玄蕃甥に御座候条嫡孫娘に取合、玄蕃知行高三拾六貫文之内拾貫文被分下置度旨、茂庭古周防を以義山様御代申上候処、奉願通御知行拾貫文右小左衛門に慶安三年五月晦日に分被下置、佐藤小左衛門と改名仕御奉公相勤申候。然処
御当代寛文十一年六月親小左衛門病死仕候付、拙者に家督無御相違同年八月廿九日大条監物・富田内蔵丞を以被仰付、御黒印頂戴仕候。且又延宝元年十月廿九日柴田中務・大条監物を以知行切添五百弐拾三文之所拝領仕、当時知行高拾貫五百弐拾三文に御座候。先祖委細之儀は佐藤勘兵衛惣領に御座候間可申上候。以上
延宝五年四月三日

39　新野吉之丞

一　拙者先祖伊達御譜代に御座候由承伝候得共、誰様御代先祖何代以前誰を以被召出候哉、其品不承伝候。拙者祖父伝内と申候。貞山様御代御歩行御奉公に罷出、御切米拾切四人御扶持方被下置、大坂御陣へ両度御供仕罷上候由承伝候。右伝内正保弐年に隠居被仰付、則拙者親善左衛門に右之御切米御扶持方、従義山様無御相違被下置候由、右家督誰を以被仰付候哉不承伝候。承応三年桃生郡釜谷浜・同大田村弐箇所にて、野谷地山崎平太左衛門を以御新田申請、万治元年荒谷明申に付御竿被相入、五貫七百八拾壱文被下置候由承伝候。宮城郡国分鶴本吉郡之内哥津村にて右平太左衛門を以御新田申請御竿被相入、三貫五百三拾七文被下由承伝候。万治弐年に右之御切米ヶ谷村に壱貫弐百文、原半九郎に右之歌津村へ取替申由承伝候。年号・御申次不奉存候。万治弐年に右之御切米御扶持方御知行三貫弐百拾五文に被直下候由、右四ヶ村之内何方にて被直下候哉不承伝候。右四口合拾貫五百拾八文之高に被成下候由御黒印奉頂戴候。右段々新田誰を以何年に拝領仕候哉、且又右御切米御扶持方如何様之品を以御知行に被直下候哉、年号・御申次等不承伝候。延宝三年三月十三日親善左衛門病死仕候。家督拙者に被下置候様に、御番頭衆宮内権十郎を以願申上候得ば、則柴田中務を以同年四月廿八日に無御相違右拾貫五百拾八文拙者に被下置候。以上

延宝五年四月廿八日

侍衆

御知行被下置御帳（三十五）

十貫五百文より
十貫壱文迄

1　渡辺作左衛門

一　拙者祖父渡辺作兵衛儀
貞山様御代に被召出、御知行七貫六百五拾弐文被下置候。嫡子八蔵に家督無御相違被下置御奉公相勤罷在候。拙者親金右衛門儀は作兵衛次男にて八蔵弟に御座候。
義山様へ御奉公に相出申度段、先川島豊前所より中嶋監物頼入、
貞山様へ御意を請
義山様へ被召出候。古内先主膳を以御目見仕、無足にて二ヶ年御奉公相勤申候。其後神妙に相勤申之由御意にて、御部屋住之時分故、七切十匁宛年々御仕着分に被下候。然処金右衛門兄八蔵致病死子共無御座候付、幸金右衛門儀義山様へ御奉公仕罷在候間、八蔵跡式金右衛門に被仰付被下度由、川嶋先豊前所より馬場出雲頼入、
貞山様へ申上候処無御相違被下置候。金右衛門儀十九歳より二十七歳迄九個年江戸定詰仕、

義山様御入国初に御供仕罷下、其より段々江戸御番相勤申候。且又御検地以後二割出共に九貫弐百文寛永二十一年に被下置、其節右御切米七切十匁之所壱貫三百文之御知行に被相直、御知行高拾貫五百文に御座候。金右衛門儀歳打寄申付、寛文十年に隠居之願指上申候処願之通被仰付、右御知行高無御相違同十一年二月廿七日に拙者に被下置由、原田甲斐を以被仰付候。作兵衛に御知行被下置候段は、誰之御申次に候哉、生れ替に御座候て不奉存候。拙者儀は石川次郎左衛門御番組にて、虎之間御奉公相勤罷在候。以上

延宝五年二月廿三日

2 加藤喜兵衛

一 拙者高祖父加藤豊後儀

稙宗様御代伊達にて、新井田・谷木田と申所御知行被下置宜御奉公仕相果申以後子共七郎兵衛に家督被下置候処、伊達にてがんぶつ御合戦之砌討死仕、七郎兵衛子夘之松二歳に罷成候節跡式被下置、御国替之時分御当地へ御供仕、五貫六百八拾壱文被下置候由承伝候。其子加藤喜右衛門

貞山様御代御加増五貫拾九文被下置、拾貫七百文にて御奉公仕候。

御同代寛永八年に御加増被下、弐拾貫九拾文にて御判代役目并御割奉行被仰付、

御同代同十一年に御加増拝領四拾貫文被成下、

義山様御代迄相勤申候処、寛永十三年に仙台御牒蔵火事仕候付進退被召上候。然処寛永廿一年に右喜右衛門に御知行拾貫文被返下置、喜右衛門儀慶安三年に病死仕候。子共兵助儀病人に御座候付、拙者は喜右衛門嫡孫に御座候

条願上申候得ば、同四年に家督無御相違古内故主膳を以拙者に被下置候。
御同代明暦四年に四百九拾三文畑返出目、右故主膳を以被下置、都合拾貫四百九拾三文之御黒印頂戴仕候。以上
延宝五年正月十七日

3　筑館百助

一　拙者曽祖父木川田伊予大崎譜代に御座候。貞山様御代下胆沢之内前沢村御足軽衆三十四人仕立指上申に付、御知行五貫文中嶋監物を以被下置、右御足軽衆指引被仰付由申伝候。祖父同氏作右衛門
義山様御代伊予跡式無御相違被下置、右五貫文之二割出目壱貫文并野谷地新田開発弐貫六百五拾六文、合八貫六百五拾六文中島監物を以被下置由申伝候。寛永二十一年御黒印頂戴仕候。親筑舘作右衛門に、祖父作右衛門跡式明暦三年に無御相違、津田豊前を以被下置候。延宝三年親作右衛門病死仕、跡式被下置度由御番頭天童内記を以奉願候処、同年十一月十八日に大条監物を以無御相違被下置候。作右衛門存命之内切添起目壱貫八百弐拾七文御座候。同年同日柴田中務を以被下置、高拾貫四百八拾三文に被成下候。作右衛門筑舘名乗申儀、御当代に本苗に御座候間被仰付被下置度旨奉願候処、寛文十年六月十日に柴田外記を以願之通被成下候。以上
延宝五年二月十四日

4　梅森正兵衛

一　拙者舅梅森弥左衛門
貞山様御代御切米壱両・四人御扶持方被下置、御歩小性に被召出、大坂御陣之御供仕候。男子持不申候付、私儀中荒井越中次男に御座候。
義山様御代寛永十七年右弥左衛門聟苗跡に罷成御奉公仕、同二十年江戸御番御日牒付に罷登候。同二十一年より寛文三年迄廿壱ヶ年御郡代官仕候。黒川郡之内野谷地被下、弐貫三拾四文切起山口内記被申上、正保三年六月廿三日に拝領仕御黒印被下置候。遠田郡之内野谷地被下、弐貫八百六拾文切起右同人被申上、為御加増慶安四年十月三日に被下置、合四貫八百九十四文御黒印頂戴仕候。承応二年御歩小性番代には、親類御座候須田彦左衛門次男同氏作右衛門に、右御切米御扶持方被下置、梅森作右衛門に被成下、拙者は組御免被下、右新田四貫八百九十四文にて御奉公仕度由、御歩小性頭大町内膳を以申上候得ば、願之通被仰付候。黒川郡之内切添弐拾四文寛文元年十一月十六日に奥山大炊を以被下置、合四貫九百拾八文
御当代御黒印頂戴仕候。栗原郡之内野谷地被下、五貫五百五拾八文切起、古内志摩を以為御加増寛文九年九月廿五日拝領仕、都合拾貫四百七拾六文之御黒印頂戴仕候。以上
延宝五年二月十八日

5　根本八右衛門

一　拙者親根本八右衛門儀岩城譜代に御座候。
貞山様御代に被召出、御切米金子五切・四人御扶持方被下置、御奉公に罷出候。

義山様御代に子共勘七に家督被下置候処、明暦二年廿七歳にて病死仕候。右勘七子共持不申、拙者儀勘七弟に御座候付、同年九月廿九日成田木工を以拙者に苗跡被下置候。承応三年四月兄勘七野谷地新田に申受、右之起目五貫四百三十八文之所明暦二年十月六日山口内記を以拙者に被下置候。
御当代寛文二年御下中御扶持方御切米御知行に直被下候並を以、右御扶持方四人分・御切米五切・御知行高弐貫五百十九文に直被下候。寛文十二年閏六月野谷地新田に申受、起目弐貫四百七十壱文之所、延宝三年十一月廿三日柴田中務を以拝領仕候。右合拾貫四百弐十八文之知行高に被成下候。以上
延宝五年二月廿七日

6　瀬戸半兵衛

一　拙者儀瀬戸半右衛門嫡子に御座候。
義山様御代寛永二十年五月十日成田木工を以御鷂遣御用被仰付、正保二年迄三ヶ年無足にて御奉公相勤申候。同年十月廿四日小田部主殿を以、別て御歩小性組に被仰付御切米三切銀七匁弐分被下置、御広間御番所被仰付、明暦元年迄十三ヶ年御国御番相勤申候。其外御村方当座御用も相勤申候。明暦二年より御材木・御流木御用寛文四年迄十ヶ年相勤、同五年より御流木方上廻御用被仰付、同九年迄五箇年相勤申候。先年は名取川之水上は数ヶ所之難所御座候て御材木・御流木共川下し自由不罷成候間、御普譜被成置候は川下し自由可仕由申上、私付居所々難所相直申候故、御材木・御流木・小間木共に相下御払に罷成候故御重宝に罷成、且又末々迄川下首尾能御座候段、鴇田淡路・和田半之助・内馬場蔵人・田村図書相談之上御老中へ被相達、御吟味之上御披露、御蔵入新田起目御

知行拾貫文、寛文九年四月四日柴田外記を以拝領仕候。同十三年正月十八日御歩小性組御免、御切米御扶持方は被召上、右拾貫文にて同年迄上廻御用致勤仕候処、同年九月三日に樋口勘右衛門代御流木・小間木・高瀬船指引御役目共被仰付、今以相勤申候。右御知行拾貫文被下置候御黒印、寛文九年四月五日之御日付にて所持仕候。然処拙者聟同氏平左衛門実父丹野善右衛門、野谷地拝領開発高四百弐拾四文拙者に被分下度旨奉願、延宝六年十月十八日如願拙者に黒木上野を以被下置、都合拾貫四百弐拾四文に被成下候。御黒印は于今頂戴不仕候。拙父同氏半右衛門に御知行被成下候品は家督に御座候間、同氏伊左衛門より可申上候。以上

延宝七年三月五日

7 宮崎掃部

一 拙者先祖伊達御譜代之由承伝候得共、誰様御代先祖被召出候哉、祖父以前之儀不奉存候。祖父宮崎丹後儀御知行高五貫十七文被下置、御奉公申上候由承及候。右丹後儀性山様御代隠居仕、嫡子拙者親掃部に右進退無御相違被下置候。右家督被仰付候年号・御申次は不奉存候。引続貞山様へ御奉公申上候由承及候。然処右掃部歳寄不行歩付、中嶋監物を以隠居願申上候処願之通被成下、御知行無御相違右監物を以寛永八年七月廿九日拙者に被下置候。義山様御代寛永二十一年惣御検地之節二割出目を以、六貫十七文に被成下候。其後明暦二年に加美郡之内四竈村・同郡月崎村にて野谷地山口内記を以拝領開発仕、右起高四貫壱文之所万治元年十一月廿三日右内記を以拝領仕候。

本地合拾貫四百十八文に被成下御黒印頂戴所持仕候。以上
延宝五年三月廿九日

8 狩野正右衛門

一貞山様御代拙者祖父狩野外記御割屋へ茂庭岩見を以被召出、御知行三貫五百文被下置御奉公相勤申候処、右外記儀寛永十一年二月二日病死仕に付、親同氏帯刀に同十二年三月二日茂庭周防を以跡式無御相違被下置候。御領内御竿被相入砌、弐割出目被下置、御知行高四貫弐百六拾文に被成下候。寛文六年古内志摩を以拙者親帯刀隠居之願指上申候処、同年霜月廿三日に右同人を以隠居被仰付、家督無御相違被下置、御黒印頂戴仕候。且又同九年柴田郡之内沼辺村野谷地拝領仕自分人足を以切開申、同十二年三月十五日御竿被相入、高六貫百三拾壱文に被成下之段、同十三年六月十八日小梁川修理を以被仰渡、都合高拾貫三百九拾壱文に被成下候。以上
延宝五年三月九日

9 三浦善兵衛

一　拙者祖父三浦作十郎儀相州小田原城主北条氏政譜代に御座候。米沢へ浪人仕御領地に罷在候処、天正四年に貞山様被召抱、上之御仕着にて御奉公御小性に被召使候内、御知行六拾貫文被下置、大小性並に御奉公仕由申伝候。何年に誰を以右御知行被下置候哉不承伝候。三十七歳に罷成候時分、進退被召上御城下計御免にて罷在候。被召上候品如何様之儀に御座候哉相知不申候。十ヶ年過右作十郎四十七歳之節、慶長十四年

貞山様御代長沼丹後を以被召出、四人御扶持方・御切米三両被下置、遠嶋御代官被仰付相勤申内、右進退之品々申達、奥山故大学を以御披露、宮城郡国分苦竹村野谷地十町拝領、起目高四貫八百文被下置、元和四年に右作十郎病死仕、子共同性仲兵衛に同年十二月跡式無御相違被下置、若林御時代御勘定衆被相定時分、右仲兵衛御勘定小頭に被仰付相勤罷在候内、寛永十年に右御役目首尾能相勤申に付、御切米御扶持方御知行に被直下、新田起目取合八貫弐百三十六文に罷成候。右段々新田起目拝領并家督被仰付候年号・御申次不承伝候。

義山様御代始寛永十六年御分領中惣御検地被相入候付、大江古文左衛門・亡父兵衛両人御牒受取頭に被仰付首尾能相仕廻右之御勘定役目元和五年より明暦二年迄三十八年相勤、同年二月訴訟申上候処、山口内記御披露を以御役目御免被成下、遠藤左衛門御番組御次之間御番相勤申候。

貞山様御代拝領起残之野谷地開発之高二貫百四十三文

綱宗様御代に被下置候様に茂庭周防を以奉願候処、万治三年三月十三日右周防を以拝領、十貫三百七十九文之高に罷成候。仲兵衛隠居仕度段古内中主膳を以申上候処、同四年四月十四日に願之通被成下、跡式無御相違御知行高十貫三百七十九文之所、右主膳を以拙者に被下置御黒印頂戴仕候。私父仲兵衛御切米御扶持方地形に直被下、高勿論惣御検地之節二割出目等被下置候哉其品一円不承伝候。以上

延宝七年四月十六日

10　滝田喜右衛門

一　私祖父滝田筑後会津浪人に御座候。拙者実父滝田平左衛門儀

貞山様御代元和年中に佐々若狭を以被召出、御切米五両七人御扶持方被下置御奉公仕候。寛永年中右之御切米御扶持方佐々若狭を以御知行に直被下、高八貫五百八十四文に被成下候。
義山様御代御検地二割出目被下置、都合十貫三百文に被成下、
御当代寛文五年に右平左衛門隠居願柴田外記を以申上候処、如願隠居被仰付、家督無御相違右御知行高之通、実嫡子拙者に被下置旨同年八月五日に右外記を以被仰渡、其以後御黒印頂戴仕候。以上
延宝五年三月廿六日

11　渋谷市郎右衛門

一　拙者曽祖父渋谷越中儀大崎左衛門譜代御座候。大崎没落之以後、拙者祖父は伊達上野殿下中浪人分にて罷在候処、拙父久右衛門事伊達武蔵殿小性に被召使候時分、笛を数奇吹申候を、
貞山様被及聞食、慶長十九年に被召出、中嶋監物を以御切米壱枚・御扶持方五人分被下置、牛尾豊前弟子に被相付、其以後寛永九年に右御切米御扶持方御知行に直被下、高八貫五百八十四文之所拝領仕候。
義山様御代御国中御検地被相通、二割出拝領仕、十貫三百文に被増下、正保元年に御黒印拝領仕候。
御同代津田豊前を以親久右衛門願申上候は、病人に罷成老衰仕候間隠居被仰付、拙者拝領仕候御知行嫡子市郎右衛門に被下置度由申上候得ば、願之通被成下、十貫三百文之御知行無御相違拙者に被下置、虎之間御番被仰付之旨、承応元年に右豊前被申渡、同二年に御黒印拝領仕候
御当代之御黒印寛文元年頂戴仕何も御黒印所持仕候。以上

延宝五年三月二日

12 角懸伊兵衛

一 拙者祖父角懸右近と申、葛西譜代に御座候て、江刺郡角懸村一円を知行仕罷在候処、葛西没落以後私親四郎兵衛儀浪人にて罷在候を、
貞山様御代に被召出、御知行六貫文被下被召使、伊達筑前殿へ被相付、老役目被仰付候由、筑前殿御逝去之後御国御番入被仰付、色々御奉公相勤申候。寛永二十一年惣御検地二割出被下、取合七貫二百六十四文に罷成候。然処
義山様志田古川へ御鷹野御出馬被遊候節、慶安三年正月晦日右四郎兵衛草庵へ不時御腰を被為懸、其刻応身分に諸事心掛仕之旨御褒美之上、御加増之御地三貫文古内前主膳を以被下置、都合十貫二百六十四文之高に被成下候。四郎兵衛儀老衰仕候に付、隠居願申上候処、如願家督拙者に寛文二年二月十八日に茂庭故周防を以無御相違被下置御黒印頂戴仕候。以上

延宝五年三月廿二日

13 佐藤甚左衛門

一 拙者亡父佐藤甚左衛門儀佐藤古権右衛門末子に御座候。十六歳之時
義山様へ御小性に被召出、御切米六両・四人御扶持方被下置候由承伝候。其後御加増被下、御切米十両・十人御扶持方被成下候。

御当代寛文七年正月右御切米御扶持方を御知行に被直下度奉存候段願申上候処、如願被仰付、御知行高十貫弐百十四文、同年五月廿九日致拝領、同年六月十日之御日付にて亡父頂戴仕候。御黒印所持仕候。右御知行被下候節誰を以被仰渡候哉、私幼少之節親相果申候故、御申次は不奉存候。延宝五年二月九日親病死仕、跡式無御相違拙者に被下置旨、同年六月三日柴田中務を以被仰渡候。知行高今以十貫弐百十四文に御座候。以上

延宝七年二月晦日

14　鴇田長兵衛

一貞山様御代祖父鴇田寿兼如何様之品を以被召出候哉不承伝候。伊藤肥前・上郡山内匠を以御切米二両・御扶持方五人分被下置、御納戸御用相勤申候由承伝申候。其砌大坂御陣へ御供被仰付、御帰陣之刻御知行八貫四百十七文に被直下御奉公相勤申候。右寿兼嫡子市郎兵衛寛永元年正月貞山様へ定御供に被召出、御切米二両・御扶持方五人分石田古将監御取次を以被下置、親子共御奉公仕候。義山様御代寿兼歳寄申に付、山口内記を以隠居之願申上候得ば、右之御知行寛永十八年正月、嫡子市郎兵衛に被下置、市郎兵衛に被下候御切米御扶持方寿兼隠居分に其身一代被下置候。御同代寛永二十年惣御検地二割出壱貫六百八十三文被下置、右拾貫百文之高被成下候処、切添新田百二文志田郡音無村にて、明暦三年三月山口内記を以拝領仕候。都合十貫二百二文に結被下、御奉公相勤申候処に、市郎兵衛寛文十二年十月病死仕候付、同十三年正月十八日柴田中務を以家督無御相違拙者に被下置候。以上

延宝七年十月廿一日

15 石田作蔵

一 拙者祖父石田弥市儀伊達御譜代之由承伝候。右弥市儀誰様御代に被召出何代御奉公仕候哉、祖父以前之儀不承伝候。右御知行拙父同氏作兵衛に引続被下置候。何年貞山様御代御知行四貫五百九拾五文被下置、御奉公仕候由承伝候。右御知行拙父同氏作兵衛に引続被下置候。何年に誰を以被下置候哉、年号・御申次相知不申候。

義山様御代寛永年中に二割出目九百文被下置候由承伝候。同十七年に遠田郡北高城村、桜田高野村にて野谷地和田因幡を以拝領、起目高弐貫七拾三文之所并同二十年加美郡狼塚村にて野谷地右因幡を以拝領之起目高百三文之所、正保三年六月廿三日右因幡を以被下置、同年に遠田郡沼部村にて野谷地山口内記を以拝領、起目高二貫三十文之所慶安五年四月六日右内記を以被下置、明暦元年に桃生郡深谷之内前谷地村にて野谷地右内記を以拝領仕、起目高二貫文寛文元年奥山大学を以被下置候。都合十壱貫七百壱文被成下候処御当代に罷成、拙者弟理兵衛岡崎平助所へ聟苗跡に申合候付、親作兵衛願を以右高之内壱貫五百文之所被分下置度旨申上候処、寛文九年二月廿七日渋川助太夫を以願之通被分下置、残高十貫二百壱文に御座候。親作兵衛寛文九年二月病死仕候付、跡式同年七月二日柴田外記を以高十貫二百壱文之所無御相違拙者に被下置、御黒印頂戴仕候。以上。

延宝五年正月廿二日

16 斎藤安右衛門

一　拙者養父斎藤九郎右衛門実父赤間半助儀、御不断組御奉公仕伊達御譜代之由承及候。祖父半助儀慶長十五年於江戸病死仕、実子九郎右衛門跡式被下候処、義山様御部屋住之時分御歩行衆に被仰付、御不断組之進退は被召上、改て御扶持方御切米被下、其後御加増を以御切米弐両壱分四人御扶持方被成下候之由承伝候得共、祖父半助進退之儀、養父九郎右衛門進退何年何月、誰を以被下置候段は不承伝候。祖父半助は赤間苗字名乗候処、因本名に願申上、養父九郎右衛門代斎藤罷成由承伝候。右御歩行組御奉公被成御免御国御番仕候処、娘計在之男子持不申候付拙者を聟苗跡被相立、跡式被下置度旨願申上候処、願之通被成下之由柴田外記被申渡、寛文五年十二月廿三日九郎右衛門隠居被仰付、御切米金弐両二分・四人御扶持方無御相違被下置之旨、和田半之助・鴇田淡路申渡候。御作事方御用相足候処、同横目役被仰付相勤、其後並を以寛文六年五月廿日為御加増御切米金壱両三分富塚内蔵丞を以被下、御切米高四両被成下候。江戸御国共御作事方横目役首尾能仕由にて、寛文八年十一月廿七日御切米御扶持方共一倍御加増、古内志摩を以被下置、御切米金八両・八人御扶持方に被成下候。拙者儀男子持不申候付、末々拙者跡式横沢伝左衛門二男吉三郎聟苗跡相立、伝左衛門知行高之内拙者に被分下度旨双方願申上候処、寛文九年十二月九日右伝左衛門知行高之内弐貫文被分下之由、古内志摩被申渡候。其以後御作事横目役数年引続首尾能相勤候段、難有被仰立を以、寛文十二年四月廿三日拙者御切米金八両・八人御扶持方御知行高八貫百七十文に被直下、合御知行高十貫百七十文結被下之由、古内志摩被申渡候。拙者儀聟苗跡御座候故、先祖之儀然と不奉存候。拙者実祖父阿部平右衛門と申候。伊達御譜代之由承伝申候。拙者実父阿部左内貞山様御代御歩小性に被召出、寛永六年病死仕候。跡式拙者兄同苗勘太郎引続被下置候処、右勘太郎寛永十五年病死仕、跡式拙者に被下置候。寛文五年迄御歩小性組にて御奉公仕候処、右之通九郎右衛門家督被下置候付て、拙者跡式は藤田源左衛門二男拙者甥阿部安左衛門被下置、於于今御奉公仕候。以上

延宝七年二月廿一日

17 中津川新四郎

一 拙者祖父中津川新四郎儀同性九郎三郎次男御座候処貞山様御代に被召出、御知行高七貫文段々拝領仕候。何年誰を以被下置候哉不承伝候。嫡子小左衛門苗字戸田に罷成

義山様御代別て被召出候。次男拙者父同氏勘三郎、義山様御代御小性組に被召出、御切米三両・四人御扶持方被下置、何年に誰を以拝領仕候哉不承伝候。祖父新四郎承応三年六月九日病死仕候。七貫文之御知行へ右勘三郎御切米御扶持方父子御奉公相勤申候為御加恩御知行に直被下、都合十貫百六十七文承応三年に山口内記を以被下置候。父勘三郎延宝二年十月八日に病死仕、跡式無御相違御知行高十貫百六十七文、延宝三年正月廿八日柴田中務を以拝領仕候。先祖之儀は嫡子筋目御座候間、中津川太左衛門方より可申上候。以上

延宝七年三月廿六日

18 遠藤権左衛門

一　拙者祖父遠藤庄右衛門儀同氏出羽弟に御座候。
貞山様御代大崎御陣之砌、右出羽御忠功申上候付、右庄右衛門儀被召出、御知行高五貫百壱文被下置御奉公相勤申由に御座候。右庄右衛門儀老衰申に付、
御同代願指上隠居被仰付、嫡子同氏次郎助に家督無御相違被下置、庄右衛門に改名被仰付候。拙者未生以前之儀に御座候条、承伝右之通に御座候。右庄右衛門儀
義山様御代寛永二十一年惣御検地之節、二割出目壱貫二十文本地合六貫百弐十壱文拝領仕、御黒印拝受所持仕候。以後野谷地新田拝領仕度旨願指上、手前造作を以開発、起目高三貫九百九十文正保三年六月廿三日に拝領、本田合高十貫百拾壱文に被成下御黒印頂戴仕候。誰を以被仰渡候哉不承伝候。右庄右衛門儀六十六歳に罷成御奉公相叶不申、拙者三十五歳に罷成候間隠居仕度段願指上申に付、寛文十三年四月廿二日に柴田中務を以、如願家督無御相違拙者に被下置、宮内権十郎御番組中之間御番相勤申候。拙者先祖之儀遠藤平太夫方より委細申上候。以上
延宝五年三月五日

19　片倉甚兵衛

一　拙者先祖
誰様御代に始て被召出、幾代引続御奉公仕候哉、高祖父以前之儀は相知不申候。高祖父片倉九郎右衛門に、従
稙宗様被下置候御書御判之御証文に、此般ほうこう就無余儀其望にまかせ、佐藤右馬助所帯并彼買地さしかへ候。
下長井庄くの本郷内やちてら在家年く仁貫文、同郷内たんこ屋しき四貫文、同郷内弥七在家壱貫五百文、同郷内

たきのくら田七百苅、同郷内とゝ塚近江守分きり田七百苅、是を被下置候。自今以後弥忠節可申上由之御文言にて、天正十四年正月十一日右九郎右衛門に被下置候段、

晴宗様片倉九郎右衛門・同新左衛門・同源七に被下置候御書御判之御書に此度晴宗様を御ひきたて申上候心さし忠節、於末代も被相忘間敷由、其外御文言も御座候て、八月廿九日右三人御一通被下置候。新左衛門源七儀右九郎右衛門兄弟に御座候哉、其段相知不申候。仍御忠儀申上候品は不承伝候。片倉九郎右衛門儀、伊賀に名を改御奉公仕候由承伝候。

御同代右伊賀に被下置候御書御判之御証文に、今般依忠節宮一宇・こいて一宇・くわ神台一宇彼三ヶ所被下置処、永代不可有御相違由之御文言にて、天文十四年九月廿一日右伊賀に被下置候。

御同代に右伊賀に被下置候御書御判之御証文に、今般無二致奉公候之際任侘言、宮越・かね火・神大三ヶ所之棟役田銭諸公事五年被指置候。不可有御相違由之御文言にて、天文十四年十月九日右伊賀に被下置候。

御同代右伊賀に被下置候御書御判之御証文に下長井庄岡之分・上長井季山之内に有所之地を除、又売地買地公儀之御判形有之地を除、其余は不残被下置所、永代不可有御相違由之御文言にて、天文十五年十月十日右伊賀に被下置候。

御同代右伊賀に被下置候御書御判之御証文に、上長井こすけの内、舘の在家、上唐内在家、八郎在家、とうち在家、きり田五百苅、下長井おく田の郷松原之分大ほうさかはらむし在家、ます沢在家、なち阿ゝ在家、堂の下やち在家、同屋しき手作、同庄のそきの郷かき在家の内、曳地七郎右衛門手作不残、同庄くのほの内観音別当分、信夫庄石森之内ほそや助左衛門分二間、長倉之郷切田五百苅各被下置所、永代不可有御相違由之御文言にて、天文廿

二年正月十七日右伊賀に被下置候段、

輝宗様宇和野山城・大内肥前・片倉伊賀に被下置候御書御判之御書に、御留守中御夜之心労被御察入候、被仰下迄なく候へ共、無油断用心之儀被任入由、其外御文言も御座候て、七月十四日右三人御一通に被下置候。従稙宗様片倉彦次郎に被下置候御書御判之御証文に当乱中於奉公よきなく候上、のそミにまかせ白石弥四郎所帯石田藤四郎分くの本の郷内きつ三郎田九百三十苅、山上三郎右衛門分きり田九百苅、是を被下置候。自今以後猶以忠節可申上由御文言にて天文十四年正月十一日右彦次郎に被下置候。彦次郎儀伊賀兄弟に御座候哉、其段相知不申候。右御書御黒印八通

稙宗様・晴宗様・輝宗様より先祖に被成下候。然処伊賀男子無御座女子御座候付、

輝宗様御代に新田遠江弟紀伊を聟苗跡に被仰付候。右之曾祖父紀伊も男子無御座娘持申候処、

貞山様御代加藤右衛門と申御側近被召使候御小性紀伊聟苗跡に為御意被仰付、右衛門には御知行百貫文余相譲申候由、紀伊には別て為隠居分御知行拾貫文被下置候。右衛門より前之御知行高御忠節申上候時之御加増之高、右之御判物之通にて貫高等は相知不申候。且又祖父右衛門嫡子拙父甚左衛門三歳に罷成候時、右衛門病死仕候付、右御知行被召上候。然処紀伊に被下置候十貫文之隠居分、嫡孫に付て親同氏甚左衛門に、

貞山様御代被下置候。右之通被成下候品々并段々家督相続仕候年号・御申次共相知不申候。親甚左衛門事寛永七年七月廿七日に病死仕候。嫡子に付て同年拙者九歳之時右拾貫文無御相違

御同代被下置、跡式被仰付候。拙者幼少故誰を以被仰渡候哉覚不申候。其後知行所倒目罷出高拾貫文より不足に罷成候所、寛永年中惣御検地之時分二割出目被下置、拾貫百文之高に罷成、

義山様御黒印并
御当代之御黒印頂戴仕候。以上
延宝四年十二月廿一日

20　橋本八郎左衛門

一　拙者先祖田村御譜代御座候。
貞山様御代摂津守殿へ拙者伯父橋本三吉御小性頭に被仰付御奉公仕候処、元和四年五月廿八日に摂津守殿御遠行之砌、右三吉二世之御供可仕由申上、右役目に付御勘定御座候故、同廿九日より六月四日迄昼夜共御勘定一宇相極、同五日に松音寺にて追腹仕候。三吉跡式同弟拙者親橋本助市に御知行高八貫文茂庭石見を以被下置候。然処無調法之儀御座候て、右御知行之内半分被召上、残四貫文にて御奉公相勤申候。其以後御同代加美郡之内下新田村にて野谷地申受、起目四貫四百十七文之所茂庭佐月を以拝領仕、右両高合八貫四百拾七文に結被下置候。右三吉に御知行被下候品野谷地拝領仕、御知行高に直被下候年号は、三吉代親代之儀にて覚不申候。
義山様御代惣御検地相入、本高八貫四百十七文之二割倍、壱貫六百八拾三文、都合拾貫百文之所寛永廿一年に被下置候。助市儀万治元年六月病死仕候付、
御同代茂庭故周防を以、跡式拙者に無御相違被下置之由被仰付候。其節
義山様御病気七月御遠行に付、継目之御目見不仕候。

綱宗様万治二年五月御入国之砌、茂庭故周防右之段御披露之上、弥無御相違跡式拙者に被下置、継目之御目見右古周防を以被仰付候。以上

延宝五年正月晦日

21　遠藤勘兵衛

一　拙者儀遠藤左衛門二男に御座候処、左衛門拝領仕候御知行高之内、志田郡下中目村にて三貫文、桃生郡小舟越村四貫七拾五文合七貫七十五文拙者に分被下度由、右左衛門同氏平太夫願申上候処、願之通被成下之旨寛文七年七月廿五日に柴田外記を以被仰付、且又寛文六年二月、左衛門遠田郡大田村にて野谷地五町歩、柴田外記・富塚内蔵丞を以申受、手前開発起目弐貫九百九十八文之所是又拙者に被下置度由、右両人願申上候処、寛文十一年五月七日に古内志摩を以、願之通被成下旨被仰付、右高合十貫七十三文に御座候。以上

延宝五年三月十一日

22　安久津利平

一　拙者養父安久津善内親同氏図書儀、伊達御譜代御座候由、貞山様御代岩出山へ右図書御供仕由、御切米金五切銀三匁弐分・御扶持方四人分被下置、御奉公仕候由承及候得共、委細之儀不申伝候。寛永四年に新田野谷地被下置、起目高壱貫三百弐拾文、同廿一年八月十四日富塚内蔵丞・奥山大学を以被下置御黒印所持仕候。

義山様御代正保三年右図書病死仕、跡式同子善内に被下置旨、同年極月廿九日真山刑部を以被仰付候。寛文元年霜月十六日右御扶持方御切米御知行に直被下、新田取合高三貫八百六拾三文に被成下候。御黒印所持仕候。御切米御扶持方御知行に直被下品不承候。拙者儀善内聟苗跡に奉願候節、兄赤井三郎右衛門御知行高之内、新田四貫三百三文之所善内に分被下度段申上候処、延宝二年二月三日柴田中務を以如願被仰付御黒印頂戴不仕内、延宝四年に右善内病死仕候付て、跡式御知行高八貫百六拾六文之所、同五年四月九日右中務を以拙者に被下置候。寛文十二年同六月新田野谷地被下置、起目高八百八拾六文同六年四月廿三日黒木上野を以拝領仕候。従弟笹町七郎右衛門野谷地拝領、起目高之内壱貫文拙者小進に御座候付分被下度旨七郎右衛門奉願候処、同年霜月十七日右上野を以如願分被下旨被仰付候。取合当時拙者御知行高拾貫五十弐文に御座候。御黒印于今頂戴不仕候。以上

延宝七年二月廿六日

23　小嶋長右衛門

一　親小嶋半左衛門儀同氏源蔵弟に御座候処、貞山様御代湯村勘左衛門・和田因幡を以、弐両・四人御扶持方にて被召出、其以後御右筆御役目被仰付、為御合力御小袖・御袷・御帷子・御上下・御鼻紙等被下置御奉公相勤申候。義山様御代に御奉公無懈怠申上候由にて、何茂御切米直被下並を以直被下、本御切米取合七両弐分四人御扶持方に被成下之段、右因幡山口内記を以被仰渡候。御同代に御切米御扶持方御知行に直被下度旨願指上申候得ば、数年御奉公相勤申為御褒美、御知行被為直七貫五拾

文之高に被成下候。御同代賀美郡宮崎村・同郡菜切谷村にて野谷地申受開発、代高弐貫八百拾弐文之所山口内記を以被下置候。右御知行新田拝領仕候年号覚不申候。

御当代寛文四年賀美郡宮崎村にて野谷地申受、起目代高百五十九文之所、寛文十一年五月八日片倉小十郎を以被下置候。都合拾貫弐十壱文之高に被成下、然処親半左衛門儀老衰仕候付、去年春中隠居仕度由申上候得ば、願之通被仰付右知行高無御相違拙者に延宝四年五月十三日小梁川修理を以被下置候。先祖之儀は同氏市太夫可申上候間略筆仕候。以上

延宝五年三月十日

24　安藤玄寿

一　拙者祖父安藤主膳儀仙道に罷在候処、御譜代筋目承伝貞山様へ屋代勘解由を以、品々申上帰参仕度由奉願候処、可被召出之旨被仰出、福嶋御陣之節於八丁目御目見被仰付、御扶持方被下置候由、右之員数分明に相知不申候。右主膳先祖安藤駿河と申者、懸田俊宗様へ御奉公仕候由承伝候。依之御譜代筋目在之段申上候と相見へ申候。委細之儀分明に不承伝候。右駿河儀は主膳曾祖父之由承伝候。其後右御扶持方を知行に直被下、御知行五貫拾八文拝領仕候。如何様之品にて御知行に直被下候哉、并右之年号不承伝候。右主膳寛永十三年二月十七日病死、依之実子同苗掃部に跡式無御相違被下置之旨、同年四月下旬中嶋監物を以、従

貞山様被仰付、同十八年惣御検地之刻二割出壱貫文拝領、其後野谷地申受開発、同二十一年八月新田八百八十弐文奥山大学を以拝領、取合六貫九百文に被成下、且又拙者儀兼て医道稽古仕候付、医職を以末々御奉公為仕度由、義山様へ山本勘兵衛を以拙父願申上候之処、願之通被成下、明暦三年に法躰仕改名玄寿に罷成候。万治二年五月廿八日拙者親右掃部隠居被仰付、跡式無御相違拙者に被下置之旨奥山大学を以、従品川様被仰出候。其以後野谷地申受開発、寛文元年六月十日に新田壱貫六十四文右大学を以被下置、其後野谷地拝領仕開発、延宝三年十月廿三日新田壱貫九百三文并知行所切添百四十六文柴田中務を以被下置、当時拙者知行高拾貫十三文に御座候。以上

延宝五年四月廿九日

25 船山七左衛門

一 拙者先祖永井御譜代と申伝候。誰様御代に被召出候哉、其品々不奉存候。祖父舟山甚之丞儀は、貞山様御代御知行六貫八百四拾壱文被下置、江戸定詰之御役儀相務、甚之丞嫡子拙者親舟山七左衛門、元和元年に義山様御小座住へ被相付、四両四人御扶持方被下置御奉公相務、寛永四年四月十三日に甚之丞病死、跡式無御相違七左衛門に被仰付、且又七左衛門御切米御扶持方之内御切米被召上、四人御扶持方は本領へ被相添被下置之旨津田豊前・佐々若狭を以被仰付、其後大御検地之節二割出共八貫弐百壱文と四人御扶持方にて御奉公相勤、御当代に罷成、下中御知行へ御扶持方被下置候衆並に御知行に被相直候節、四人御扶持方壱貫八百文に被直下、都

合拾貫壱文に罷成候。寛文二年に親七左衛門隠居之願申上候処、願之通七左衛門隠居被仰付、家督無御相違拙者被下置之旨同年七月奥山大学を以被仰付、右拾貫壱文之御黒印頂戴仕候。以上

延宝五年二月三日

侍衆

御知行被下置御牒（三十六）　拾貫文

1　森下惣右衛門

一　拙者祖父安部作蔵儀

誰様御代に被召出候哉承伝不申候。貞山様より御知行三貫五百文右作蔵に被下置、御奉公仕候由承伝申候。其以前之儀は不奉存候。其後森下と苗字被下置由、如何様之品にて被下置候哉不奉存候。其以後大坂御陣之時分、御馬被為借被下、御足軽衆百人指引被仰付、其上手柄仕候付、為御加増弐拾壱貫五百文被下置候。年月尤誰を以被下置候哉承伝不申候。都合弐拾五貫文に被成下御奉公仕病死、跡式無御相違嫡子平蔵被下置、

義山様御部屋より御奉公相勤申候。右跡式誰を以被下置候哉、是又不奉存候。弐割出目被下置候付、取合高三拾貫文に罷成候処、寛永弐拾壱年七月廿四日に病死仕、拙者儀右平蔵嫡子に御座候得共、親平蔵拾箇年程眼病気にて罷在候付、同年十月右三拾貫文之所弐拾貫文被召上、拾貫文古内古主膳を以被下置御黒印頂戴仕候。先祖之儀は

承伝を以申上候。以上

延宝五年二月廿七日

2

萱場三郎右衛門

一 拙者祖父萱場縫殿儀国分能州盛氏一家に御座候。引続盛重様へ御奉公仕候。其後貞山様へ被召出、御知行七貫文被下置小進に御座候得共、馬上にて御奉公仕候処に、摂津守殿へ被相付候。御遠行被遊候以後、貞山様右之通馬上にて被召使候。最前誰を以何年に被召出、御知行被下候哉不承伝候。御同代寛永元年宮城郡国分芋沢村にて、野谷地三町拝領、此開発高壱貫三百三拾四文被下、取合八貫三百三拾四文に被成下候。新田開発何年に誰を以拝領仕候哉不承伝候。義山様御代津田古豊前を以、東山母躰村御足軽三拾人指引被仰付、引続馬上にて御奉公仕候。御同代寛永弐拾壱年弐割出目壱貫六百六拾六文被下、都合拾貫文に被成下、同年八月十四日御黒印頂戴仕候。縫殿儀男子無御座候付て、拙者儀古西山加兵衛嫡子縫殿には孫に御座候を、養子に仕候。其後改名丹後拙者縫殿に罷成候。丹後儀承応三年正月十六日に致病死候。跡式御知行高拾貫文無御相違古内古主膳を以、同年二月廿三日に拙者に被下置、同年三月十一日之御黒印致頂戴候。御当代寛文元年十一月十六日之御黒印奉頂戴候。拙者儀江戸御国御用数年相勤、寛文六年より志田郡古川御弓衆七拾六人指引并同所御代官役目被仰付、当年迄引続弐拾四ヶ年相務申候。拙者儀改名三郎右衛門罷成候。以上

延宝五年五月三日

一　拙者儀斉藤五左衛門と申者次男に御座候。然処義山様御代親五左衛門被下置候三拾四貫百文之御知行高之内、弐拾四貫百文嫡子当五左衛門に被分下、残十貫文之所拙者に被分下度旨親願申上候処、願之通寛永弐拾年四月十日に茂庭佐月を以、高拾貫文拙者知行に分被下置候。御黒印致頂戴候。委細之段五左衛門方より可申上候。以上

延宝四年十二月十六日

3　斎藤七右衛門

4　青木小兵衛

一　貞山様御代に拙者高祖父青木意卜と申者被召出、塩松之内狩松田と申在所に罷在候。意卜嫡子は修理と申候て、其後因幡と改名被仰付候。天正十三年閏七月廿三日に御知行因幡に被下置候。所付之御朱印にて本知行高は相知不申候。其以後所々御在陣之節忠節神妙被思召由にて、御加増百四拾八貫文天正十四年霜月八日、同十六年十月廿七日両度に因幡被下置候御黒印于今所持仕候。右因幡宮崎御陣之砌討死仕候。嫡子勘三郎に右跡式引続被下置候処、弐拾弐歳にて相果、男子無之女子壱人弐歳にて御座候付て、右之女子に弐拾貫文被下置候処成長仕候て、大内善十郎と申者之次男に源七郎と申者を右之娘に取合、勘三郎跡式相立可申由被仰付、其上御加増弐拾貫文被下置、都合四拾貫文に被成下之由承伝候。先祖段々家督被下置候年月、誰を以被仰付候哉、分明には不奉存候。且

又寛永八年に右源七郎病死仕、嫡子弥惣左衛門拾壱歳之刻、跡式弐拾貫文に被立下候。右弥惣左衛門十五歳より御奉公仕候処、翌年

貞山様御遠行被遊、弥惣左衛門姉聟青木仲五郎と申者殉死之御供仕、実子無御座候付て、従

義山様仲五郎跡式弥惣左衛門に被立下、右源七郎跡式は相禿申候処、拙者儀右源七郎三男に御座候付、拙者儀を源七郎跡式に被立下度由、兄弥惣左衛門願上申候処、従

義山様願之通正保三年六月廿三日津田豊前を以、御知行拾貫文にて拙者を源七郎家督に被仰付候。則御黒印頂戴仕候。依之拙者知行高拾貫文に御座候。以上

延宝五年三月十一日

5　徳江作左衛門

一　拙者先祖伊達御譜代之由承伝候。

誰様御代先祖誰を初て被召出候哉、品々不承伝候。曽祖父徳江次郎左衛門従伊達御供仕、御当地へ罷越候時分、御知行七貫文被下置御奉公仕候由承伝候。右次郎左衛門嫡子同氏仲右衛門家督無御相違被下置、并御番所中之間に被仰付御奉公相務申候処、

義山様御代に伊達御譜代之由にて、御西舘様御奥方へ被相付候節、正保三年真山刑部・和田因幡・山口内記御取次を以御加増之地三貫文拝領仕、右御知行高合拾貫文に被成下御奉公相勤申候。右家督被下置候年号・御申次不奉存候。右仲右衛門万治元年に病死仕、嫡子十兵衛儀無足にて別て、

貞山様へ御奉公に罷出、

義山様御代迄に段々御知行拝領仕候付、拙者儀右十兵衛次男に御座候、祖父仲右衛門家督に山口内記を以申立、幼少之節より御西舘様へ被召出、其後

義山様へ御小性組御奉公に被召出、明暦元年六月十三日に真山刑部・山口内記御申次を以右祖父同氏仲右衛門家督被仰付、御知行高拾貫文之所無御相違被下置、御小性組御奉公仕候付、御番所虎之間に上ケ被下候。右十兵衛御奉公仕候品々は同氏市太夫可申上候。以上

延宝七年二月廿七日

6 湯村吉右衛門

一 拙者先祖伊達御家御譜代湯村信濃、永正六年五月十一日従

尚宗様御知行被下置候御黒印所持仕候。信濃嫡子将監・次男助十郎両人御座候処、永正拾年六月廿六日

稙宗様より助十郎に御知行被下置候御黒印所持仕候。助十郎儀図書と改名仕、右将監・図書米沢御時代所々御弓箭之節御奉公忠儀共仕候付、従

稙宗様拝領之地段々被成下御文言を以、御書共数通并御直筆と申伝候御書等奉頂戴候。将監死去仕図書家致相続、子共国松と申者天文弐拾弐年正月十七日、従

晴宗様御知行被下置候御黒印所持仕候。拙者為に曽祖父に御座候。国松儀も図書と改名仕御奉公仕候処、

貞山様従米沢岩出山へ御移被成置候付罷越、御知行高七貫文被下置、拙者祖父図書・亡父図書代迄相続段々御奉公

相勤申之由申伝候。

義山様御代寛永年中惣御検地付、右七貫文之弐割出目添被下八貫四百文に被成下候御黒印所持仕候。且又慶安三年之春御国惣御番勤様御穿鑿之上、拙者儀父図書御番代前々無懈怠勤仕申に付為御褒美壱貫六百文御加増之地被下置、本地合拾貫文に被成下旨、其時之御番頭笠原修理を以被仰付候。拙者先祖之儀年久敷儀にて、従御先祖様御知行被下置候品申伝分明無御座候得共、従御代々様被下置候右御書共皆以所持仕候。

義山様御代慶安三年に亡父図書儀隠居之願申上、古内古主膳を以同年八月拙者に家督無御相違被下置候御黒印所持仕候。同年より色々御役目江戸御国共に無間断当年迄弐拾八ヶ年段々引続相勤申候。以上

延宝五年正月廿六日

7　安久津権八

一誰様御代拙者先祖誰を初て被召出候哉、先祖之儀委細不承伝候。拙者より六代以前之先祖安久津修理代より名本相知不申候。右修理儀

誰様御代御知行何程被下置御奉公仕候哉、其段も不承伝候。右修理家督之男子無御座候付、内崎甲斐と申者之三男伊予、従拙者五代先之祖父に御座候を、

貞山様御代修理奉願、名跡中之間御番御知行弐拾貫文之所、右伊予に被下置候。

御同代に伊予病死仕、嫡子拙者曽祖父修理に家督無御相違被下置、奥御小性仕、其後外様に罷成候刻、如親代中之

間御番古田伊豆を以被仰付、御番相勤申候処、御上洛之節供奉仕、御下向之刻道中にて御借し金役目御直々被仰付同役木村内蔵介両人にて相務申候内、縁者之者不慮之儀御座候て、右修理進退被召放他国へ御追放被仰付、拾箇年余伊達桑折と申所に罷在候。寛永拾三年貞山様御遠行之年親類共奉願御城下御免被成下、同年極月十四日に修理儀は病死仕由承伝候。
義山様御代慶安三年三月十六日修理嫡子拙者祖父源左衛門被召出、御知行十貫文古内主膳を以被下置候。其砌中之間御番一間被相下御次之間被仰付候。寛文十弐年四月九日に右源名衛門病死仕、同年六月廿二日に古内志摩を以拙者親久右衛門に家督無御相違被下置、御国御番相務申候処、延宝五年十二月三日右久右衛門病死仕、同六年三月廿七日に小梁川修理を以家督無御相違、御知行高拾貫文之所拙者に被下置候。已上
延宝七年十月八日

8 川地作右衛門

一 祖父川地作右衛門儀は美濃浪人に御座候。金森出雲殿御取成を以、天正年中
貞山様へ被召出、御知行三拾貫文拝領仕候。以来御石垣衆五拾六人御預被成、御作事奉行仕候。其外御郡扱被仰付、胆沢御足軽衆三拾人指引仕候。
貞山様伏見に被相詰候刻も定詰仕、白石御陣へ致御供、左之乳之上に手負申候由承伝候。作右衛門儀寛永十三年に病死仕候。拙者儀弐歳に罷成候時分故、委細之儀不存候。右作右衛門実子同氏源五郎儀家督被仰付候刻、御知行拾貫文被相減弐拾貫文に被成下、御作事奉行御石垣衆指引無御相違被仰付、御奉公相勤申候所に、仙台屋敷罷在

候内之者後家、吉利支丹を宿仕候を不存罷在候儀、不届に被思召之旨被仰付、寛文十七年進退被召上、亘理へ引込罷在候内、慶安元年に病死仕候。源五郎実子無御座候付、拙者儀同人甥に御座候を源五郎御奉公仕候内、養子に申立指置候付て、慶安元年
貞山様御法事之節茂庭古周防を以被召出、三年に悪地御知行拾貫文被下置、同五年より御国御番相務申候。右悪地被下置候故、御償金五箇年御免被成下候。拾貫文之御黒印頂戴仕候。以上
延宝五年正月十九日

9　大波仲次郎

一　大波は藤家本苗栗原にて御座候。藤太秀郷より六代は紀州栗原に居住仕、其後栗原伊賀守と申者文治年中奥州に罷下、信夫郡所領仕、大波に致住居之由に御座候。伊賀守一男平次郎朝成と申者、
朝宗様御旗下に罷成、大波大膳久成代迄十三代は伊達御家之御一字被下置之由、大波先祖覚書に記置候。所領は小国・山口・岡部・大波之由承伝候得共、段々家督相続被仰付候年号・御申次知行高等も相知不申候故、右大膳以前十二代名本は紙面相記不申候。右大膳久成儀致軍忠に付て、従
稙宗様御感書、依望一所被下之旨有之　御書奉頂戴候。天文年中右大膳亮儀、
晴宗様玉造御陣之砌於岩出山致忠戦候付、
御感書被成下、為御加増長井下平、柳久嶺分不残被下置候之由、御書中に相見得申候。久敷儀御座候間御取次之仁不存候。永禄年中右久成、大形玄蕃知行はばの在家かい取候に付、無御相違之由、

晴宗様より御書被成下候右数通之御書所持仕候。右久成一男大和稙成・右子顕成・其子拙者祖父大波大膳長成儀

貞山様御代天正十六年九月十三日東根・小国・大波・岡部・山口知行之事無御相違被下置候御朱印弐通并被官御恩

地之御目録所持仕候。在家名付斗にて知行高は相見得不申候。

貞山様会津御手に入候砌、中地之御城右大膳長成に被預置、御近所之村共被下置候由承伝候得共、御知行高は知不

申候。其節

大閤様奥州御下向被遊候付、右之御城御旅館に被仰付、木村弥市衛門殿より申来候書簡、御壁書于今所持仕候。其

上小田原御陣所より

大閤様御内書被下置候是又所持仕候。

貞山様御当地へ御移被成候砌、大膳長成儀相馬為御押へ丸森之館に被指置候。尤丸森郷中被下置候。知行高は相知

不申候。御一家御奉公相務罷在候由承伝候。大膳事文録年中病死仕候。其節私父仲次郎十歳に罷成候。

貞山様伏見に被成御座候故、父仲次郎十一歳に罷成候時分罷登、家督之儀申上候処、跡式無御相違被下置、御小性

御奉公仕候。右段々家督相続被仰付候年号・御申次相知不申候。右仲次郎十四歳に罷成候時、若気故喧嘩仕、

貞山様蒙御勘気、本知被召上候由承伝候。仲次郎十六歳に罷成候節、一風軒大有和尚にて御訴訟被仰上御勘気御赦

免被成下、御知行弐拾貫文被下置、如前御小性御奉公仕候。其後又蒙御勘気進退被召上候処、

義山様御代茂庭佐月・古内主膳御取次にて被召出、慶安三年三月十六日御扶持方分と被仰出、御知行拾貫文拝領仕

候。右之仕合に御座候故、先祖着座之儀も可申上様無御座候。御恩拝領仕御奉公も不仕候無拠奉存候間、如何様

之御奉公をも被仰付被下置候様にと、茂庭佐月を以申上候得ば、重て以御吟味可被仰付候間、其分に仕可罷在旨

佐月被申渡候。

品川様御代にも右之通奉願候得ば、先々其通にて罷在候様にと、茂庭周防被申渡候故、父仲次郎儀は御奉公をも不仕罷在候。寛文六年三月父仲次郎病死仕候。同年八月十三日跡式無御相違拙者に被下置之趣、古内志摩被申渡候。同年九月十六日御黒印頂戴仕候。私先祖御知行被下置候品右之通に御座候。久敷事御座候故委は不承伝候。拙者先祖より私代迄十八代御当家へ御奉公仕候。以上

延宝五年三月廿八日

10　藤間安右衛門

一　拙者祖父藤間左馬丞

貞山様御代被召出御奉公仕罷在候処、元和五年内馬場蔵人を以御知行十貫文被下置候。然処仙台屋敷表作事等進退不相応見苦仕候付て、

貞山様御鷹野御帰之刻被遊御覧、進退に不似合屋敷之持様不届に被思食、進退被召放之由に御座候。依之数年浪人にて其身一世不被召出病死仕候由、拙者未生以前之儀に御座候て承伝を以申上候。左馬丞実子父藤間勘右衛門儀無進退にて年久御村方御物成御用等相勤罷在候処、

義山様御代慶安元年五月先古内主膳を以被召出、右本領拾貫文被返下、何も浪人帰之仁へは本進退半分宛被下置候得共、祖父左馬丞儀達て不忠儀をも不仕、当座之儀を以進退被召放、且又其身事浪人にて数年御村方御用相務候付、品々御耳相立候処に、右之通本領無御相違被下置之由、主膳被申渡、御国御番等相務申候。右親勘右衛門歳

罷寄御奉公も相勤兼申候付、寛文四年二月隠居願申上候処御前相済、家督無御相違拙者に被下置候段、同年三月富塚内蔵丞被申渡候。以上

延宝五年二月三日

11 青木平左衛門

一 私養父青木平兵衛儀同氏下野弟にて、貞山様御代被召出、御知行拾貫文被下置、御小性組御奉公仕候処、小山田筑前嫡子孫八郎聟苗跡に被仰付、小山田三十郎に罷成、御知行高弐拾貫文程にて右之御奉公仕由承伝候。右平兵衛越度御座候て、貞山様御代進退被召上、御国浪人にて弐拾ヶ年程罷在候。慶安三年三月御知行拾貫文被下置被召返候節、従公儀被仰付青木に罷成候哉、又願差上本名小山田を相捨申候哉、此段分明に相知不申候。筑前代に進退何程に御座候哉、私儀中村出雲次男に御座候処に、右平兵衛被召返候砌幼少にて養子に罷成候故、先祖之様子委細に不奉存候。然処に父平兵衛寛文十弐年五月五日病死仕、依之願指上、同年閏六月廿五日跡式無御相違古内志摩を以拙者に被下置、御黒印は于今頂戴不仕候。以上

延宝五年二月廿五日

12 松野権平

一 拙者親松野十郎兵衛儀

義山様御部屋住之時分御歩行衆に被召出、御切米壱両弐分・四人御扶持方被下置候。寛永十三年義山様御代始に御歩目付に被仰付、御加増被成下、御切米三両・四人御扶持方被下置候。正保元年八月十四日に御知行高拾貫文之所、奥山古大学を以被下置御切米は被召上、拾貫文と四人御扶持方被下置候。宮城郡岩切村・国分松森村・桃生郡深谷浜市村右三ヶ所にて野谷地拝領仕自分致開発、御竿相入高弐貫五百九拾文、正保三年六月廿三日に山口内記を以被下置、都合十弐貫五百九拾九文と四人御扶持方に被成下右役目相務申候。明暦元年御役目御免被成、御国御番相務申候。同弐年に右新田弐貫五百九拾九文と四人御扶持方は拙者弟松野伝兵衛に被分下度旨申上候処、願之通被成下段同年三月廿七日に山口内記を以被仰付、十郎兵衛儀は残御知行高拾貫文に被成下候。

御当代寛文弐年に、隠居之願申上候処に、同年十月六日に奥山大学を以願之通被仰付、御知行高拾貫文之所無御相違拙者に被下置御黒印奉頂戴候。以上

延宝五年三月十四日

13　岸　三　太　夫

一　拙者先祖御譜代之由承伝候得共、誰様御代先祖被召出候哉、高祖父以前之儀は不奉存候。拙者高祖父上和泉何程御知行被下置御奉公仕候哉承伝不申候。右和泉病死仕候付、嫡子修理に跡式被下置候。

貞山様御代天正十三年右修理病死仕候付て、嫡子伝次五歳に罷成候御知行拾三貫拾五文則被下置候由承伝申候。尤

御黒印も所持不仕候。右修理代迄は御一族並にて御近習御奉公も不仕候由承伝申候。

貞山様伏見に被遊御詰候砌、右伝次十六歳に罷成候。其節伏見へ罷登幼少に御座候得共、親修理苗跡無御相違被下置有難仕合奉存候。願は如何様之御奉公成共仕度旨、鈴木和泉を以申上候得ば、申上候段神妙に被思食候。幼少故先祖を不存儀と被思食候。御近習御奉公杯被仰付首尾之者に無之候間、其段伝次に委細為聞候様にと被仰出候趣、右和泉被申渡候処に、伝次重て申上候は、御諚之趣有難奉存候。併右之存入にて罷登候条是非御近習御奉公被仰付被下度奉存候旨和泉を以申上候得ば、左候はば岸之苗字に被成下、其上手跡も能候間御右筆相務可申由、慶長弐年に右和泉を以被仰付候。大坂御陣へも両度共に御供仕候。御帰陣之砌伝次儀帯刀と改名被仰付候。御加増之地拾九貫弐百五拾四文被下置、本地十三貫拾五文御取合三拾弐貫弐百六拾九文之高に被成下旨、

貞山様御代元和弐年二月廿五日に山岡志摩を以被仰渡、御黒印頂戴仕候処、

義山様御代始之時分、御下中衆何も御黒印被召上候節、右御黒印も差上申候。御下書は所持仕候。其後御金奉行被仰付、以後御町奉行被仰付候。引続致勤仕、御領内へ惣御検地被相入候砌、弐割出目を以御知行高三拾九貫文に被成下候。右高之内弐百七拾三文弐割出目より過上に相見得申候。新田起目杯拝領仕候哉、申伝不承候得共、寛永弐拾一年八月十四日に御黒印頂戴所持仕候。右帯刀嫡子甚右衛門儀、要山様へ御小性組に被召出、御切米三両・四人御扶持方被下置候。年号并御申次衆不奉存候。右帯刀病死仕候付、嫡子甚右衛門に帯刀跡式無御相違被下置、右御切米・御扶持方は被召上候旨、慶安元年十二月廿日に古内古主膳を以被仰渡、御黒印頂戴所持仕候。右甚右衛門儀江戸御番御奉公致勤仕候処に、承応弐年より相煩御奉公も可仕様無御座、其比拙者儀嫡子に御座候得共弐歳罷成候付、親甚右衛門里見十左衛門を取次に相頼、古主膳を以申上候は、右之通之病人に罷成御奉公可

仕様無御座候。嫡子三太夫儀二歳に罷成父子共に御奉公も不仕、過分之御知行拝領仕罷在候儀天命も恐敷奉存候条、右御知行所并仙台屋敷指上申候間、御慈悲を以何程成共身命相続申様に被成下度奉存候旨申上候得ば、申上候段不便に被思召候。子共幼少之内先以拾貫文被下置候。嫡子致成長御奉公仕候砌は、右本地可被返下旨、義山様御代承応弐年八月十三日右主膳を以、右十左衛門并拙者母方之祖父大石孫右衛門に被仰渡御黒印頂戴仕候。追て親甚右衛門右十左衛門取次にて右主膳を以願申上候は、残命難成病人に御座候間、右拾貫文之御知行嫡子三太夫に被下置候様に奉願候由申上候得ば、願之通拙者に被下置之旨、義山様御代承応三年主膳を以被仰渡候。
御黒印之儀は寛文元年十一月十六日に頂戴所持仕候。已上
延宝五年四月十三日

14　木村勘左衛門

一　拙者養父木村数馬儀木村与兵衛と申者之子に御座候。右与兵衛は郡山浪人に御座候て、其身は不奉得御扶助、数馬幼少之時分相果申候由承伝候。其後右数馬八歳之節、義山様御部屋へ御奥小性に被召出、御仕着・御切米段々被倍下三拾両・十五人御扶持方被下置由御座候得共、右御切米幾度に誰を以拝領仕候哉不奉存候。寛文弐拾壱年御知行三拾貫文拝領仕、御扶持方御切米は被召上候。其以後慶安三年御加増之地拾貫文被下置、都合四拾貫文に被成下候処、右数馬儀承応弐年四月廿七日於江戸病死仕候。病中成田木工を以奉願、実子無御座候間、甥に御座候拙者に名跡被立下度由申上付、右四拾貫文之内拾貫文を以

教馬苗跡は拙者に被仰付、残三拾貫文は数馬弟木村八兵衛に被下置旨、義山様御代成田木工を以同年六月被仰渡候。拙者儀明暦元年綱宗様御部屋へ御小性組に被仰付、延宝四年迄弐拾弐箇年御奉公仕候処、品川御人御減少に付て、御小性組被相除候。拙者実父は草刈長門と申者に御座候。以上

延宝五年四月十一日

15　上遠野新八

一　拙者父上遠野十兵衛儀、岩城浪人にて御当地へ罷越、貞山様御代元和八年に被召出、親類に付て上遠野伊豆手前之御歩小性に被相加之由被仰付、御切米・御扶持方被下置由に御座候得共、員数承伝不申候。然ば父十兵衛伯父新妻玄蕃儀貞山様御代に御勘定頭相務申候処、老衰御牒取仕廻等も仕兼候付て、甥之儀候故玄蕃に被相付之由被仰付、御歩小性組御免被成御勘定衆に被相加、御切米・御扶持方被下置候由に候得共、員数年号是又不承伝候。右玄蕃病死之後に御割衆に被相入、其後統取役被仰付、御切米・御扶持方御知行に被直下、四貫五拾文之高に被成下由に御座候。年号・御申次は承伝不申候。寛永弐拾壱年八月十四日之御黒印親十兵衛致頂戴候。十兵衛儀右役目数年首尾能相務候由にて、山口内記・和田因幡・武田五郎左衛門を以、慶安三年十二月廿五日に御扶持方四人分知行之上へ被指添被下置候。明暦元年十二月廿八日に右御扶持方御知行に被直下、其上御加増を以都合拾貫文之高に被成下之旨、山口内記・真山刑部を以被仰渡、右同年同日御日付にて御黒印頂戴仕候。至

御当代寛文元年十一月十六日之　御黒印も父十兵衛頂戴仕候。寛文五年八月十兵衛病死仕、跡式知行高拾貫文拙者十弐歳之時無御相違被下置之旨、同年十一月廿一日柴田外記被申渡同年同日御日付にて御黒印奉頂戴候。亡父十兵衛被召出、御知行等被下置候品、拙者未生以前之儀に御座候故、委細に不奉存候条、承伝之通如斯御座候。以上

延宝五年四月廿六日

18 佐伯九太夫

一　拙者祖父佐伯五左衛門儀一迫譜代に御座候処、義山様御部屋之砌古内古主膳を以被召出御知行御三貫文・御切米二両・御扶持方四人分被下置御馬乗御奉公相務申候内、為御意中山勘解由殿へ御馬乗形為稽古之被付置、其以後御馬奉行被仰付、御加増之地拾七貫文拝領弐拾貫文に被成下候砌、右御切米・御扶持方は被召上、其後惣御検地之時分弐割出被下置、弐拾四貫文之高に罷成御奉公相勤申候。然処右五左衛門品々御座候て、承応元年七月切腹被仰付候由承伝候。実子八郎右衛門儀は古内古主膳知行所に罷在候処に、承応四年正月陽徳院様御法事之節被召出、明暦弐年二月八日に成田木工を以御知行拾貫文拝領仕、其上本屋敷被返下、親五左衛門に不相替御馬奉行被仰付、江戸御国共に御奉公相務申候。拙者儀は柿沼喜兵衛三男にて、右八郎衛門実甥に御座候付て、八郎右衛門実子持不申候故養子に仕度由、寛文元年に古内中主膳を以申上候処、願之通被仰付、寛文三年霜月於江戸右八郎右衛門病死仕候。迹式御知行無御相違拙者に被立下之旨、寛文四年二月廿三日に柴田外記

を以被仰付候。其後日下五右衛門得差（指）図乗形稽古仕候内、延宝三年九月より同役中間並に為稽古御馬預被下御奉公相務申候。以上

延宝五年二月廿二日

17 矢野又左衛門

一 拙者先祖最上譜代に御座候。義光様より御知行拝領仕、御他界以後祖父矢野蔵人浪人仕御国へ罷越、拙者父拾四歳にて、

貞山様へ被召出、御切米三切・御扶持方三人分被下置、御鷹師御奉公相務申候処、

義山様へ被相付、御小座にて被召使候時分、従

貞山様義山様へ桃生郡鹿又村にて御新田御拝領被成置候に付、父又左衛門に右御新田之内野谷地被下置自分開発仕、四貫四百九拾文之御知行高に罷成候。以後歳寄、数年御奉公相務申候段、内馬場蔵人・鈴木主税御取次にて被仰立、御加増之地五貫五百拾文之所、明暦弐年正月廿日に被下置、拾貫文之御知行高に被成下候。然処

義山様御他界被成置、親又左衛門二世之御供仕候時分、従

綱宗様茂庭周防御取次を以、家督私に無御相違、万治元年極月十八日に被下置、其上中之間御番所被仰付、右拾貫文之御黒印頂戴仕候。以上

延宝五年正月十八日

18　遠藤庄兵衛

一　拙者親遠藤丹三郎儀
義山様御部屋住之時分被召出、御知行壱貫八百文・御切米壱両弐分・四人御扶持方被下置候。年久敷儀にて右年号不承伝候。御大所御奉公相務申候処に、
御同代明暦弐年三月廿五日に山口内記・真山刑部を以、数年御奉公仕歳寄申候間、御大所御奉公御赦免被成置候。
其上御加増八貫弐百文被下置、右御切米・御扶持方は其節指上申、御知行高拾貫文に被成下、其以後御国御番等も歳寄勤兼申に付、隠居奉願候処願之通被成下、家督無御相違引続拙者に被下置旨、万治三年三月五日古内主膳を以被仰付、御黒印頂戴仕、当時拙者知行高拾貫文に御座候。以上
延宝五年二月廿一日

19　小木甚三郎

一　拙者祖父小木勘兵衛儀知行高三拾六貫七百文に御座候処、嫡子拙者親兵助儀病人に罷成御奉公相勤兼申付、嫡孫に候得共其節拙者幼少に候故、右家督五男勘兵衛に被仰付、右知行高之内拾貫文拙者に被分下度由祖父勘兵衛願上、明暦元年極月十日山口内記を以願之通被仰付候。尤
義山様御黒印頂戴仕候。先祖之儀は同氏勘兵衛方より申上候。以上
延宝五年三月十九日

20 香味孫助

一 拙者親香味次左衛門儀祖父香味但馬次男に御座候。義山様御代寛永十七年古内主膳を以被召出、御切米四両・御扶持方四人分被下置、虎之間定御供江戸御国共に拾ヶ年余致勤仕候。其以後御郡代官被仰付、弐拾箇年余相務申候。義山様御代に右之御切米・御扶持方御知行に被直下置度由、富塚内蔵允を以願申上候処、明暦三年に御知行五貫文に被直下之由承伝申候。且又祖父香味但馬知行三拾貫文之内惣領家督香味孫右衛門に弐拾五貫文・次男香味次左衛門に五貫文、富塚内蔵允・山口内記を以但馬願申上候付如願被分下、次左衛門本地取合拾貫文、慶安四年十一月朔月内蔵丞を以被仰渡由に御座候。此段香味孫右衛門も可申上候。父香味次左衛門寛文十一年五月廿日病死仕候付、跡式願申上候処に、右拾貫文無御相違同年八月廿一日に片倉小十郎を以被仰渡御黒印頂戴仕候。御番所次左衛門より引続虎之間御座候。以上

延宝五年三月六日

21 大立目清兵衛

一 拙者継父大立目八之丞儀誰様御代に被召出候哉、其身先祖之儀も承知不仕候。綱宗様御部屋へ被相付、御腰物役御奉公仕候処相果、家督平兵衛も死去、跡式に可仕者無之処、御部屋より御奉公之末不便に被思召由にて、拙者不存寄八之丞聟名跡に被仰付、八之丞知行三貫四百文へ拙者に以御加増拾貫文之

知行高に被成下旨、寛文弐年九月廿五日奥山大学被申渡候。私儀実父佐藤市兵衛四男にて、承応三年綱宗様御部屋へ御奥小性に被召出、同年御切米三両・四人御扶持方大条兵庫を以被下置候。綱宗様御代始之年何も並に御切米高六両に被成下候。右之御切米・扶持方は八之丞名跡被仰付候刻被召上候。拙者知行高拾貫文之御黒印頂戴仕候。以上

延宝六年正月廿八日

22　梶田栄甫

一　拙者事梶田二左衛門次男に御座候。先祖之儀は同名兄数之助方より可申上候。拙者儀幼少之時分より、義山様へ御目見仕、其砌より中里玄休弟子に罷成、久敷医学仕罷在処に、義山様被及聞食、為御意寛永拾弐年に山口内記を以、金安栄庵弟子被仰付、同拾四年霜月六日に古内古主膳を以御切米五両・五人御扶持方被下置、江戸壱ヶ年詰御番被仰付、勿論御国共に然と御前相詰御奉公仕候。其以後酥油御薬拵被仰付、綱宗様御代迄拾ヶ年余御薬拵被仰付、進退困窮仕候付、御当代罷成寛文弐年に御小性頭衆内馬場蔵人を以、御老中迄訴状指上御知行に被直下、其節桃生郡成田村新田所にて四貫八百九拾三文之所為御加増拝領、高拾貫文に被成下旨、同年八月十七日に柴田外記・大条監物被申渡候。以上

延宝五年正月廿日

23 芦沢三助

一 拙者儀
貞山様御代に御奥小性に被召出、御仕着にて被召使候。其以後表へ被相出、御物置御番被仰付、御切米二両・御扶持方六人分御仕着にて被召使候。
義山様御代に罷成御国御番被仰付、右之御仕着八両壱切に為上意被直下、本御切米取合拾両壱切に御扶持方六人分被下置候。
義山様御代右御切米・御扶持方御知行被直下置度由、茂庭中周防を以訴訟申上候処に、願之通万治元年正月十七日に周防を以被仰付、御知行十貫文に被直下置候。以上
延宝五年正月十二日

24 菅野九兵衛

一 目黒石見子同性助太郎二男、拙者には亡父同氏小太郎儀
貞山様御代元和六年十一月廿八日佐々若狭を以被召出御奉公仕、御知行五貫四百四拾弐文被下置候。右御知行誰を以何年に拝領仕候哉不承伝候。
義山様御代御検地弐割出、壱貫八拾八文右合六貫五百三拾文に被成下、寛永弐拾壱年八月御黒印頂戴仕候。且又
貞山様御代右小太郎御役人に茂庭古周防被申付候上、其品々前度可相達御耳に之処に、目黒と申上候儀御眼色に指合候間、名字相改可然之由被申渡候条、此節菅野に罷成候。拙者儀寛永拾年より五ヶ年御国御番仕、同拾五年よ

り拾弐ヶ年御郡方御用色々相勤申刻、親病人故隠居之儀奉願候処に、無御相違拙者家督被下置之旨、慶安弐年八月十二日山口内記を以仰付御黒印頂戴仕、同年より常陸御米御用・江戸御買物并
権現様御遷宮御用共に四ヶ年相務、承応三年より御鍛冶屋御用拾箇年相務、混乱之所糺明仕御細工物仕様押形に相定之、登米郡米谷村に御鍛冶屋新規に相立、御細工物年々御臨時出仙台へ為相登、其上御伝馬大図九百疋宛毎年減少仕、道中宿次九ヶ所之御用捨に罷成候。勿論御城下御林にて鍛冶炭壱弐千駄宛焼出し申分被相止、毎年御林伐尽不申大成御為、諸事至当年廿五年御徳分罷出候。且又
義山様御霊屋銅瓦為打申御用、塩竈大明神宮御造営御用共に四箇年兼役に相務、寛文三年より江戸御買物御用相勤、知行悪地に付、依御奉公之勤功累年困窮仕候品御評定所へ訴状指上申候処、寛文六年十一月十三日柴田外記を以御加増之地三貫四百七拾文被下置、都合拾貫文に被成下御黒印頂戴仕候。右御買物延宝元年迄拾ヶ年相勤、同二年より御国御番仕、同四年より当年へ四ヶ年上前金請取申御用、右御奉公之年数四拾七ヶ年に罷成候。先祖委細之儀は目黒兵右衛門方より可申上候。以上

延宝七年三月十三日

25　佐藤弥次助

一　拙者親佐藤新蔵儀米沢譜代に御座候。
貞山様代に御歩小性組に被召出、壱両四人御扶持方被下置候。元和弐年に新蔵病死仕、拙者に家督不相替被仰付御奉公仕候処、

義山様御代に前田喜左衛門御普請方弟子に山崎平太左衛門を以被仰付、慶安弐年より御普請方上廻役目被仰付数年相勤、方々大分之新堰同堤取立相極申に付、御取立可被下置由、古内古主膳被申渡候得共、其刻義山様御他界被遊無其儀、

御当代に罷成候ても新堰新堤首尾能相極、其上沼を干御新田に取立申段右喜左衛門覚書を以申上、喜左衛門相果申候以後、右平太左衛門口上之覚書を以申上候得ば、柴田外記・津田玄蕃遂披露、寛文六年十月十一日に御蔵新田起目拾貫文原田甲斐・古内志摩を以被下置、御歩小性組壱両・四人御扶持方は次男同氏三右衛門に被立下、拙者をば組御免被成下、右役目相勤申候。以上

延宝四年十二月十六日

26 岩崎又右衛門

一義山様御代拙者兄岩崎与兵衛儀、寛永十五年に御不断頭中村八郎右衛門を以御不断組に被召出御奉公相務申候。亡父久兵衛奉願候は、久兵衛家督与兵衛に被下置、久兵衛隠居仕与兵衛進退二男又右衛門に被下置度段申上候得ば、明暦元年八月廿六日古内古主膳を以、右如奉願上候被仰付、御不断組之御奉公仕候処に、明暦三年霜月御法度相背申に付、御目付衆和田隼人・白津七郎兵衛・山本三郎兵衛を以御不断頭布施清左衛門宅にて御尋之節、品々申上候段右三人之衆被相遂御披露候得ば、

義山様御諚には明白に申上候。依之又右衛門儀身命被相助進退被召上候。勝手を以在郷に指置むさと仕候所に居不申候様に可仕候。又右衛門同罪之者共不残切腹被仰付候得共、御尋之砌正路に申上候故、右之通被仰付旨、父久

兵衛に被仰渡候付、中嶋伊勢在所に拙者を誂置申候。委細之儀は和田半之助・白津七郎兵衛・山本三郎兵衛・布施孫右衛門覚可被申候。

義山様御一周忌御法事松嶋於瑞岩寺に富塚内蔵丞・古内中主膳を以御領御免に被成下候。

御当代寛文元年二月五日奥山大学於宅に、御町奉行岩淵権左衛門・白石出雲を以被仰渡候。御町同心頭被仰付候間、御町奉行手前付御知行十貫文被下置候条、則右進退積を以御奉公可仕由被仰付候。右御知行物成取納不仕候内、同年四月より九月迄七人御扶持方被下置候。寛文四年六月廿三日富塚内蔵丞於宅に茂庭周防・大条監物・柴田外記御寄合之砌被仰渡候。此度同心頭御免被成御歩目付被仰付、本御知行十貫文は被召上、御切米小判五両・御扶持方七人分被下置候旨兵部殿・右京殿被仰付由、原田甲斐所より申来候段被仰渡候て御奉公相勤申候。拙者儀致浪人困窮仕、妻子扶助可仕様無御座候品々申上、右御切米・御扶持方御知行に直被下置旨寛文七年十月廿二日覚書指上、時之御目付衆今村善太夫・桑折甚右衛門・横山弥次右衛門を以訴訟申上候得ば、寛文八年正月廿九日古内志摩於宅に被仰渡候は、御切米小判五両・御扶持方七人分御地形六貫七文直被下、為御加増三貫九百九拾三文被下置、都合拾貫文之高に被成下由、兵部殿へは於御国元に柴田外記・古内志摩被相窺、右京殿へは於江戸茂庭主水・原田甲斐被相窺候処、右之通被成下候段、古内志摩を以被仰渡候。以上

延宝五年二月十三日

27　大石才兵衛

一　拙者儀長命彦左衛門甥に御座候て、無足にて罷在候処に、彦左衛門拝領之起目新田之内六貫文拙者に分ヶ被下置、

如何様之御奉公をも被仰付被下度段、彦左衛門方より願上申候処、願之通六貫文被分下、御番所御広間被仰付旨、御当代寛文七年九月十一日に柴田外記を以被仰付候。其後寛文八年彦左衛門隠居之願申上候時分、又以同人起目新田之内四貫文拙者に御加増被成下度旨、茂庭周防・津田玄蕃・古内造酒祐を以彦左衛門奉願候処、願之通被成下候段、寛文九年二月十一日に津田玄蕃を以被仰付、都合御知行高拾貫文に被成下御黒印致頂戴候。以上

延宝五年二月廿七日

28 只野武左衛門

一 拙者儀同苗図書実弟御座候候処、寛文九年に右図書知行高之内拾貫文拙者に被分下置度旨、古内志摩を以申上候処、同年四月五日に願之通被成下旨、柴田外記を以被仰渡、当時拙者知行高拾貫文に御座候。以上

延宝五年四月廿九日

29 嶺岸茂右衛門

一 拙者儀寛永拾四年

義山様御代御歩行衆に被召出、御切米弐両・御扶持方四人分にて御奉公仕候内、御同代願上野谷地拝領仕新田切起御竿相入、六百拾弐文之所正保三年三月七日和田因幡・真山刑部・山口内記を以被下置候。

御同代承応元年迄御奉公仕候処、御歩目付被仰付、依之御加増弐両被下置之旨、成田木工・氏家主水を以被仰渡、四両にて
御当代寛文弐年迄御役目相勤申候処、古参之同役中何も五両宛に御座候処、拙者儀壱両不足に御座候付、同弐年十一月十二日奥山大炊を以壱両御加増被下置、五両四人御扶持方にて同拾年迄御役目相勤申候。然処進退相叶不申候付御役目訴訟申上候処、同年九月八日柴田外記を以被仰渡候は、従
義山様御代引続首尾能御役目相勤申に付、御切米五両・御扶持方四人分御知行に被直下、持来六百拾弐文之新田共に五貫弐百六拾七文、其上為御加増四貫七百三拾三文、右合拾貫文被成下、御黒印頂戴仕候。以上
延宝五年正月廿三日

30　富沢次郎右衛門

一　拙者儀正保元年
義山様へ御歩行衆に被召出、御切米六切・四人御扶持方被下置、同四年に弐切之御加増にて弐両に被成下候。承応元年迄九年御奉公仕候。承応弐年御歩目付被仰付、
綱宗様御小座へ被相付右奉公相勤申内、明暦弐年に壱両之御加増にて三両に被成下、万治元年
綱宗様御代に罷成、御小座より御奉公仕候者何も御切米御加増被下置候時分、拙者儀も弐両之御加増にて、五両之御切米に被成下候。万治弐年迄江戸定詰七年仕、同年に御入部之御供仕罷下、翌年御登之時分弥江戸定詰被仰付致御供罷登候。同年品川へ御移之時分も御供仕壱年相詰、翌年三月罷下候。其以後は中間へ相加、江戸御国共に

寛文十年迄右之御役目拾八ヶ年相勤申候。御奉公に罷出候てより弐拾七年御奉公仕候。右七ヶ年江戸定詰仕候時分より段々借金仕、御役目勤兼申仕合に御座候間、何とぞ以御憐愍御奉公相続申様に被成下度段、右之品々覚書を以申上候得ば、寛文十年九月七日に御知行十貫文被下置候段、於御評定所柴田外記を以被仰渡御黒印頂戴仕候。勿論其節御切米・御扶持は被召上候。引続右御役目延宝元年迄弐拾壱年相勤申候之処、御歩目付被相減候砌、同年九月御役目御免被成下御国御番相勤申候。以上

延宝五年三月八日

31　安積茂左衛門

一　拙者先祖乍恐御譜代之由御座候。祖父安積掃部儀輝宗様御代安積郡之内にて御知行奉頂戴、本苗佐藤に御座候を安積に被成下之由承伝候。掃部家督之男子無御座候内死去、依之苗跡断絶、掃部死後に私父茂左衛門出生仕由御座候。貞山様御国替以後米沢より茂左衛門罷越、先祖之品申上被召出、御切米弐両・四人御扶持方被下置候。大坂二度之御陣に馬上上下七人にて御供仕候付、御在陣中は弐拾両拾人御扶持方之御合力被下置之由御座候。被遊御帰国御知行五貫文致拝領、馬上並之御奉公仕候印に、大坂御陣にて指申候小旗于今所持仕候故、義山様御代に御改御座候砌書上申候。茂左衛門三拾五歳にて死去仕候。其比拙者四歳に罷成候付、遠藤十右衛門番代被仰付候処、私七歳之時十右衛門進退被仰付候。貞山様御意にて乍小進御譜代之者其上幼少之子共以有之番代をも被仰付候。右進退一円に被召上候はば及渇命可申

候条、金方は毎年御納戸へ上納可仕候。穀方之分は拙者母子に被下置候。私成長迄は近き親類に候間安代備後に右知行拙者共に差引可仕由被仰付候。其以後寛永八年
貞山様江戸御発駕道中喜連川より私十五歳に罷成候間、右御知行之内弐貫六百三拾弐文前々石田将監を以被下置候由、将監方より右備後所へ之書状取持仕候。翌年より御国御番被仰付候。其後
義山様御代、諸侍衆御知行御役金取申御役目被仰付拾五ヶ年相勤申候。寛永弐拾壱年弐割出目被下、三貫百五拾弐文之高に罷成、同年八月十四日之御黒印頂戴仕候。寛永十八年に野谷地拝領、此開発高壱貫八百四拾八文正保三年六月廿三日山口内記を以被下置、本地取合五貫文に被成下、同年同日之御黒印頂戴仕候。
御当代寛文元年十一月十六日之御黒印奉頂戴候。明暦弐年に御鍛治御役目被仰付候。寛文四年に御鍛治方諸色五組、御細工物一字之品々御定牒五冊に仕立申候。末々迄之御徳分相見得、御勘定之手廻も能御座候由、鴇田淡路・和田半之助・内馬場蔵人・田村図書右五冊之御定牒へ末書被申、御勘定屋へ相渡、年々御鍛冶方御勘定右御定牒へ引合埒明申候。御役目数年相勤、過失も御座候得ば如何に奉存候間御免被成下度願度々訴訟指出申候処、仙台定詰之御役目三拾壱ヶ年首尾能相勤申候段、右出入司衆柴田外記・原田甲斐・古内志摩相談之上に於江戸兵部殿・隠岐殿へ甲斐・図書遂披露、為御加増御蔵新田起目五貫文被下置之旨、寛文拾壱年三月十九日片倉小十郎被申渡、都合拾貫文之御知行高に被成下、同年五月八日之御黒印奉頂戴候。御鍛冶御役目弐拾二ヶ年、於唯今相勤罷在候。
以上
延宝五年五年廿五日

32　遠藤太右衛門

一　拙者儀寛永拾六年

義山様御代御不断衆に被召出、明暦元年に御割屋へ被相加、組付之御切米・御扶持方被召上、新規に御切米二両・四人御扶持方被下置、寛文弐年に統取役目被仰付、統取並之御切米五両・七人御扶持方に被成下候。統取役目数年相勤候者には、従

御先代御加恩被成置候間、右御切米・御扶持方御知行に被相直、御加恩をも被成下度由、松林仲左衛門・甲田甚兵衛願之覚書指上申候処に、於江戸に片倉小十郎・茂庭主水遂披露御前相済、寛文十弐年三月十八日古内志摩を以御蔵新田起目十貫文被下置、御切米・御扶持方は被召上候。以上

延宝四年十二月十一日

33　粟野藤右衛門

一　拙者曽祖父粟野越前儀伊達御譜代之由承伝候得共、従

誰様御代先祖被召出候哉、右越前より前之儀相知不申候。越前嫡子祖父掃部介に家督被下置御奉公仕之由承伝候得共、知行高・年号等相知不申候。右掃部介嫡子拙父同氏作右衛門儀は右家督相続仕候哉、又別て御知行被下置候哉、

貞山様御代に御知行五貫文被下置、伏見へも罷登、定詰仕相勤申候。御下向以後、虎之間御番所被仰付御番仕、其後郡代官被仰付、志太郡・遠田郡・栗原郡・加美郡右四郡之御役目相勤申候内、左近と改名仕候。

義山様御小座御新田江刺郡にて百町御取立被遊に付差引可仕由、津田豊前を以左近に加役被仰付、開発首尾能相調申に付、右豊前を以久荒地拝領、此起目高拾弐貫文本高合十七貫文之高に被成下候。右段々被成下候年号不承伝候。寛永七年親左近病死仕候付、同六年分之御役目御勘定不仕候間、伯父渡辺助右衛門右御勘定無御相違相済申候。拙者儀嫡子に御座候間跡式被下置度旨、親類共寄親茂庭周防方へ願指出申候処、右新田拝領仕候節、津田豊前御取次を以被下置候間、豊前方へ願相出可申由挨拶に御座候に付、豊前方へ其段申候得ば、元来寄親と申周防を頼可申由豊前被申候て、何之道にも埒明不申、拙者儀は幼少と申、取立可申上様無御座候故、跡式相禿申候。其節如何様之品を以被相禿候と申仰渡は無御座候由承伝候。其節若輩に御座候て委細之儀は不承覚候。
義山様御代寛永十五年成田木工を以拙者儀御大所衆に被召出、御切米壱両・四人御扶持方被下置、御奉公相勤申候内、山口内記・真山刑部を以三度に御切米御加増、拾切に被成下候。右御加増被下置候年月覚不申候。承応元年三月山口内記を以御大所脇番頭被仰付、同年十月成田木工を以御切米四両・四人御扶持方に被成下候。寛文九年五月四日各務釆女・大町権左衛門を以御大所御番頭被仰付、古内志摩を以御切米五両・七人御扶持方御合力歩行者料共に金子九両被下置候。延宝三年十月十四日に柴田中務・小梁川修理を以年久御奉公致勤仕、其上江戸定詰等迄首尾能相務申に付、右御切米・御扶持方御合力歩行者料金等は被召上、御知行拾貫文被下置候。以上
延宝七年九月十日

34　桜田多利之助

一　拙父桜田彦右衛門儀、知行高四拾貫三百文被下置御奉公相務申処に、病人に罷成候付、彦右衛門実弟安兵衛を家

督御番代に被成下度旨、拙者出生不仕以前寛文六年に奉願候処、願之通同年に被仰付由、然処彦右衛門病気段々指重申に付、知行高四拾貫三百文之内三拾貫三百文は右安兵衛に被下置、家督被仰付、十貫文は拙者に被分下度旨、延宝四年願申上候処、願之通拙者に拾貫文被分下之旨、同年五月十三日小梁川修理を以被仰付候。先祖之儀は同氏安兵衛委細書上申候。以上

延宝七年四月廿六日

35 伊藤安兵衛

一 拙者儀神尾七之助弟子にて浪人にて罷在候処、万治弐年三月廿日大条兵庫を以、綱宗様御大所衆に被召出、御切米三両・四人御扶持方被下置、寛文三年十月八日御大所衆組頭品川定詰被仰付、同五年九月十一日古内志摩を以御切米四両・四人御扶持方四人分御加増被成下、都合御切米七両・四人御扶持方被下置候。同十年十月廿五日番頭被仰付、数年御奉公無懈怠相務申に付、綱宗様為御願右御扶持方御切米は被召上、延宝四年七月二日御知行十貫文被下置之旨、佐藤右衛門を以被仰渡候。御黒印は于今頂戴不仕候。以上

延宝五年四月十四日

36 河野惣左衛門

一 拙者儀河野茂左衛門嫡子に御座候処、成田木工・山本勘兵衛を以、慶安弐年に

綱宗様へ御切米壱両三分・四人御扶持方被下置被召出、御部屋に江戸定詰仕候内万治弐年に御薬込御役目被仰付度段、古内古主膳・山本勘兵衛・成田杢を以御願被遊候処、御薬込御役目被仰渡相勤申候。寛文元年に奥山大炊を以御切米御加増被成下、四両四人御扶持方にて御奉公相勤申候処、寛文十三年六月十六日に柴田中務・小梁川修理を以御切米六切・弐人御扶持方之御加増被成下、五両弐分六人御扶持方にて御奉公相勤申候処、延宝五年極月十六日御前へ被召出、年久御奉公相勤申付、御知行拾貫文に被成下候。勿論右之御切米・御扶持方は其節被召上候。実父河野茂左衛門御奉公申上候品々は、家督相続付候拙弟同氏茂左衛門方より委細申上候。以上

延宝七年九月十四日

37　富沢助兵衛

一　拙者養父富沢織部最上浪人に御座候。義山様御代古内古主膳を以被召出、御切米七両三分・四人御扶持方被下置、御国御番相勤申候。拙者儀大町日向三男に御座候。聟養子に罷成、引続御奉公相勤申候処、明暦元年綱宗様へ定御供被仰付候。同三年二月養父織部隠居被仰付、拙者に跡式無御相違被下置之旨、山本古勘兵衛を以被仰渡、同年霜月於江戸御腰物役被仰付相勤申候処、延宝五年極月御前へ被召出、年久御奉公相勤申候付、御知行拾貫文拝領仕候。御切米・御扶持方は其節被召上候。以上

延宝七年七月十九日

38 伊藤六右衛門

一誰様御代拙者先祖誰を初て被召出候哉不承伝候。祖父以前之儀相知不申候。拙者祖父伊藤越中儀は、貞山様御代御切米三両・四人御扶持方被下置御奉公仕、右越中寛永拾壱年七月七日に病死仕候故、嫡子長兵衛・二男作内・三男拙父吉右衛門右三人別て被召出御奉公仕候付、拙者儀実孫に御座候間跡式被下置度段奉願候処願之通、跡式無御相違

貞山様御代寛永拾壱年高城外記を以拙者に被下置候。其以後従義山様綱宗様御部屋へ拙者被相付、江戸定詰十三年御人少之砌毎日毎夜詰之御奉公相勤、御入国之御供仕罷下候。綱宗様被為成御世、万治弐年為御加増御切米弐両奥山大学を以被下置候。合五両四人御扶持方に被成下候処、延宝五年極月十六日御座之間へ被召出、数年御奉公勤仕申由にて、御知行拾貫文被下置候。其節右御切米・御扶持方は被召上候。当年迄四拾六ヶ年御奉公相務申候。以上

延宝七年八月四日

39 玉手八兵衛

一 拙者父玉手次左衛門改名備後に罷成候。拙者儀右備後次男に候処、義山様御代慶安元年被召出、定御供御居物役被仰付、無足にて四ヶ年御奉公仕候処、同五年に御切米三両・四人御扶持方山本古勘兵衛を以被下置、引続御奉公仕候処、御当代寛文弐年於江戸富塚内蔵丞を以弐両之御加増被下置、五両四人御扶持方に被成下候。然処延宝極月十六日御

前へ被召出、年久御奉公致勤仕候由被仰立を以、御知行十貫文被下置、御切米・御扶持方は其節被召上候。先祖之儀嫡子筋目に候間、玉手次左衛門方より可申上候。以上

延宝七年七月十八日

40　蓬田安太夫

一　拙者儀蓬田弥左衛門次男に御座候。拙者十五歳寛永十九年に榎本太郎兵衛処へ聟苗跡に参、御番代をも相勤罷在候処、拙者内之者儀に付親弥左衛門と右太郎兵衛申分仕、依其遺恨離別仕、右弥左衛門方へ拙者相返申候。何そ拙者に付申分にも無御座候処に、女房迄取返申儀無面目仕合堪忍不罷成、拙者拾九歳正保三年六月廿日之晩右太郎兵衛屋敷へ押込討留申、右之段申上候得ば、義山様品々被聞食届御赦免被成下、其上進退も右太郎兵衛進退積を新規に被下置、太郎兵衛跡式も被相禿候間、其身女房に暇相出可申由古内主膳を以被仰付、御切米壱両二分・御扶持方五人分被下置、笠原修理御番組御広間へ被仰付、御国御番相勤罷在候得共、何にても御奉公相勤申度奉存、慶安三年に申上御居物切役目に罷出、御国御番加役に相勤罷在候処、承応元年に江戸へ被召連、定御供右役目共に相勤、御番所中之間に被成下候。同三年八月古内主膳を以為御加増御切米三両に被成下候。引続江戸御番或隔年に壱箇年詰、又は半年詰に年久相勤申に付、寛文七年二月十六日古内志摩を以為御加増御切米壱両被下置、右合御切米高四両御扶持方は右五人分にて、延宝五年迄無懈怠御奉公相勤、段々年寄定御供御奉公務兼申に付、願指上申候得ば願之通御国御番組に被成下段、右同年極月十五日黒木上野を以被仰渡、同十六日御前へ被召出、為御意其身久御奉公相勤候。依之御知行高拾貫文

被下置之旨被仰渡拝領仕候。右御切米・御扶持方は其節被召上候。先祖之儀は嫡子筋目に御座候間、蓬田勘助申上候。以上

延宝七年六月廿六日

41　栗村弥八

一親栗村平八寛文三年伊達将監殿へ被相付候処、数年御奉公首尾能相務申候付、延宝五年十二月廿二日拙者被召出御知行十貫文被下置、同六年正月十五日に御小性組に被召使之旨御意之由、小梁川修理を以被仰渡候。拙者儀右平八嫡子に御座候。以上

延宝七年九月四日

42　小野安左衛門

一誰様御代拙者先祖誰を初て被召出候哉相知不申候。貞山様御代拙者祖父兄小野二左衛門儀、貞山様御遠行被遊候節殉死仕候付、家督実子に被仰付候。其節従義山様津田近江を以、右二左衛門願之儀も候はば可申上由御意被成下候。依之二左衛門申上候は、其身弟金右衛門と申者無足にて抱置申候。似合之御奉公にも被召使被下度旨申上候処に、右近江に被仰付、大町内膳手前御歩小性組に被召出、御切米四切・四人御扶持方被下置、御番所御広間に被仰付候。右金右衛門は拙者祖父御座候。

義山様御代正保四年金右衛門隠居被仰付、嫡子覚左衛門に右御扶持方・御切米被下置家督被仰付候。其節之御申次不承伝候。

義山様御代慶安元年拙者父覚左衛門江戸御牒付御用被仰付相勤申候処、御切米壱切銀六匁御加増拝領、取合御切米五切銀六匁・四人御扶持方に被成下、中之間御番所被仰付候。誰を以御加増被下置候哉不承伝候。

御当代寛文七年三月柴田外記を以、右覚左衛門儀小進にて江戸御用数年首尾好相勤候付、御切米五切銀六匁為御加増被下置、右合御切米弐両弐分銀十弐匁・四人御扶持方に被成下候。右覚左衛門儀寛文七年六月将監殿へ御懐守に柴田外記を以被仰付、御歩小性組御免、御切米十両・十人御扶持方被下置、延宝五年迄十箇年相務申候処、同年閏十二月御城へ拙者親子被召出、柴田中務・小梁川修理・大条監物を以覚左衛門儀神妙に数年御奉公相勤候段色々仰立を以、右御切米・御扶持方は被召上、御知行十貫文拙者に被下置候。覚左衛門儀は将監殿へ被相付、覚左衛門数年御奉公申上候付、拙者儀は此方へ被召出、御下書同年閏十二月被下置候。御黒印は于今頂戴不仕候。

以上

延宝七年八月十日

43　宇津志吉兵衛

一　私親宇津志惣兵衛田村御譜代に御座候。

貞山様御代慶長十九年御当地へ参、今泉山城を以御歩小性に被召出、御切米壱両・御扶持方四人分被下置御奉公相務申候。寛永四年四ッ屋御堰堀御取立に付、惣兵衛儀御普請奉行被仰付、同六年に出来之上、為御褒美と国分小

田原村之内にて野谷地壱町

貞山様御代に石田将監を以被下置候。同八年に桃生中津山御蔵新田御取立に付、惣兵衛儀御新田奉行被仰付、首尾能開発仕候付、為御褒美同拾三年に同所にて野谷地三町、

御同代和田因幡を以被下置候。同拾七年に右同所にて野谷地弐町、

義山様御代鴇田駿河・和田因幡を以被下置、御歩小性組御免被成下、御扶持方・御切米被召上候。右三口野谷地開発之地へ、寛永十九年之惣御検地に御竿入、高七貫五百八拾壱文之所、同弐拾壱年八月十四日に富塚内蔵丞・奥山古大学を以被下置候。承応三年に深谷須江村之内にて野谷地田畑七町、

義山様御代山口内記・眞山刑部を以右惣兵衛拝領仕候処、悪地故起目不足仕、万治元年に御竿入、壱貫三百弐拾三文之所茂庭周防・富塚内蔵丞を以同三年二月十日に被下置候。右四口合八貫九百弐拾四文之高に被成下候。然処寛文元年六月遠藤左衛門を以惣兵衛隠居之願指上申に付、同年八月廿五日奥山大学を以願之通被仰付、家督無御相違拙者に被下置、御黒印頂戴仕候。以上

延宝五年三月朔日

侍衆

御知行被下置御牒（三十七）

九貫九百五拾四文より
九貫弐拾五文迄

1　七宮善五郎

一誰様御代拙者先祖誰を初て被召出候哉、養祖父以前之儀は相知不申候。拙者養祖父七宮藤右衛門儀、貞山様御代には御知行壱貫五拾三文に、御扶持方五人分被下置御奉公仕候。御同代玉造之内新田村にて野谷地申受、起目五貫三百六十七文拝領仕候。年号・御申次祖父代之事にて覚不申候。右合六貫四百弐拾文に御扶持方五人分にて御奉公相勤申候。義山様御代に惣御検地二割倍壱貫弐百八十四文被下置、右合七貫七百四文寛永弐十壱年八月十四日に被結下候。右藤右衛門病人に罷成実子無御座候付、柿沼出雲弟拙者親喜右衛門養子に被仰付、御番代相勤申候処、正保弐年二月右藤右衛門病死仕候。跡式拙者親善右衛門に無御相違、同年霜月七日成田木工を以被下置候。御当代に何も御扶持方御知行に被直下候砌、右御扶持方本地同所にて弐貫弐百五十文に寛文元年霜月十六日に直被下候。右都合九貫九百五十四文に結被下候。拙者親喜右衛門延宝三年霜月病死仕候付、同四年正月十九日柴田中

務を以右跡式無御相違拙者に被下置候。以上
延宝四年十二月十九日

2 菊地市兵衛

一 拙者養父菊地次郎作儀は、同苗故六右衛門実次男御座候処、義山様御代一迫之内梅崎村に野谷地被下置度段奉願候処、寛永弐十年に古内故主膳を以次郎作に被下置候旨被仰渡、正保元年より自分開発、此起高六貫八百十九文之所拝領仕被召出御奉公相勤申候。右御知行高に被成下候年号・御申次は不承伝候。右次郎作慶安三年九月病死仕候。実子持不申候に付、拙者儀近親類に御座候間、右跡式御知行高之通拙者に立被下度段親類共奉願候処、無御相違被下置之旨、慶安三年極月古内故主膳を以被仰渡候。右同所切添起目弐貫九百五十文之所為御加増、都合九貫七百六十九文に被成下段、明暦四年四月右主膳を以被仰渡御奉公相勤申候。以上
延宝七年七月五日

3 飯田勘七

一 拙者養父飯田新右衛門祖父は飯田紀伊と申候。桑折故播磨実弟に御座候。稙宗様御代に飯田苗跡被下置、御一族職被仰付候由申候。新右衛門親は飯田玄蕃と申候。男子弐人之内嫡子は喜右衛門後玄蕃と申候。二男飯田新右衛門拙者養父御座候。飯田新右衛門儀飯田故玄蕃二男御座候処、幼少之時分慶

長弐十年に
貞山様御代奥山出羽を以桑島治太夫聟に被仰付、治太夫親桑島藤右衛門進退三貫百文之御知行被下置、桑島三吉と改名被仰付候。其後寛永弐年に宮城郡八幡村之内野谷地被下、新田取立十貫文之御知行寛永七年に高城外記・加藤喜右衛門御下書にて、茂庭周防・奥山故大学を以拝領仕候。右二口高合十三貫百文に御座候。
義山様御代惣御検地被相入、御知行割之刻二割出被下、合十五貫七百文之御印判、寛永弐十壱年八月十四日之御日付にて富塚内蔵丞・奥山故大学を以拝領仕候。其後桑島三吉新右衛門に改名被仰付候。明暦三年に
義山様御代山口内記を以申上、宮城郡中野村之内新田被下置、万治元年に御竿入、高九貫六文之御知行、
綱宗様御代万治弐年六月十日茂庭周防を以拝領仕候。其後本地新田合桑島新右衛門知行高弐十四貫七百六文之内、拾五貫七百文は聟桑島二兵衛被下置、残九貫六文は新右衛門分被下候。但兵部殿・隠岐殿へ申上候て富塚内蔵丞を以、寛文弐年二月廿八日右之通家督桑島二兵衛に被仰付候。聟苗跡之儀は承応元年亘理備後次男二兵衛申合、備後新田四貫六百弐十壱文持参仕、新右衛門知行拾五貫七百文被相加、弐十貫三百弐拾壱文之進退に、
義山様古内故主膳を以被仰付候。桑島新右衛門家督右二兵衛に被仰付候以後、本苗御座候間桑島を飯田に改申度由、寛文五年に柴田外記・原田甲斐・富塚内蔵丞を以兵部殿・隠岐殿へ披露仕新右衛門願之通飯田に被仰付候。御番頭笠原出雲へ右三人之衆書付を以被申渡、飯田新右衛門に改名被仰付候。拙者儀飯田内蔵助実弟御座候。飯田新右衛門には又甥御座候。寛文六年に新右衛門、兵部殿・隠岐殿へ申上候て養子に可仕由、柴田外記を以被仰付候。寛文七年に飯田内蔵助知行之内、新田七百五十九文国分之内北根村にて同苗新右衛門に分渡候。是又兵部殿・隠岐殿へ申上、柴田外記被申渡、新右衛門高九貫六文に被相加、二口高合九貫七百六十五文同年十二月廿三日新右

衛門拝領仕候。延宝三年飯田新右衛門隠居之願申上、同年七月四日柴田中務を以拙者に家督被仰付候。新右衛門儀桑島苗跡二兵衛に相立、面々御番牒に相付壱人之進退弐人に罷成、御奉公相勤申候。以上

延宝五年二月三日

4　桑折権太夫

一　祖父同氏豊後儀先祖伊達御譜代之由申伝候得共、誰様御代先祖誰を初て被召出候哉、御知行等拝領之品々不承伝候。親桑折内蔵助儀、右豊後次男御座候。亡父内蔵助十弐歳にて、

貞山様御代奥御小性組に被召出、御仕着にて被召仕候。其後御切米弐両・四人御扶持方被下置候由承伝候。

義山様御代数年御奉公勤仕申候由にて、御蔵新田八貫六百文、明暦元年十二月廿八日山口内記・真山刑部を以被下置、御黒印頂戴所持仕候。右御切米・御扶持方は被召上候。且又桃生之内小舟越村にて野谷地五町拝領仕、弐町余切起、高弐貫三百九十三文被下置、都合十壱貫六十五文之高被成下由、寛文元年十一月十六日奥山大学を以被仰渡、御黒印頂戴所持仕候。残三町之野谷地

綱宗様御代新田御法度被仰付、右野谷地被召上候処、

御当代に罷成右小舟越村て被召上候新田三町之替地被下置度旨申上候処、如願桃生之内鹿又村御蔵新田之内五町歩、寛文九年四月廿七日古内志摩・柴田外記を以亡父内蔵助に被下置候。替地三町被下筈に候得共、年久敷他国御用首尾好相勤候条、弐町歩之所御加増に被成下候由にて、五町拝領仕候。右内蔵助儀常陸御役所に罷在、寛文十弐

年七月以之外相煩江戸へ罷登養生仕候処、無賥《シカト》御暇被下、御国元へ罷下候砌、道中にて六十五歳にて相果申候付、跡式願申上候処、病気之上老後故怪我仕候哉、又気色苦労に存候て自害仕候哉、道中之儀にて拙者事御国元に居申故委細不奉存候段申上候処、御吟味之上、右御知行高十壱貫六十五文之地半分五貫五百三拾三文寛文十三年八月六日柴田中務を以拙者に被下置、其以後右鹿又村にて拝領仕候野谷地新田起立、御竿相入四貫百五十三文延宝三年十一月廿三日柴田中務を以被下置、都合九貫六百八十六文之高に被成下候。拙者先祖之儀は、桑折甚右衛門惣領筋目に候間可申上候。以上

延宝七年二月晦日

5　高橋八郎右衛門

一貞山様御代拙者親高橋五右衛門御徒小性に佐々若狭を以被召出、御切米三両壱分・御扶持方五人分被下置江戸御奉公被仰付、

義山様御代迄相勤申候。拙者儀は

義山様御歩行衆に古内主膳を以寛永九年霜月二日被召出、御切米弐両・御扶持方四人分被下置御奉公相勤申候。其時分御蔵続之野谷地何もに被下候付、拙者儀も出入司衆御書出申受相起申候。右起目五貫弐百九十弐文山口内記を以、正保三年六月廿三日拝領仕御黒印頂戴仕候。慶安三年七月廿日親五右衛門相果申候付、親進退之内御切米壱両・御扶持方壱人分戸田喜太夫を以右同年九月九日被下置、残御切米弐両壱分・御扶持方四人分其節に被召上候。其以後拙者御切米三両・御扶持方五人分御知行に直被下度段、山口内記を以申上候処、明暦弐年四月三日右

内記を以御知行四貫三百五十文に直被下、都合九貫六百四拾弐文に被成下御黒印頂戴仕候。以上

延宝五年二月十四日

6 丹野善太郎

一 私親丹野善吉儀丹野故善右衛門継子に御座候処、義山様御代寛永十三年奥山故大学を以被召出、御切米四切・御扶持方四人分被下置、御国御勘定御奉公仕候。同十五年より江戸御勘定役被仰付候て御加増被下置、三両七人御扶持方に被成下候。寛永十九年に宮城之内岡田村にて野谷地致拝領、自分開発仕候起目四貫七百五十七文之所、正保弐年十月奥山大学を以被下置候。善吉儀承応弐年二月七日病死仕候付、私五歳に罷成候節、右御切米三両・御扶持方七人分・御知行四貫七百五十七文無御相違同年三月晦日右大学を以被下置候。

御当代罷成、御知行へ御切米御扶持方持添候分御知行に直被下候砌、何も並に右御切米・御扶持方四貫八百六十四文に直被下候由、寛文弐年三月十八日右大学を以被仰渡、都合九貫六百弐十壱文之高に被成下、御黒印奉頂戴候。以上

延宝五年四月廿九日

7 清野文蔵

一 拙者祖父清野善助儀、貞山様御代御切米・御扶持方并国分之内小田原村に新田弐百七文之所被下置、御給主御奉公相勤申候。

誰様御代に被召出候哉不承伝候。其以後御切米・御扶持方御給主御奉公共に指上申候由、其品々は承伝不申候。其後右新田高にて御買米御用等相勤、慶安三年に病死仕候。右弐百七文之所拙者親清野五郎兵衛引続被下置候。弐百七文之御書付于今所持仕候。

義山様御代亡父清野五郎兵衛儀、寛永十六年より無足にて、御作事方色々御用等十壱ヶ年相勤候由申候。以後慶安三年三月廿五日に古内主膳を以、岩沼にて六貫文之所御知行被下置候。御黒印所持仕候。明暦弐年三月廿五日中之間御番所被仰付候。慶安四年岩沼北目村にて弐貫三百三十弐文之所野谷地・新田・山屋敷壱軒拝領仕候。御申次不承伝候。右取合八貫五百三十九文之所被下置候処、右岩沼郷田村隠岐殿御拝領に付被召上、寛文元年十一月十六日に御替地宮城之内笠神村・桃生郡深谷赤井村両所にて被下置候。其後御舟入に付笠神村被召上、御替地黒川之内大平村にて被下置候。右岩沼山屋敷之儀も被召上、国分之内福岡村にて御替地被下置候。

御当代御黒印頂戴仕候。親五郎兵衛儀江戸小石川御普請并御国御代官御用共に三十七ヶ年致勤仕、延宝四年正月八日に病死仕候。跡式之儀親類共連判を以願之書物同年三月三日指上申候処、願之通無御相違拙者に被下置、跡目同五月十三日小梁川修理を以被仰渡、御番相勤罷在候。今以御知行高八貫五百三十九文御座候。以上

延宝五年二月廿三日

8　皆川作左衛門

一　拙者祖父瀬戸長門と申者は、瀬戸修理と申者之次男に御座候処、右長門母方之伯父皆川但馬と申者、御知行八貫文被下置御奉公仕罷在候処、右長門を養子仕度旨、

貞山様御代申上、願之通被仰付由承伝候。右但馬儀何時被召出、何様之品を以御知行被下置候哉不承伝候。右但馬病死仕、家督長門に被下置、大坂御陣へも馬上にて御供仕由承伝候。祖父長門儀義山様御代病死仕候付て、嫡子拙者養父作右衛門に家督無御相違被下置候。右段々家督被仰付候年号・御申次不承伝候。且又寛永弐十壱年惣御検地相入、二割出目壱貫六百文之所為御加増被下置、都合知行高九貫六百文罷成候。右作右衛門男子持不申候に付、拙者儀は多田清左衛門三男に御座候を聟苗跡仕度旨、義山様御代に申上候処、願之通被仰付候。作右衛門儀寛文七年三月病死仕候付、拙者に跡式無御相違被下置候旨、同年五月柴田外記を以被仰付候。御黒印頂戴仕候。当時拙者知行高九貫六百文に御座候。以上

延宝五年二月廿三日

9 鈴木伝左衛門

一 拙者先祖鈴木常陸儀所生紀州之者御座候由、承応年中亀山院三ノ宮様奥州黒川郡へ御下向之節、御供仕罷下由承伝候。拙者曽祖父鈴木帯刀迄十壱代黒川郡に住居仕由承伝候。然処天正年中黒川郡は貞山様御領地に罷成候由、其節米沢より名取郡北目へ御出馬之砌、茂庭石見・遠藤文七郎を以被仰付候は、今度賀美郡之内宮崎之城御攻被成候間、右帯刀御案内可仕由以御意御供仕、宮崎にて討死仕候。貞山様岩出山へ御帰陣以後、帯刀嫡子被相尋、嫡子彦次郎四歳にて被召出御目見仕、其上右帯刀御奉公之上討死仕候由被仰立を以、右彦次郎に御知行高八貫文被下置候由承伝候。其節之年月・御取次不奉存候。

義山様御代惣御検地之砌二割出目致拝領、高九貫六百文拙者親同氏伝左衛門に被下置、御黒印奉頂戴候。拙者儀遠山五郎兵衛嫡子に御座候処、右伝左衛門所へ聟苗跡に仕、慶安四年二月義山様御前相済、茂庭故周防を以御目見仕候。右故伝左衛門明暦三年三月十六日病死仕、家督無御相違同年六月十九日奥山大学を以拙者に被下置、御黒印奉頂戴候。以上

延宝七年三月七日

10　小野十兵衛

一　私親小野掃部国分譜代に御座候段

貞山様御代品々被相尋被召出候。上郡山内匠を以国分之内小田原村に除屋敷拝領仕候。御蔵新田取立仕候はば十町分可被下置由、石田将監を以被仰付開発仕候処、

貞山様御遠行被遊候付拝領不仕候。就夫

義山様御代に古内主膳を以品々申上候処、御知行三貫六百文寛永弐十壱年極月二日私に被下置候。私儀御普請方上廻前々より被仰付年久相勤申に付、為御加増弐貫九百八十九文右主膳を以、慶安三年三月廿六日被下置候。近年に田村図書を以、右除屋敷知行に被成下度由奉願候処、寛文七年五月廿五日壱貫九百七文に被直下候段、原田甲斐被申渡候。其後江刺下門岡村に野原新田拝領仕候。御竿入寛文十弐年正月廿日壱貫八十九文被下置候段、柴田中務を以被仰付候。右高合九貫五百八十五文に被成下候。以上

延宝四年十二月廿一日

11 村田善兵衛

一 拙者儀村田志摩次男に御座候て、無足にて罷在候処、右志摩知行高之内にて、新田起目九貫五百八十壱文拙者為分取御奉公為仕度旨綱宗様御代願申上候処、右志摩如願拙者に分被下置旨、万治三年三月十八日に奥山大炊を以被仰付候。勿論御黒印頂戴仕候。当知行高九貫五百八十壱文に御座候。以上

延宝七年二月廿八日

12 遊佐五郎兵衛

一 拙者祖父遊佐半左衛門儀

貞山様御代被召出、御知行高五貫五百文被下置候。右御知行如何様之品にて被下置、勿論年号・御申次不承伝候。半左衛門儀

義山様へ被相付、御部屋住之時分御本丸へ取移、万事御用相足、拙者親同苗善十郎儀は、義山様へ御小性組に被召出、親子御奉公相勤罷在候処、右半左衛門事寛永十壱年霜月廿八日病死仕候付、親善十郎に跡式無御相違被下置旨、同十弐年正月古内故主膳を以被仰渡候。寛永弐十壱年惣御検地以後二割出目壱貫百文被下置、合六貫六百文に被成下候。然処寛文四年知行所之内野谷地致拝領自分開発仕、起目高弐貫九百七十四文之所為御加増、都合九貫五百七十四文被成下候段、寛文九年閏十月四日に古内志摩を以被仰渡御黒印頂戴仕候。親善十郎儀年寄申に付隠居被仰付、実子拙者に跡式被下置御奉公為仕度旨、寛文十弐年二月奉願候処、無御相違

跡式御知行高之通被下置候段、同三月廿八日古内志摩を以被仰渡候。以上

延宝五年四月二日

13 大和田清右衛門

一 拙者先祖岩城掃部助と申候。於岩城御奉公仕、大和田と申所御知行被下候。以後名字相改、掃部助子大和田伊勢と申、拙者曽祖父に御座候。然処岩城重隆公御姫様晴宗様へ御縁組被遊候時節、既に及御違変申に付、晴宗様より志賀閑中・大和田伊勢御頼被成、御祝言被相調候。其以御因両人之者御招被成候付、右伊勢儀伊達へ罷越、晴宗様へ被召出御奉公仕、天文廿弐年正月十七日在家五軒御知行に被下置候。御黒印所持仕候。御知行高は相知不申候。伊勢儀御家老並之御役目被仰付、輝宗様御代於伊達相果申候。跡式同子玄蕃に被下置候。貞山様御代米沢より岩出山迄御番頭相勤、其後御家老並之御役目被仰付、伏見へ御供仕罷登、於伏見病死仕候。同子次郎作三歳に罷成候付、跡式被召上御知行五貫十八文之所後家に被下置之由承伝候。本御知行高之儀は次郎作幼少にて親に相離申候故、何貫文と覚不申候由申候。次郎作成長仕、大和田玄蕃苗跡立被下度之段後家願上申候処、貞山様御代右五貫十八文之所次郎作に被下置、名改大和田玄蕃に罷成御奉公仕候。拙者親に御座候。且又黒川郡三

ヶ内村にて御蔵新田取立開発仕候条、以御憐愍御加恩被成下度由、
義山様御代奥山故大学を以願申上候処、寛永十八年惣御検地之砌、右五貫十八文之所より二割出目壱貫三文、其上右御新田之内弐貫八十文御加増被成下、都合八貫百壱文之所致拝領、寛永弐十壱年八月十四日之御黒印頂戴仕候。并右御新田起残之谷地申請、起目へ御竿相入、壱貫四百七拾弐文之所、正保四年十月十七日山口内記を以御加増に拝領、九貫五百七十三文之御黒印一通、
御当代寛文元年十一月十六日之御黒印一通取持仕候。玄蕃儀寛文八年隠居之願申上候処、願之通無御相違拙者に家督被仰付之旨、同年十二月廿八日原田甲斐を以被仰渡御黒印頂戴仕候。此外
晴宗様・輝宗より右伊勢父子に被下置候御直書数通所持仕候。以上
　延宝五年二月廿一日

14　石川駒之助

一　拙者先祖石川豊前塩松之者に御座候処、天正十弐年
貞山様御代被召出、茂庭了庵を以御知行高弐十貫文被下置候。然処米沢より岩出山へ御所替被成置候節、何も御知行被相減、高六貫五十三文に被成下之由承伝候。寛永元年に右豊前病死仕、実子右近に跡式被下置候。年号不奉存候。寛永十弐年右近病死仕、実子三右衛門に跡式無御相違茂庭古周防を以被下置候由承伝候。年号不奉存候。
　寛永年中
義山様御代惣御検地被相入候付、二割出目被下置、高七貫三百文に被成下候。御黒印頂戴所持仕候。且又慶安五年

に右三右衛門野谷地拝領仕自分致開発、高弐貫百五十七文山口内記を以被下置、本地合九貫四百五十七文に結被下候。年月は不承置候。右御黒印頂戴仕候。三右衛門儀拙者祖父に御座候。明暦四年二月廿九日病死仕、跡式実子平右衛門に無御相違、右同年に茂庭周防を以被下置候。亡父平右衛門儀寛文十弐年九月十九日病死仕、跡式無御相違九貫四百五十七文拙者に被下置之旨、延宝元年正月十八日古内志摩を以被仰渡候。御黒印は于今頂戴不仕候。以上

延宝七年三月廿八日

15　東休左衛門

一貞山様御代拙者親東休可儀被召出候品、右休可儀長門国より浪人仕、元和元年に御当地へ参同年に佐々若狭を以、貞山様へ御目見仕候。休可儀金銀山指引鍛錬に御座候段、若狭被申上候得ば、其節戸沢御金山奉行片倉半助相手に被仰付、当座之御合力にて御奉公仕候。元和六年正月定御扶持方十五人分被下置、御金山奉行相勤申候。寛永十三年二月御国中之御金山上廻被仰付、御合力十五人御扶持方に馬之喰迄被下置候。

義山様代迄右之御奉公相勤申候共、老申候付右御用御訴訟申上、御免被成下候。其節男子無御座候付、右定御扶持方をも指上、西岩井之内中里村除屋敷斗拝領仕、無足にて罷在候。其上若林にて休可似合敷屋敷可被下置由為御意、佐々若狭所より之状于今所持仕候。

義山様御在国被遊候内は、度々之御目見斗仕罷在候処、拙者出生仕候付、西岩井之内久荒之地御座候を休可切起申、慶安弐年に古内故主膳を以御披露申上候得ば、高九貫四百三拾八文之御知行拝領仕、御奉公御免にて罷在候。拙

者十四歳に罷成候時、明暦四年三月休可七十五歳にて病死仕候。家督無御相違同年五月故主膳を以拙者に被下置候。十五歳より御番等相勤申候。拙者幼少之時分休可相果申、前々之儀細に不奉存候間有増申上候。右御知行高九貫四百三拾八文之御黒印頂戴仕候。以上

延宝五年二月廿二日

16 滝沢伝右衛門

一 拙者父滝沢半之丞儀

貞山様御代佐々若狭を以被召出、御切米弐両・四人御扶持方被下置候。年号相知不申候。其後御同代自分取立新田起目並右御切米・御扶持方知行に被直下、取合七貫八百五十文之高被成下候処、新田高何程御切米・御扶持方直高何程、何年に誰を以被下置候と申儀相知不申候。且又

義山様御代惣御検地以後二割出目、壱貫五百七十五文被下置、本高合九貫四百弐十五文に被成下候。寛永弐十壱年八月十四日之御黒印所持仕候。拙者儀半之丞実嫡子に御座候処、別て御切米三両・四人御扶持方被下置色々御奉公仕候。然処右半之丞儀年罷寄候に付隠居被仰付、知行高九貫四百弐十五文之所は拙者に被下置度奉存候。私御切米・御扶持方は拙者実弟同氏平兵衛に被下置度由、

御当代願申上候処如願被仰付、右知行高九貫四百弐十五文之所無御相違拙者に被下置之旨、寛文弐年七月廿日奥山大学を以被仰渡候。同年十月六日之御黒印頂戴所持仕候。以上

延宝五年三月九日

17 虎岩吉兵衛

一　拙者高祖父虎岩播磨頼孝と申者迄、先祖代々武田信玄へ奉公仕候。旧之氏は知久と申候処、播磨代信州虎岩と申所致領地、依之氏を虎岩と改申候由承伝候。川中島於合戦右播磨討死仕候。実子同氏万好東奥に由緒御座候て罷下、大崎義隆得扶助住居仕、大崎没落以後万好実嫡子拙者には祖父同氏昌久儀は、貞山様御代慶長年中御相伴衆並に被召出、御知行十四貫五十弐文之所被下置候。大坂御陣へも馬上にて御供仕候。右昌久誰を以被召出御知行被下置候哉不承伝候。実嫡子拙者には亡父同氏源兵衛儀は、義山様御小座住より御小性衆に被召出、御切米弐両三分銀四匁・御扶持方五人分被下置被召仕候処、寛永九年正月廿一日右昌久病死仕候付、跡式知行高十四貫五十弐文之所、同年四月廿三日中島監物を以右源兵衛に被下置候。追て右御切米弐両三分銀三匁之所も引続被下置、五人御扶持方は被召上候。此段誰を以被仰渡候哉、并年月は不承伝候。寛永年中惣御検地之刻二割出目弐貫八百十文并右御切米・御知行壱貫九百三十八文に直被下、都合十八貫八百文之知行高に被成下候。右二割出目被下置候節、御切米・御知行に直被下候儀、如何様之品に御座候哉不承伝候。右源兵衛御奉公之儀は御小性衆に被召仕、引続江戸表御番仕候処、伊達弾正殿御幼少之時岩出山へ御目付に被仰付、其以後御国御番相勤罷在候処、孝勝院様へ被相付、江戸定詰仕候内相煩、少々無斗方儀申に付其段申上、御国へ罷下療治仕候処、承応元年霜月三日不図乱心仕相果申候。跡式之儀寄親津田中豊前披露仕候処、義山様御意には、源兵衛忰より被召仕御奉公無懈怠相勤、其身生付律儀成者故、役目大切に存煩指出候上、右之仕合不便に被思召候。雖然江戸御仕置に乱心にて相果候者之跡式不被相立御掟、被為従御儀に候間、跡式迚は立不被下候。実嫡子吉兵衛儀は以来別て御取立可被下置之旨被仰付、家屋敷は被下置相続仕罷在候。其以後右豊前先達之御掟之趣可申上と御序を相窺申候処、豊後相果子玄蕃幼少に御座候故、茂庭中周防・古内中主膳へ相頼申候得ば、尤可申上由挨拶申候処、

義山様御遠行被遊、

綱宗様御代右之段申上度奉存候処、無間も御隠居被遊旁以相延及弐十ヶ年無足にて罷在及飢申に付、

御当代寛文八年二月二日御奉行所へ拙者親類共書物を以訴訟申上候処、

義山様御意之証拠御穿鑿之上、兵部殿・隠岐殿へ御披露、亡父源兵衛知行高半分九貫四百文之所拙者に被下置之旨、同年十二月十六日原田甲斐を以被仰渡御黒印頂戴所持仕候。同九年四月四日亡父源兵衛御番所虎之間不相替拙者に被仰付之旨、柴田外記を以被仰渡候。同年五月四日より御国御番相勤申候。以上

延宝五年四月廿九日

18 窪田二兵衛

一貞山様御代祖父窪田内記被召出、御知行七貫文被下置、中之間御番所被仰付候。内記実子二兵衛に引続右御知行被下置候処に、二兵衛寛文九年病死仕候。親類共拙者を聟苗跡に被成下度旨奉願付、御知行御番所共に無御相違被下置候。

義山様御代に御検地被相入、二割出目壱貫四百文御加増被下置、本地合八貫四百文に被成下候。其後野谷地申受、右之起目新田高九百六十五文寛文十三年六月九日に小梁川修理を以被下置候。本地合九貫三百六十五文に被成下

候。幼少にて苗跡相続仕候付、先祖之様子委細不承伝候。以上
延宝四年十二月十四日

19　鈴木勘之助

一　拙者曽祖父難波対馬儀近衛殿御譜代に御座候処、貞山様伊達に被成御座候節、従近衛殿被相頼、御家へ被召出之由承伝候。右対馬死去仕、祖父玄蕃儀舟山之名字被仰付御奉公相勤申候処、大坂御陣之砌御国元御留守居被仰付被指置候節、従私宅出火、伊達安房殿御屋敷類焼に付て進退被召上候。依之奉恐公儀名字鈴木と相改申候由承伝候。対馬・玄蕃知行高之儀承伝不申候。玄蕃死去、親鈴木半之丞義山様御代瀬上淡路以披露被召出、御切米金子十切・四人御扶持方被下置御奉公相勤申候。其以後要山様定御供被仰付、御卒去以後、久荒之地五貫六百十四文慶安元年六月十日山口内記を以被下置、右御切米・御扶持方は被召上候。其以後野谷地拝領仕、開発高六百七十八文慶安五年三月廿四日真山刑部を以被下置、其以後野谷地拝領、起高九百弐十九文、明暦弐年三月廿九日山口内記を以被下置候。以後又以野谷地拝領仕、開発、高弐貫百三十三文寛文元年十一月十六日奥山大炊を以被下置、取合九貫三百五十四文被成下御黒印頂戴仕候。然処右半之丞実子持不申候付、拙者儀鹿又戸兵衛四男に御座候を、依親類家督之養子仕度趣、万治三年六月十日古内志摩を以申上候処に、願之通被成下旨同年八月廿五日富塚内蔵丞を以被仰渡候。然処右半之丞万治四年正月二日病死、跡式無御相違拙者に被下置由、同年四月廿一日奥山大炊・富塚内蔵丞を以被仰渡、右御知行高之御黒印頂戴奉所持候。

以上

延宝五年三月晦日

20 吉川善内

一貞山様御代拙者曽祖父吉川備後屋代勘解由を以被召出、御知行高三貫六百四十三文被下置引続祖父吉川善内御奉公仕候処、男子無御座候付て、寛永八年
貞山様御代親吉川善内聟苗跡中島監物を以申上、御知行高無御相違被下置、右善内御国御番・他国御用数年相勤申候。
義山様御代志田郡内斎田村にて野谷地拝領、自分起立申候新田、高五貫六百五十九文為御加増山口内記を以明暦弐年四月十日に被下置、都合九貫三百弐文之高被成下候。然処親善内儀、下総之国銚子御舟御用被仰付両度罷登候処、延宝三年九月廿八日右於役所病死仕候間、跡式願申上候得ば、御知行高家督無御相違拙者に被下置之旨、同四年正月十九日柴田中務を以被仰付候。以上

延宝五年三月六日

21 上田金右衛門

一　拙父上田源蔵儀上田丹後次男に候処、
貞山様御代右丹後御知行弐十貫文は、嫡子同氏休八被下置、為隠居分御扶持方十人分右丹後被下置、江戸定詰之御

奉公相勤申候処、右御扶持方地形被直下、其上御加増被下置、御知行高七貫七百三十壱文被成下候由承伝候。右隠居分御扶持方何年誰を以被下置候哉、勿論地形被直下、且又御加増等拝領仕候年号・御申次并右御扶持方直高、御加増員数共に相知不申候。

御同代寛永十三年石母田大膳・奥山大学・石田将監を以、右隠居跡右丹後次男拙者実父源蔵被下置、改名金右衛門被成下、其以後惣御検地相入候節、二割出目合九貫三百文に被成下、寛永弐十壱年

義山様御黒印頂戴仕候。金右衛門儀

御当代寛文三年五月病死仕候付、同年八月十四日奥山大学を以跡式無御相違拙者に被下置、御黒印頂戴仕候。当時御知行高九貫三百文に御座候。先祖委細之儀惣領筋に御座候間、同氏休太郎方より可申上候。以上

延宝七年十月十日

22　安原伝兵衛

一　拙者祖父安原甚右衛門儀田村御譜代御座候付、親同氏正右衛門儀慶長十九年御当地へ罷越候所、

貞山様御代御歩小性に被召出、御切米壱両・四人御扶持方被下置候。其後野谷地申請開発仕、此起目三貫三百七十九文之所、承応三年四月十五日

義山様御代に山口内記・真山刑部を以被下置候。

御同代正保元年に山口内記・成田木工を以拙者儀御歩行衆に被召出、御切米弐両・四人御扶持方被下置、父子分進退にて御奉公仕候。

御当代親同氏正右衛門、寛文元年に願申上候は、御歩小性組御切米壱両・四人御扶持方は次男安原加左衛門被下置、御知行三貫三百七十九文之所は嫡子拙者に被下置度由申上候処、願之通同年九月廿二日柴田外記を以被仰付候。寛文元年に御知行へ御切米・御扶持方持添之分何もへ直被下候節、拙者御切米・御扶持方も弐貫九百四十三文に直被下、本地合六貫三百弐十弐文之御黒印、寛文元年十一月十六日頂戴仕候。寛文八年八月廿九日野谷地開発之新田起目四貫四十八文之所、柴田外記を以被下置、都合十貫三百七十文之御黒印頂戴仕候。拙者次男新八儀松元十兵衛には甥に御座候。十兵衛男子無御座候付家督に仕、拙者知行高之内壱貫七十文右十兵衛に分被下度由願申上候処、延宝弐年霜月廿五日に願之通小梁川修理を以被仰付候。依之拙者知行高九貫三百文に御座候。以上

延宝五年四月十五日

23 内馬場正兵衛

一 拙者先祖伊達御譜氏に御座候。先祖之儀は惣領筋目御座候付、内馬場孫右衛門方より可申上候。拙者亡父同氏丹後と申者は、内馬場伊予弟御座候。無進退にて右伊予抱にて、貞山様へ御奉公申上、大坂御陣之砌も御供仕、段々御奉公申上候処、右伊予中比浪人仕介抱受可申者も無御座候故、伊予同前に浪人仕罷在候処、其後伊予被召出候付、義山様御代被召出、御切米弐両・四人御扶持方古内故主膳を以被下置御奉公相勤申候。右被仰渡之年号等承伝不申候。

御同代正保三年に久荒新田拝領仕、起目高八貫四十九文之所同年六月廿三日右主膳を以被下置旨被仰渡御黒印頂戴

仕候。承応弐年十月七日右丹後病死仕、跡式御知行右之高并御切米・御扶持方共に被下置之旨、同年極月十五日右主膳を以被仰渡御黒印頂戴仕候。

御同代万治元年四月御切米・御扶持方何も並に御知行に被直下、都合十壱貫弐百四十九文に被成下、御当代御黒印頂戴仕候。其後右御知行所切添起目高三十文之所被下置之旨、大条監物を以延宝元年十一月被仰渡候。都合十壱貫弐百七十九文之高被成下候。右切添之御黒印は于今頂戴不仕候。右知行高十壱貫弐百七十九文之内、弐貫文は次男吉助、成田平左衛門養子家督に申合度旨双方願之通申上候処、願之通に被成下旨、柴田中務を以延宝五年六月三日に右平左衛門に弐貫文分被下候故、只今は拙者御知行九貫弐百七十九文之高に御座候。御黒印は于今被相直不被下置候。以上

延宝七年三月七日

24　小平久兵衛

一　拙者親小平雅楽丞儀米沢御譜代御座候。浪人にて罷在候故、為渡世銀屋細工仕候処、貞山様御代寛永三年に石母田大膳を以被召出、御知行十貫文被下置右御職目相勤申候。寛永弐十壱年惣御検地被相入、御割出を以御知行高十弐貫弐百文に被成下候。

義山様御代御腰物奉行衆日野次右衛門を以、右雅楽丞訴訟申上候は、数年御奉公相勤今程老衰仕候、先祖より御譜代にて、戸田喜太夫・松岡兵左衛門親類に御座候。願くは右御知行高十弐貫弐百文之内、九貫弐百文嫡子伝三郎に被下置職目御赦免被成下、残三貫文弟子善兵衛に被下置御職目跡被仰付被下置度奉存旨申上候処、親雅楽丞奉

願候通、右御知行高之内九貫弐百文拙者被下置、御番所被仰付、残三貫文右善兵衛分被下、雅楽丞御職目跡被仰付旨、明暦三年四月十日山口内記を以被仰渡、右御知行高九貫弐百文被下置、御黒印奉頂戴候。其以後拙者儀久兵衛と改名被仰付候。以上

延宝七年二月廿六日

25 沼辺助七

一 拙者祖父沼辺甚左衛門

義山様御代上下胆沢郡六ヶ村にて、野谷地正保三年三月廿一日に致拝領、起高九貫百五十三文に御座候を、右甚左衛門三男拙者親沼辺伊右衛門無足にて罷在候間被下置、御奉公為仕度段、山口内記を以甚左衛門願上申候処、願之通に被成下被召出之旨、右内記を以慶安四年十月廿八日に被仰付、御国御番相勤申候処、右伊右衛門子共持不申候付、拙者儀は沼辺甚左衛門四男に御座候。伊右衛門には甥に御座候を生落より養子に仕候。右伊右衛門寛文四年六月病死仕候。隠岐殿・兵部殿御後見之刻遠山勘解由を以願上、跡式無御相違、寛文四年八月十一日右勘解由を以拙者に被下置候。先祖之儀沼辺甚左衛門方より申上候。親伊右衛門儀拙者十弐歳之砌死去仕候故、親代之儀も分明に不存候条、承伝之通如斯申上候。拙者御知行高九貫百五十三文に御座候。御黒印頂戴仕候。以上

延宝五年三月廿三日

26 長谷太右衛門

一　拙者親長谷四郎兵衛儀
貞山様御代被召出、御切米三両・七人御扶持方被下置、江戸御用数年相勤申候。
義山様御代御分領中惣御検地相勤申候。依之江戸御国共無恙御奉公仕候間、御知行に可被成下由にて、五貫三百六十文に右御切米・御扶持方被直下段、寛永弐十一年八月十四日富塚内蔵丞・奥山古大学を以拝領仕、其以後正保四年九月廿三日津田近江を以野谷地新田拝領、開発之地三貫七百六十八文右近江を以被下置候。且又親四郎兵衛江戸御材木其外諸色之御用共被仰付、数年相勤申候。於江戸病死仕候。就夫拙者罷登大分之御金方御勘定等首尾能仕候付、跡式無御相違慶安元年八月四日山口内記を以拙者被下置候。本地取合高九貫百弐十八文之御黒印頂戴仕候。以上
延宝五年二月二日

27　阿部市右衛門

一　拙者親勅使瓦源市郎と申、伊達御譜代に御座候。慶長四年
貞山様御代伊達より仙台へ罷越、奥山出羽を以被召出、七人御扶持方御人足壱人被借下、江戸御勘定衆に被仰付、江戸上下仕御奉公相勤申候。慶長十九年三月右之御扶持方御人足御知行被直下、其上御加増被下、五貫五百八十四文右出羽を以被下置候。御下書所持仕候。外野谷地弐十五町深谷之内鹿又村にて起次第三十貫文可被成下由、元和弐年長尾主殿を以被下置候。大坂御陣にも両度馬上にて御供仕候。右野谷地普請仕起申候得共、北上洪水節々仕、起兼申候処、

貞山様十五浜へ御鹿猟御出馬之砌御覧被遊、小進にて普請成兼起兼可申と御意にて御人足被借下、土手築被下候て、弐貫十九文起申候。七貫六百三文被成下候。其後義山様御新田被仰付候て、谷地被召上候。余之所にて御替地可被下之由、大河内淡路を以被仰渡候。替谷地無之付、御替地不申受候。親源市郎儀本吉中御郡代官被仰付御奉公仕候。其より引続江戸御人足御用被仰付、一ヶ年代江戸罷登相勤申候。寛文十三年二月奥山大学・佐々若狭を以右役目御免被成下候。

義山様御代江戸御扶持方御用被仰付、罷登御奉公相勤申候。源市郎儀寛永十九年霜月八日病死仕、跡式無御相違奥山大学を以拙者に被下置、御国御番相勤申候。同弐十年義山様御代惣御検地之節二割出目被下置、九貫百弐十三文に被成下候。外野谷地弐十壱町と御蔵御牒に相見へ罷出候間、右拙者親被下候地形に御座候間、鹿又野谷地にて申受度と、奥山大学へ申達候得ば、所柄見届追て可申上由、佐藤玄蕃を以被仰渡候。右本谷地申請度と奉存候処、則真山刑部・山口内記取被申付、御替地之谷地于今不申受候。親勅使瓦源市郎

貞山様御代に願申上候て、名字安部に被仰付候。以上

延宝五年正月廿三日

28　須田三内

一　拙者曽祖父須田右近儀白川浪人に御座候。

貞山様御代被召出、御切米五切・五人御扶持方被下置、御奉公仕由承伝申候。年号・御取次衆は不奉存候。右近嫡

子拙者祖父七郎兵衛儀は御歩小性組に被召仕、別御切米四切・四人御扶持方被下置御奉公仕、大坂両度之御陣へも親子共に致御供候由承伝申候。其以後右之七郎兵衛御切米・御扶持方御知行壱貫八百文に被直下由承伝候。年号・御取次衆は不奉存候。其上寛永十五年二月二日為御加増、御切米六切・五人御扶持方被下置旨承伝申候。右之七郎兵衛被召出、御切米御扶持方被下置、且又右御合力御知行被直下、其後御切米・御扶持方御加増被成下候仰立之品々は不奉存候。右近儀寛永十四年九月廿七日に病死仕候跡式御切米五切・五人御扶持方之所古内古主膳を以、右祖父七郎兵衛被下置、御知行壱貫八百文と御切米十壱切・十人御扶持方之高に被成下、其後七郎兵衛黒川郡之内駒場村にて野谷地被下置切起申、高三貫百七十文寛永弐十壱年拝領仕、本地合四貫九百七十文に被成下候。御取次衆は不奉存候。其以後惣御検地之時分弐割出目被下置、五貫九百五十文之高被成下候。且又七郎兵衛御歩小性組之御切米六切・五人御扶持方之所、祖父七郎兵衛次男同氏六郎右衛門被下置、御歩小性之跡式被仰付被下度旨申上候得ば、慶安三年三月廿七日願之通古内故主膳を以被仰付候。其後御切米・御扶持方持添仕候分は、何も並御知行に被直下候砌、祖父七郎兵衛御切米五切・五人御扶持方之所も、寛文七年六月廿日に奥山大学を以弐貫九百九十三文に被相直、本地取合八貫九百四十三文之高被成下候。祖父七郎兵衛儀老衰仕候付、隠居被仰付被下度段申上候処、願之通被仰付、御知行高八貫九百四十三文之所無御相違拙者親七郎兵衛に被下置旨、寛文七年六月廿日に柴田外記被申渡候。其後磐井郡東山村知行地続にて切添百六十文之所、延宝弐年二月十日被下置之段、大条監物被申渡、本地取合高九貫百三文に被成下候。親七郎兵衛延宝六年二月廿四日病死仕候付、跡式同年八月廿三日黒木上野を以、御知行高九貫百三文之所無御相違拙者に被下置候。以上

延宝七年三月二日

29 氏家市十郎

一 拙者曽祖父氏家縫殿丞儀黒川譜代に御座候。
貞山様御代大町駿河を以被召出、御知行三貫文被下置由御座候。祖父氏家六郎兵衛儀も、
御同代右駿河を以御歩小性組に被召出候。年号不奉存候。
義山様御代右縫殿丞儀、御役儀に付行当有之、蒙御勘当進退被召上候。其砌右六郎兵衛も進退被召放、十ヶ年余浪
人にて罷在候処、
義山様御代慶安元年に古内先主膳を以被召出、御切米四両・御扶持方四人分被下置候。且又桃生小舟越村にて野谷
地拝領、起目新田八貫十七文之所、承応四年四月山口内記・真山刑部を以被下置候。
御当代寛文元年御下中衆御切米・御扶持方地形に直被下砌、右御切米御扶持方四貫八十六文に被直下、都合十弐貫
百三文之御黒印祖父氏家六郎兵衛頂戴仕候。右六郎兵衛隠居願申上候砌、右高之内三貫文次男氏家六右衛門に分
被下度旨申上候処、願之通被成下段、寛文五年五月十五日茂庭中周防を以被仰渡、九貫百三文之御黒印親六郎兵
衛頂戴仕候。親六郎兵衛儀延宝七年三月廿三日病死仕候付、親類共願申上候処、同年五月廿九日佐々伊賀を以、
無御相違知行高九貫百三文拙者に被下置候。以上

延宝七年十月八日

30　伊藤友賢

一　拙者儀伊藤善右衛門次男御座候。然処御後見御仕置之内、寛文八年四月右善右衛門不慮之罪被仰付、拙者兄弟三人共流罪被仰付候。同十三年三月十八日島御免被成下之旨、古内志摩方を以被仰渡、且又私兄同苗新平延宝三年五月被召出、伊藤嫡伝之苗跡被仰付、同四年三月弟同苗儀右衛門被召出、右善右衛門跡式知行高弐拾九貫百文之所無御相違被下置候処、儀右衛門を初親類共以連判右知行高之内何分にも以御積を拙者に被分下、両人共御奉公申上候様仕度旨奉願候処、同月十三日拙者被召出、儀右衛門知行高之内九貫百文被分下之由御意之旨、柴田中務・小梁川修理方を以被仰渡、同十五日上郡山九右衛門を以御目見仕候。御黒印は于今頂戴不仕候。以上

延宝五年二月九日

31　遠藤次右衛門

一　拙者先祖伊達御譜代之由承伝候得共、誰様御時代先祖誰を初て被召出候哉不承伝候。拙者高祖父遠藤太郎兵衛儀、輝宗様御代御知行三貫文被下置由承伝候。右太郎兵衛嫡子拙者曽祖父大炊助に引続跡式被下置、貞山様白石御陣之砌、馬上にて御供仕候付、弐貫文之御加増被下置、五貫文之高に被成下御奉公仕候処、貞山様御代大炊助死去仕候付、子共次右衛門に跡被下置御奉公仕候。右家督段々被仰付御加増等被下置年号・御申次之衆不承伝候。祖父次右衛門儀伊達治部殿へ被相付御奉公仕候内、義山様御代惣御検地被相入二割出目、取合六貫九十五文之高に被成下候。祖父次右衛門儀病者に罷成候付、治部殿

より隠居被仰付、親次右衛門に跡式引続被下置御奉公仕候処、治部殿にて安房殿御家督被為成候付
義山様御代正保三年四月二日に、古内古主膳を以拙父次右衛門被相返候付、右御知行引続親次右衛門に被下置由、右主膳を以同年同日被仰渡、御番所御広間被仰付致勤仕候。其以後親隠居奉願候処、寛文九年極月廿三日原田甲斐・古内志摩を以如願之御知行高之通、無御相違拙者に被下置旨被仰渡御黒印頂戴仕候。拙者儀子共持不申候付て、森田佐渡三男喜平次養子仕度旨奉願候処、延宝五年二月六日柴田中務を以如願被仰付、佐渡知行之内三貫文被分下、拙者知行へ取合九貫九十五文之高に被成下候。以上

延宝七年二月廿七日

32 小関伊右衛門

一 拙者曽祖父小関与五左衛門儀伊達御譜代御座候て、
輝宗様御代御知行十三貫八百七十文被下置御奉公仕候。
貞山様御代米沢より御当地へ御国替之時分、三貫文被下置候処、病死仕候付て、嫡子伊勢に右三貫文之御知行被下置、御奉公仕候由承伝候。
貞山様御代右三貫文之御知行嫡子次右衛門被下置、伊勢儀は隠居仕候処に、白石御陣之砌首尾好相働申由にて以御意隠居より被召出、中島監物を以御知行五貫四百三拾五文被下置、若林御城御奥方御用被仰付、御城之内に被指置右御用相勤申候。其以後御加増弐貫九十文、和田主水を以被下置、都合七貫五百弐十五文高に被成候。右次右衛門進退三貫文は次右衛門次男小関十左衛門被下置、伊勢進退七貫五百弐十五文は右次右衛門嫡子伊右衛門に被

下置候。

義山様御代寛永弐十壱年惣御検地之時分、二割出目壱貫五百文被下置、都合九貫弐十五文之高被成下候。親伊右衛門儀寛文十三年正月六日病死仕、跡式無御相違拙者に同年三月廿二日古内志摩を以被下置旨被仰渡候。右之通先祖之儀は拙者生替故委細不奉存以承伝如斯御座候。以上

延宝五年正月十六日

侍衆

御知行被下置御牒（三十八）

八貫九百三拾弐文より
八貫四百三拾六文迄

1 秋保喜兵衛

一 拙者曽祖父秋保摂津守儀、貞山様御代慶長十九年大坂御陣より直々伊達遠江守様へ被相付罷下候砌、摂津守に被下置候御知行高之内にて、右二男拙者祖父同苗甚左衛門四貫七百文被下置、右甚左衛門病死仕候付、拙者親同苗甚左衛門に跡式無御相違、奥山故大学を以被下置候。右年号は不承伝候。

義山様御代寛永二十一年二割出目九百四拾文被下置、五貫六百四拾文之高に被成下候。

綱宗様御代万治二年右甚左衛門隠居仕度段願申上候処、願之通被仰付、家督無御相違拙者に被下置候旨、同年三月十一日奥山大学を以被仰渡候。其後野谷地拝領、新田起目七百六拾六文延宝三年十一月廿三日柴田中務を以拝領仕候。然処拙者儀実子持不申候に付、横尾金右衛門弟権三郎養子に仕度旨申上候処、願之通寛文十年に原田甲斐を以被仰渡候。其後右金右衛門知行之内、新田弐貫五百弐拾六文拙者被分下度由、金右衛門奉願候処、延宝弐年八月廿八日願之通大条監物を以拙者に被下置候。当時知行高八貫九百三拾弐文之高に被成下候。先祖之儀は嫡子筋目同苗半右衛門方より可申上候。以上

延宝五年三月廿九日

2　菊地孫兵衛

一　私儀先年兵部太輔殿へ御奉公仕、知行高弐百石拝領仕候処、兵部殿流人被仰付候以後、寛文十二年六月廿三日御当代被召出、古内志摩を以御知行八貫九百文被下置、翌年之七月より中之間御番被仰付、泉田出羽御番組罷成、唯今御国御番相勤申候。以上

延宝五年三月八日

3　浜田八之丞

一　拙者儀同性藤兵衛二男に御座候て、兵部殿より知行弐百石被下奉公仕候。然処寛文十一年兵部殿一儀以後、同十二年六月廿一日に被召出、御知行高八貫九百文被下置、御番入被仰付旨古内志摩被申渡御番相勤罷在候。先祖之儀は同氏作之丞委細申上候。以上

延宝四年十二月廿五日

4　相原善兵衛

一　私祖父相原助左衛門伊達河内殿へ被召仕、御知行五貫百八文被下候。河内殿御死去以後、従
貞山様伊達兵部太輔殿へ被相附、従兵部殿知行三百石被下候。助左衛門嫡子善兵衛儀、部屋住之内に致病死候付て、助左衛門病死跡式、本地三百石之内弐百石被下家督拙者相続仕候。兵部殿一儀以後、寛文十二年六月廿三日被召出旨古内志摩被申渡、御知行八貫九百文被下置候。御黒印は于今頂戴不仕候。御国御番被仰付、福原主税御番組御次之間相勤申候。以上

延宝五年正月十八日

5　佐々木百助

一　私祖父佐々木八右衛門儀御知行拾貫文にて伊達河内殿へ奉公仕候。私父佐々木権右衛門儀、右八右衛門二男に御座候付て、従河内殿御知行別て三貫文被下奉公仕候。河内殿御死去以後、従
貞山様伊達兵部太輔殿へ被相付、兵部殿より知行三百石被下候。私儀右権右衛門嫡子に御座候付、三百石之内弐百石被下家督相続仕候。兵部殿一儀以後寛文十二年六月被召出旨古内志摩被申渡、御知行八貫九百文被下置御黒印は于今頂戴不仕候。御国御番被仰付、宮内権十郎御番組御広間相勤申候。以上

延宝五年正月十五日

6　眼科医　岩淵宗甫

一　拙者親岩淵清庵儀

貞山様御代寛永十二年野谷地弐町歩被下置候。起目高弐貫四百七拾九文之所拝領仕、御次衣躰に被召出、御奉公相務候由承伝申候。
義山様御代同二十一年、右御知行・御切米弐両・御扶持方八人分成田木工を以被直下候由承伝申候。其以後野谷地弐町五反歩被下置候。起目高弐貫四百拾八文之所、万治元年霜月十五日富塚内蔵丞・茂庭周防を以被下置候。且又拙者儀
義山様御代目医者赤松休庵弟子に被仰付、為御合力金子弐両・御扶持方弐人分被下置、於江戸右休庵に被相付被差置候処、
綱宗様御代為御加増、万治二年金子壱両・御扶持方弐人分被下、合三両四人分被成下候。同三年右清庵病死仕候付、跡式拙者に被下置之旨富塚内蔵丞を以被仰渡候。兼て拙者に被下候四人御扶持方は被召上、御切米三両に親御切米弐両・御取合御切米高五両・御扶持方八人分并右新田高弐貫四百拾八文共に被下置候。
御当代罷成、御知行へ御切米・御扶持方持添申候者には御知行に被直下候砌、寛文元年十一月十六日奥山大学を以拙者にも被直下、高八貫八百七拾五文被成下御黒印致頂戴候。以上

延宝五年二月廿八日

7　高野平七

一　拙者先祖伊達御譜代之由承伝候得共、
誰様御代拙者先祖誰を始に被召出候哉、高祖父以前之儀相知不申候。私高祖父高野伊予儀は伊達御時代御奉公仕、

駒ヶ嶺御陣之節於相馬討死仕、右嫡子同氏雅楽助に家督被仰付候様承伝候得共、年号・御申次御知行高等も相知不申候。雅楽助嫡子高野加左衛門幼少之時、右雅楽助相果申に付、跡式不被相立候由承伝候。右加左衛門儀貞山様御代被召出、御知行七貫弐百六文被下置御奉公仕候由、其砌右御知行高誰を以被下置候哉不承伝候。其後元和六年右加左衛門病死仕候。跡式無御相違右御知行高之通、右加左衛門嫡子拙者親高野加左衛門に馬場出雲を以被下置候。其以後御検地被相通候砌右御知行高之内御竿減目罷出、七貫四拾壱文之高に罷成候。義山様御代御分領中御検地被相入に付二割出被下、合八貫四百五拾壱文之高に被成下候。惣御検地以後、知行地尻起目御座候付、明暦二年御竿被相入、百四拾文之所罷出候を何も被下置候並を以、寛文二年四月廿五日奥山大学を以被下置候。其以後知行所切添之地御座候付、寛文十年御竿申請弐百八拾弐文之所、寛文十二年十月廿九日大条監物を以被下置候。都合八貫八百七拾三文之高に被成下候。右加左衛門儀延宝六年九月隠居願申上候処、家督無御相違右御知行高之通拙者に被下置由、同霜月十六日黒木上野を以被仰渡候。以上

延宝七年二月十七日

8 須田太郎八

一 拙者祖父須田平左衛門儀同苗丹後次男御座候処、貞山様御代寛永十一年佐々若狭を以江戸御勘定衆に被召出、御切米三両・七人御扶持方被下置、義山様御代同十七年右統取被仰付、御切米五両・七人御扶持方被成下候。其時之御申次衆不承伝候。万治元年小石川御普請に付被相登、御普請相極候以後従公義被相出候諸色御入料清牒仕立差上可申由被仰付、江戸に五ヶ年相

詰首尾能清牒相調、

公義御勘定所へ相納寛文四年罷下候処、富塚内蔵丞を以為御褒美組御番御免、其上御加増五両被下置、取合拾両・七人御扶持方に被成下、同五年より国分御代官御用十四ヶ年致勤仕候。右御奉公引続年数四十五ヶ年無懈怠色々御役目首尾能相勤申候段相達御耳、為御意御切米・御扶持方御知行に被直下、八貫八百七拾文之高に被成下旨、延宝六年三月六日於御城佐々伊賀を以被仰渡候。然処右平左衛門嫡子同氏彦右衛門儀別進退被下置別御奉公仕候付、拙者儀右彦右衛門嫡子にて、平左衛門には嫡孫之儀候間、後嗣に被成下度旨願申上候処、同二年八月廿八日大条監物を以如願之被仰渡候。平左衛門儀同六年八月廿一日国分於御代官所病死仕候付、跡式被下置度由奉願候処、御知行高八貫八百七拾文之所無御相違同十二月十八日黒木上野を以拙者に被下置旨被仰渡候。先祖之儀は嫡子筋目御座候間、須田甚右衛門書上仕候間不申上候。以上

延宝七年十月二日

9　山崎安太夫

一　拙者先祖光沢御譜代に御座候。

誰様御代私先祖誰を初て被召出、御知行何程被下置候哉、其段不承伝候。拙者より四代先山崎彦兵衛に、性山様御代には米沢東長井之内にて、御知行七貫三百六拾四文被下置候と申伝候。右彦兵衛病死、跡式無御相違拙者曽祖父山崎丹波被下置候。丹波病死仕、跡式御知行高無御相違私祖父山崎彦兵衛に被下置候由承伝申候得共、右之通

御先代家督段々被仰付候年号・御申次は相知不申候。祖父彦兵衛儀寛永十年三月廿日病死仕候付て、迹式御知行高之通無御相違拙者養父山崎茂兵衛に被下置度旨

貞山様御代奉願候処、右御知行高七貫三百六拾四文之所、如願之右茂兵衛に被下置之旨寛永十年六月十日に奥山古大学を以被仰渡候。

義山様御代寛永十八年惣御検地之砌二割出目被下置、八貫八百三拾七文に被成下候。茂兵衛儀男子持不申候付、弟上野甚三郎嫡子拙者儀は右茂兵衛甥に在之候間家督に仕度旨、寛文十年二月廿八日御番頭茂庭大蔵末書を以願差上申候処、願之通同年四月廿七日柴田外記を以被仰渡候。茂兵衛儀延宝元年正月廿五日病死仕候付、跡式拙者に被下置度旨申上候処、如願之右御知行高八貫八百三拾七文無御相違拙者に被下置候由、

御当代延宝元年四月十六日柴田中務を以被仰付候。以上

延宝五年二月十六日

10　菊地利兵衛

一　拙者祖父菊地隼人米沢御譜代に御座候。

晴宗様御代之御黒印于今頂戴仕候。貫高は無御座候。御知行は拾八貫文被下置、御町奉行・御郡奉行両役被仰付御奉公仕由承伝申候。委細は不奉存候。

貞山様御代、伏見に久舗被成御座候時分、御家中三ヶ一に被成下並を以、六貫弐拾四文被下置由承伝申候。右隼人嫡子同子加賀に右六貫弐拾四文被下置御奉公仕候。拙者儀寛永八年

貞山様へ湯村勘左衛門を以御奥小性に被召出、御仕着御扶持方弐人分・御切米壱両被下置御奉公仕候処に、貞山様御遠行之年、橋本隼人を以右御扶持方・御切米計にて虎之間御番可仕由被仰付候。義山様御代親加賀隠居願申上候処願之通隠居被仰付、右六貫弐拾四文・御扶持方弐人分・御切米壱両跡式無御相違鴇田駿河を以拙者に被下置之旨、寛永十四年に被仰渡候。同二十一年惣御検地之時分二割出目御切米壱両を御知行七百文に並を以被直下、弐口合七貫九百弐拾四文之高に被成下御黒印頂戴仕候。右御扶持方弐人分九百文に、寛文元年十一月十六日並を以被直下、都合八貫八百弐拾四文之高に被成下御黒印頂戴仕候。以上

延宝五年二月十八日

11　煤孫覚内

一　拙者親煤孫覚内儀南部浪人に御座候。

貞山様御代中島監物・佐々若狭を以被召出、五人御扶持方御知行弐貫六百三拾三文之所右両人を以被下置候。義山様御代寛永廿一年二割出目拝領仕、御知行高三貫百五拾三文に被成下候。慶安四年八月親覚内病死仕に付、同年霜月十九日古内故主膳を以跡式無御相違拙者に被仰付候。然処右五人御扶持方、寛文元年十一月十六日惣御家中並を以、奥山大学・和田半之助を以御知行に被直下、弐貫弐百五拾文に被成下候。并野谷地致拝領、起目新田壱貫四百拾五文、同年同日に右大学半之助を以被下置候。都合御知行高六《ママ》貫八百拾八文之御黒印頂戴仕候。以上

延宝五年三月十六日

一　拙者先祖伊達御譜代之由申伝候得共、祖父以前之儀は不存候。従貞山様御代拙者祖父阿部将監儀御知行五貫六拾五文被下置、其後慶長十一年六月十日に三貫文之御加増被下置、本知行高共に合八貫六拾五文に被成下候由之御黒印、于今所持仕候。何時之比に候哉、飯坂御前松森之城に被成御座候砌、御足軽百人右之将監に被預置為御仕置被相付候由申伝候。然処右之飯坂御前にて、伊達河内殿御子分被御申請候。其以後祖父将監代より親将監代迄河内殿へ御奉公仕罷在候処、寛永十一年七月廿二日河内殿御死去被成候。其翌年之春
貞山様御前へ河内殿にて被召仕候侍日記、奥山故大学・佐々若狭を以差上申候処、御意には右之将監儀先祖より御覚被成者に候間、則被召出可被召仕之由御諚之旨、右両人を以被仰付候間、
貞山様へ親将監佐々若狭を以御目見迄仕候得共、江戸御登前余日無御座候て、進退之御積不被仰付候付、於江戸御意相請可申と、佐々若狭被申候得共、御道中より御病気にて御上着被遊、段々御機色被為重御意相請被申儀不罷成、御遠行被遊付て、一両年無足に罷成、
義山様御代古内故主膳を以右之品々申上候得ば、本知行高之通可被下置之旨御前相済、御検地前は御足目を以被下置、寛永二十一年八月十四日奥山故大学・富塚内蔵丞を以、八貫七百拾五文被下置御黒印頂戴仕候、拙者儀部屋住にて罷在候得共、御用等万御奉公仕罷在候付、親将監古内故主膳を以願申上候は、只今迄は親子御奉公仕罷在候間、子共三右衛門家督被下置度由申上候得ば、願之通拙者に家督無御相違被下置之旨、明暦二年三月廿五日右之主膳を以被仰付御黒印頂戴仕候。以上

延宝五年五月七日

13 奈良坂九太夫

一　拙者祖父奈良坂小左衛門儀奈良坂源左衛門三男御座候処、葛西没落以後牢人付罷在候。右小左衛門嫡子拙者亡父同氏源左衛門、寛永十年十月廿日
貞山様御代伊藤肥前・木村勘助を以御切米弐両・四人御扶持方被下置御歩行御奉公仕候。御遠行以後引続、
義山様へ御奉公仕候。寛永十一年深谷之内鹿又村野谷地拝領、自力を以開之、起目高弐貫五百三拾五文同廿一年八月十四日山口内記を以被下置御黒印頂戴所持仕候。右同所野谷地寛永十九年鴇田駿河を被下置、自分開発之起目高拾壱貫六百拾壱文并御切米・御扶持方地形に被直下度旨願差上候処三貫弐百文に被直下、取合拾七貫三百三拾六文正保三年六月廿三日山口内記を以被下置御黒印頂戴所持仕候。承応二年御普請方見習為申、御歩行組御赦免、前田喜左衛門に被相付旨、古内故主膳・真山刑部を以被仰付、寛文十年迄十八ヶ年相勤申内、深谷之内矢本村・小松村・大曲村・牛網村御蔵新田御取立差引被仰付候。其節茂庭大蔵知行牛網村御蔵入矢本村之境争論大蔵申出に付て、大曲村と矢本村境之儀付不調法有之由にて、同年進退半分被召上役目被召放、八貫六百六拾八文御黒印、寛文十年四月廿七日致頂戴候。延宝二年御国中普請方見届可申旨出入司衆被仰付、以来御役目相勤申候処、延宝七年八月廿一日病死仕、跡式御知行高八貫六百六拾八文拙者に被下置旨、同十月廿二日佐々伊賀を以被仰渡候。先祖委細之儀は嫡孫奈良坂半兵衛方より申上候。以上

延宝八年正月廿八日

14　大窪市兵衛

一　拙者儀寛永五年

貞山様御代御鷹師衆に永島源左衛門を以被召出、御切米壱歩判三切・三人御扶持方被下置御奉公仕候。義山様御代寛永十八年六月田中勘左衛門を以御切米御加増壱歩判五切、右取合弐両に被成下候。寛永十九年十一月右勘左衛門を以御扶持方一人分御加増被下置、右御扶持方取合四人御扶持方に被成下候。明暦元年極月晦日鈴木主税・内馬場蔵人を以御切米弐両・御扶持方壱人分御加増被下置、右取合四両五人御扶持方に被成下候。明暦三年九月右御切米地形に被直下、弐貫八百文へ壱貫弐百弐拾七文御加増被下置、取合四貫弐拾七文・五人御扶持方に被成下候旨、奥山大学を以被仰渡候。

御当代万治四年

貞山様・義山様・御当代迄御奉公仕候品々御後見衆被聞召届、御鷹師組御免被成下之旨右大学を以被仰渡候。寛文元年御扶持方持添之分地形に被直下候刻、右五人御扶持方被直下、本地取合六貫弐百七拾七文に被成下旨、右大学を以被仰渡、寛文元年十一月十六日御黒印頂戴仕候。其後野谷地新田被下候。御定之通御郡司衆書出し、出入司衆末書を以申請開発仕候付、高弐貫三百弐拾七文、寛文六年三月十三日古内志摩を以被下置、本高取合八貫六百四文之所寛文六年十一月廿三日御黒印頂戴仕候。以上

延宝五年三月廿六日

15　桐ヶ窪源六

一　拙者先祖桐ヶ窪治部と申者、伊達御譜代にて御一族並之御奉公仕候由承伝申候。
誰様之御代被召出、御知行何程被下置候哉不承伝候。大崎御陣之節、
貞山様より治部に被下置候御書所持仕候。右治部嫡子同氏但馬代迄御一族並に御奉公仕候処、
貞山様米沢より岩出山へ御移被成置候以後、一年深雪通路不罷成候付、元日之御儀式に不罷出候。其節
貞山様伏見に被成御座、御国之仕置等屋代勘解由に被仰付候。依之御一族被召放、進退をも相減《ママ》、五貫九拾四文に
罷成候て御奉公仕候由承伝候。然処但馬嫡子同氏藤兵衛、
貞山様御代には御歩小性組之御奉公相勤、御切米壱両・御扶持方四人分被下置、大坂両度之御陣に罷登候由承伝申
候。其以後
貞山様御代御歩小性組御免被成下、右御扶持方・御切米を御知行弐貫六拾三文に被直下、但馬進退五貫九拾四文は
右藤兵衛に被下置、藤兵衛進退弐貫六拾三文は但馬隠居分に被成下之由承伝候。誰を以被下置候哉、年号等迄不
承伝候。寛永十七年但馬病死仕、右隠居分弐貫六拾三文之所御加増被成下、合七貫百五拾七文
義山様御代成田木工を以、寛永十九年四月十二日に藤兵衛に被下置候。御書付所持仕候。同廿一年惣御検地之節二
割出目被下置、八貫六百文に被成下御黒印頂戴所持仕候。藤兵衛実子二右衛門眼病相煩御奉公可仕様無御座候付、
拙者儀阿部久兵衛二男に御座候を、幼少より藤兵衛養子に仕、其上右二右衛門実娘に取合家督相続仕度旨、
義山様へ成田木工を以奉願候処、如願之被仰付候。慶安四年に藤兵衛病死仕、同五年二月七日跡式無御相違右木工
披露を以拙者に被下置候。御黒印頂戴仕候。尤
御当代寛文元年に御黒印頂戴所持仕候。以上

延宝七年三月十日

16 宮崎八九郎

一　拙者先祖御譜代之由承伝候得共、
誰様御代拙者先祖被召出候哉不承伝候。私先祖日向之国宮崎之者御座候て、
御先祖様より御奉公仕由承伝候。拙者曽祖父宮崎佐渡・同嫡子左近儀は伊達長井之内にて御知行被下置、右之領地
に住居仕由承伝候得共、御判物等も取持不仕、慥成儀は無御座候。右左近儀御知行高七貫百六拾五文御座候。右
之高は先祖より引続被成下候哉、左近に改て被下置候哉、其段も不承伝候。左近儀
貞山様御代会津へ之御陣に御供仕、於摺上原首二討取、則御目見仕、高名之御帳に被相記之由御座候。其以後高麗
御陣之刻、御小人頭被仰付、御供仕候由承伝候。且又白石御陣之節も首討捕御目見仕候処、兼て之旗悪候由
貞山様御意被成、赤地に白き日本仏之御旗御直に被下置由にて、於于今所持仕候。左近御物頭被仰付、三十ヶ年余
京都・伏見迄御供仕御奉公相勤申由承伝候。年罷寄候付て、御役目訴訟申上御免被成下、六十二歳にて慶長十五
年病死仕候。親兵助十五歳之時茂庭石見を以、右御知行高無御相違被下置候由承伝候。年号之儀は不承伝候。其
後
貞山様御代親兵助儀御奥小性に被召仕、京都・伏見迄御供仕御奉公申上候。其後大坂御陣へも、
貞山様御供仕、両度迄馬上にて御供仕候由承伝候。
義山様御代寛永十八年大御検地被相入候節二割出目被下置、八貫六百文被成下候由承伝候。父兵助延宝三年五月八

日病死仕候。同年八月十九日柴田中務を以、右御知行高無御相違拙者に被下置候。以上
延宝七年三月廿九日

17 山口権太夫

一 山口権太夫祖父恕雲
貞山様御代被召出、御知行七貫百五拾八文被下置、御茶道に被召仕候処死去仕、其子正五郎に跡式無御相違、貞山様御代に被下置、御小性組に被仰付候。御上洛之刻於京都病死仕候。子無御座候付て、恕雲次男五右衛門跡式無御相違、
貞山様御代被下置、御小性組に被仰付候。右何年誰を以跡式被下置候哉不存知候。其已後
義山様御代罷成御領分へ御割被相入砌、二割出之御加増壱貫四百三拾壱文被下置候。本地共合八貫五百八拾九文に御座候。御黒印所持仕候。
義山様御代五右衛門死去仕、其子権太夫跡式無御相違、明暦四年之三月山口内記を以被下置候。権太夫儀十方無御座病気御座候付、拙者共親類御座候間連判を以如斯御座候。以上
延宝五年四月廿一日
富沢権内
伊藤道仙

18　宍戸半右衛門

一　拙者先祖伊達御譜代に御座候。曽祖父宍戸内匠性山様御代御奉公仕候由、先祖何代以前誰様之御代被召出候哉、又は進退何之祖に被下置候哉、其段は不承伝候。祖父宍戸雅楽丞、従貞山様御知行高七貫四拾弐文被下置、江戸御大所御横目御奉公相勤申候処病死仕、跡式実子宍戸弥五右衛門に被下置、鍛冶塗師差引御用被仰付、江戸定詰御奉公仕候。義山様御代迄弥五右衛門儀右御役目被仰付、江戸定詰仕候処病死仕、実子無之弟宍戸雅楽丞御切米弐両・四人御扶持方被下置御作事方御買物御用被仰付、江戸定詰仕罷在候処、右弥五右衛門跡式知行高七貫四拾弐文被下置、弥五右衛門相勤申候御役目直々被仰付、江戸壱ヶ年詰御奉公相勤申候。其節宍戸雅楽丞御切米・御扶持方は被召上候。右之通段々承伝を以如斯に御座候。
御同代惣御検地之節二割出被下置、高八貫四百四拾弐文被成下候。寛永二十一年八月十四日御黒印頂戴仕候。
御当代実父宍戸雅楽丞隠居願指上、願之通被仰付、知行高八貫四百四拾弐文之所引続拙者に被下置旨、富塚内蔵丞を以寛文十一年五月十五日被仰渡、御黒印頂戴仕候。
御同代切添高百弐拾六文大条監物を以延宝元年十月廿九日被下置、高合八貫五百六拾八文に被成下候。先祖家督段々相続仕候年月等不承伝候。以上
延宝五年二月廿三日

19　斎藤彦右衛門

一　拙者祖父斎藤彦右衛門儀
貞山様岩出山に被成御座候時分、屋代勘解由を以被召出、御合力被下置候。其以後鈴木和泉を以御知行七貫百三拾五文被下置候。御黒印頂戴仕候。右御合力は被召上候由承伝候故、右御合力之員数、且又御知行何度に如何様之品を以拝領仕候哉不承伝候。右之彦右衛門嫡子拙者親同氏勘平儀
御同代御歩小性衆に被召出、父子共に御奉公仕候。然処祖父彦右衛門家督には嫡孫に付拙者を相立申度由右彦右衛門申上、願之通馬場出雲を以被仰付、右彦右衛門儀寛永二年十月十七日に病死仕候付、同三年三月十三日跡式無御相違拙者に被下置旨、馬場出雲を以被仰渡、其以後
義山様御代に寛永廿一年惣御検地之節二割出目被下置、都合八貫五百六拾弐文に被成下候。御黒印頂戴仕候。拙者幼少之時分苗跡被仰付候間委細不承置候。以上
延宝五年四月三日

20　岡善兵衛

一義山様御小座之時分、古内故主膳を以拙者儀被召出、無足にて七ヶ年京都・江戸之御奉公相勤申候処、寛永十弐年三月御切米弐両・四人御扶持方被下置、御歩行衆被仰付、同十四年要山様へ被相付、御歩目付被仰付、正保四年十二月廿五日、四貫七百八拾弐文之地山口内記を以拝領仕候。右之御切米・御扶持方寛文元年十一月十六日に惣並を以拙者にも直被下、右高取合七貫七百弐拾五文地御黒印所持仕候処、地付切添八百弐拾五文之地延宝元年十

月廿九日柴田中務・大条監物を以被下置之旨被仰渡候。御知行高八貫五百五拾文御座候。以上

延宝五年二月廿八日

21 片平伝右衛門

一 拙者曽祖父片平加賀伊達御譜代之由承伝候。誰様御代被召出候哉不承伝候。加賀子同氏次兵衛は拙者祖父御座候。貞山様御代より御奉公仕、御知行四貫六百拾九文被下置被召仕候。年月誰を以御知行被下置候哉、其段は不承伝候。

次兵衛嫡子親伝右衛門儀貞山様御代より別て御切米三両・四人御扶持方被下置被召仕候。是又何時誰を以被召出候哉不存候。明暦元年九月廿五日祖父次兵衛病死仕候砌、親御切米・御扶持方御知行三貫九百文被直下、祖父次兵衛御知行四貫六百拾九文都合八貫五百拾九文之高に被成下之旨、同弐年三月廿五日真山刑部・山口内記を以、祖父次兵衛跡式親伝右衛門立被下候由被仰渡御奉公仕候処、万治二年九月三日親伝右衛門病死仕候付、同年極月十一日大条兵庫を以、跡式無御相違嫡子拙者に被下置之由被仰渡、右八貫五百拾九文之御黒印頂戴仕候。以上

延宝五年四月廿四日

22 十二村助内

一 拙者祖父西川助左衛門儀会津盛氏へ御奉公仕候処、

貞山様会津御手に入候節、会津之内北方十二村と申所知行之通無残、天正十七年七月廿四日に被下置被召出候。御朱印于今所持仕候。名字改在名被仰付、十二村被成下候。
貞山様岩出山へ御移被成置候節御供仕候処、御知行高弐拾壱貫七拾五文被下置候。其後伏見に被成御座候節、屋代勘解由を以惣侍並に知行三ヶ一被召上、残御知行七貫弐拾五文慶長九年十一月廿一日に被下置、御黒印所持仕候。右助左衛門隠居願上、嫡子助太夫に跡式無御相違被下置候。誰を以被下置候哉不奉存候。
義山様御代惣御検地之節二割出目を以、高八貫五百文に被成下、御黒印所持仕候。助太夫老衰仕隠居願上申候処、願之通寛文六年三月十九日柴田外記・富塚内蔵丞を以拙者に無御相違被下置、御黒印頂戴仕候。以上
延宝五年二月五日

23　桜田弥兵衛

一　拙者祖父桜田左馬儀桜田参河二男御座候。
貞山様御時伊達郡松沢村にて、御知行百貫文被下置御奉公相勤候処、為御意娶候妻相除申候付て進退被召上、相馬へ相越罷在、伊達御国替御当地御出之後被召返、名取郡小豆島にて御知行三拾貫文被下置候処、屋代勘解由執権之刻不調法之儀御座候て、右御知行高之内七貫文被下置、残所被召上之由申伝候。右参河嫡子桜田玄蕃儀は伊達遠江守様へ被相附予州へ罷越候。

義山様御代右左馬隠居被仰付、跡式無御相違嫡子拙者親正左衛門に被下置、寛永年中惣御検地之時分二割出被下、本地合八貫五百文に被成下御黒印所持仕候。隠居仰渡之御申次・年月等は不承置候条不申上候。

御当代寛文九年五月十八日右正左衛門隠居願申上、跡式無御相違拙者に被下置候旨、同年七月二日柴田外記を以被
仰渡、勿論御黒印頂戴所持仕候。右桜田参河儀
誰様御代如何様之品にて被召出候哉、其段一切不承伝候。以上

延宝五年二月十七日

24　医師　武田又右衛門

一　拙者養祖父武田伝吉儀御知行七貫百文被下置、
貞山様へ御奉公申上候。勿論先祖より代々御奉公仕候由承伝候得共、先祖何時より御知行被下成《ママ》候哉、一円承伝不
申候。寛永十五年
義山様御代右伝吉儀致法躰候て道入と改名仕、右御知行七貫百文之所は実子同氏伝六に被下置度由申上候処、如願
被仰付、道入儀医師に罷成、仙台屋敷別て致拝領罷在候内、若林御薬園守被仰付候。伝六儀右御知行被下置御奉
公相勤申候内、
義山様御代惣御検地以後二割出目壱貫四百文被下置、取合八貫五百文之高に被成下候。寛永廿一年八月十四日之御
黒印頂戴所持仕候。然ば伝六儀実男子無御座候付、依親類拙者を聟苗跡に仕度候。私儀安田甚左衛門弟に御座候
処、別て御切米三両・四人御扶持方被下置、江戸定御供御奉公仕候間、伝六存生之内は父子隔々に御奉公可仕由、
義山様御代古内故主膳を以申上候処、万治元年四月廿六日右主膳を以如願之被仰付、父子共に御奉公申上候。然処
御当代寛文四年十一月十九日伝六儀就病死仕候跡式拙者に被下置度由親類共願申上候処、御知行八貫五百文之所無

御相違被下置、私御切米・御扶持方は被召上候旨、寛文五年二月廿三日大条監物を以被仰付候。拙者儀養父伝六にも親類に御座候得共、先祖之儀委細承伝不申候。以上
延宝五年二月廿七日

25　小野惣兵衛

一　拙者曽祖父小野新助儀於米沢御奉公仕候由申伝候。右新助実子拙者祖父同氏惣兵衛儀御知行七貫六拾弐文被下置、従
貞山様御代義山様御代迄御納戸御用引続相勤申候。右之御知行
誰様御代曽祖父拝領仕候哉、又祖父拝領仕候哉其段は不承伝候。然処寛永十七年右惣兵衛病死仕、其節前古内主膳を以右跡式御知行無御相違、拙者親八兵衛に被下置候。
義山様御代御検地被相通候砌、二割出目壱貫四百三拾八文被下置八貫五百文之高に被成下候。右八兵衛万治四年に駒ヶ嶺御境目於役所病死仕候。拙者儀八兵衛実子に御座候付、跡式御知行無御相違被下置候旨、
御当代万治四年四月廿三日奥山大学を以被仰付、御奉公相勤申候。拙者知行高八貫五百文御座候。勿論右高被下置候。
御当代之御黒印頂戴所持仕候。以上
延宝四年十二月十三日

26 新田藤右衛門

一 私先祖伊達御譜代之由御座候得共、誰様御代先祖誰を被召出候哉、年久御事に御座候得ば、祖父以前之儀は承伝不申候。貞山様米沢に被成御座候時分、祖父新田孫六御知行七貫文被下置御奉公申上候。孫六死去以後、嫡子私親同苗市兵衛に右御知行無御相違、従貞山様被下置御奉公申上候。年号・御申次不承伝候。義山様御代惣御検地之節二割出拝領仕、八貫四百八拾文に罷成候。綱宗様御代之時分親市兵衛歳寄御奉公務兼申に付隠居被仰付被下度旨、奥山大学を以御披露申上候処、願之通無御相違親跡式万治弐年正月十一日拙者に被下置御黒印頂戴仕候。以上

延宝五年五月四日

27 高成田茂兵衛

一 拙者曽祖父高成田大学助伊達御譜代にて、晴宗様御代天文廿二年正月十七日上長井之庄為御替地米沢郷女ヶ島郷被下置、御黒印頂戴所持仕候。然処右進退如何様之品にて御座候哉中絶仕候。品不承伝候。貞山様御代嫡子祖父高成田大学助原田左馬助を以被召出、御知行六貫六百五拾七文被下置外、桃生郡深谷鹿又村にて野谷地被下、開発次第に右御知行へ取合都合三拾貫文之高に可被成下段、元和二年長尾主殿を以被下置候。御

金山奉行被仰付、右三拾貫文之進退御奉公相勤罷在候。尤御知行御役金等上納仕候も、高三拾貫文之内にて御差引被召上候証文所持仕候。右大学助慶長十六年病死仕候。親高成田茂兵衛に跡式無御相違原田甲斐を以被下置、右野谷地之内四百九文起目之所右本地へ取合、七貫七拾九文に結被下、弥起次第三拾貫文之高に可被成下、御黒印有之由寛永十二年三月十日加藤喜右衛門・高城外記書出御蔵へ相納、漆山覚右衛門・中山源太夫・平正助・黒沢久左衛門・渋川久右衛門書替所持仕候。其後起残之野谷地北上洪水節々仕起兼申候処、義山様御新田に被召上候。其節御納戸御用被仰付、在江戸御番明罷下御替地被下度段訴訟申上候得共不被下置候。寛永廿年惣御検地二割出目被下、御知行高八貫四百七拾九文被成下、数年右御用相勤申候処、明暦二年病死仕候。拙者に跡式無御相違同年八月九日原田甲斐を以十二歳より被下置候。御知行八貫四百七拾九文之御黒印、寛文元年十一月十六日奉頂戴候。祖父大学助被召出候年月、親茂兵衛に迹式被下置候年月は、幼少之節にて分明覚無御座候間承伝有増申上候。以上

延宝五年三月十三日

28　十二村藤左衛門

一　拙者祖父関太郎左衛門儀会津譜代に御座候。貞山様御代右太郎左衛門被召出、御知行高五貫弐百九拾八文被下置候。其後御加増に御切米壱分判壱切銀十五匁三分・四人御扶持方被下置候。太郎左衛門儀老衰仕、隠居願申上候処、願之通被成下候。跡式無御相違亡父藤左衛門に被下置候。勿論御申次・年号不奉存候。名字改可申由被仰付十二村に被成下候。

義山様御代惣御検地之砌二割出目被下置、高六貫三百七拾三文に被成下候。亡父藤左衛門儀、寛文元年十月六日病死仕候。跡式無御相違、寛文二年二月十七日奥山大学を以拙者に被下置候。惣御下中御知行御切米・御扶持方持添之分御知行に被直下候節、右御切米・御扶持方寛文二年六月十日弐貫八拾文に被直下、都合八貫四百五拾三文之高に被成下候。御黒印頂戴仕候。以上

延宝五年三月七日

29 遠藤十郎兵衛

一 私先祖永井御譜代に御座候。貞山様御代に親遠藤左馬丞儀被召出、伊藤肥前を以御知行七貫四拾八文被下置御奉公仕候処、寛永廿年に左馬丞病死仕候間義山様へ古内主膳御披露之上、家督同年霜月十日に右主膳を以跡式無御相違拙者に被下置候。寛永廿一年惣御検地之砌二割出目拝領仕、八貫四百四拾八文之高に被成下、御黒印御当代迄二通頂戴仕候。親被召出候年月は不奉存候。以上

延宝五年三月七日

30 大窪八右衛門

一 拙者曽祖父佐藤二兵衛と申者二男佐藤竹千代、

貞山様御代伊達御住居被成置候時分、西大窪藤右衛門と申者壻名跡に為御意被仰付、右藤右衛門名跡永代相続可申由、天正十八年に御朱印被下置、唯今に所持仕候。右二兵衛儀御奉公仕候哉、無足に御座候哉、品々不奉存候。且又西大窪之先祖、

誰様御代被召出候哉不承伝候。其以後右竹千代、西之一字相除申候て、大窪八右衛門と改名仕候。知行高五貫文に御座候。西之一字相除申候品は不奉存候。其節松島に御住持無御座候付、彼地御仕置可仕由被仰付、十ヶ年余妻子共に取移罷在候内、於松島元和九年に病死仕候。跡式無御相違同年茂庭佐月を以親八右衛門に被下置、右御用引続十ヶ年程相勤申候。右之役目御免被成置、小鹿中御郡代官三十ヶ年余相勤申候。

義山様御代惣御家中並に二割出目被下置、高六貫文に被成下候。御印黒頂戴仕候。

御同代野谷地宮城郡市川村にて申受開発、高弐貫四百四拾七文之所、明暦四年山口内記を以拝領仕、高八貫四百四拾七文に罷成候。御黒印頂戴仕候。右御郡代官御免被成置、遠田郡米岡御城代被仰付、五ヶ年余相勤申候。彼是御役目相務申候年数、取合四十五ヶ年首尾能相勤申候由にて、

御当代に罷成寛文二年奥山大炊を以御加増之地壱貫五百五拾三文被下置高拾貫文に被成下候。御黒印頂戴仕候。然処親八右衛門寛文十年に病死仕、跡式無御相違同年六月十九日原田甲斐を以拙者に被下置、御黒印頂戴仕、御国御番被仰付罷在候。拙者弟に二瓶弥五兵衛と申者少進にて定御供仕候付、親八右衛門存生之内願に御座候は、右拾貫文之内御加増に被下置候通は、弥五兵衛に分ヶ申度由申置候付、親遺言仕候通申上候処、右御加増之地壱貫五百五拾三文之所は、願之通弟弥五兵衛に分被下旨、寛文十三年六月六日に柴田中務を以被仰付候。依之拙者知行高八貫四百四拾七文に御座候。未御黒印は頂戴不仕候。以上

延宝五年四月廿日

31 大塚源七郎

一 拙者先祖伊達御譜代に御座候て、御知行高六貫七百五拾弐文被下置御奉公仕候。右御知行誰様御代被下置候哉不承伝候。拙者曽祖父大塚新左衛門実子就無之、高野靭負弟源七郎と申者養子に仕度由、貞山様御代に奉願候処、願之通苗跡に被仰付、大塚源七郎と申候。其節之御申次は、誰に御座候哉不承伝候。右源七郎嫡子大塚新左衛門拙者実父に御座候。右新左衛門儀義山様御代に古内主膳を以申上改名被仰付、大塚縫殿助と申候。御同代寛永年中惣御知行二割増出目にて、高八貫四百四拾文に被成下候。御当代寛文二年に親縫殿助病死仕候付て、跡式同年十一月十六日奥山大学を以無御相違拙者に被下置、引続御国御番仕候。尤御黒印も頂戴仕候。以上

延宝五年二月十八日

32 遠藤次兵衛

一 拙者先祖米沢御譜代に御座候。私祖父遠藤孫十郎儀貞山様御部屋住之砌御奉公仕、米沢之内永井手之子館に被差置候。然処性山様御意に相背進退被召上浪人仕他国に罷在候内、

性山様御遠行被遊候。右孫十郎儀も病死仕候。拙者親遠藤次助儀右孫十郎嫡子に御座候処、御当地へ罷越、依親類
蟻坂丹波・上郡山内匠を相頼、丹波所に罷在候処、
貞山様御代茂庭了庵を以御不審御免被成下、寛永元年に伊藤肥前を以御扶持方四人分被下置、御国御番御村御用等
相勤申候。其後寛永十七年
義山様御代御切米弐両被下置、且又本栗原郡中村にて野谷地申受自分開発、起目五貫四百九拾三文之所、
義山様御代正保三年六月廿三日山口内記・真山刑部・和田因幡を以被下置、御切米弐両・四人御扶持方御知行五貫
四百九拾三文に被成下候。親次助儀明暦二年四月病死仕候。跡式無御相違拙者に被下置段、
御同代同年六月十三日山口内記・真山刑部を以家督被仰付候。其以後御下中御知行持添之御切米・御扶持方御知行
に被直下候砌、寛文元年に御切米弐両・四人御扶持方之所御知行高弐貫九百四拾三文に被直下、都合八貫四百三
拾六文に被成下、
御当代寛文元年十一月十六日御黒印頂戴仕候。以上
延宝五年正月十六日

編著者紹介

相原 陽三(あいはら ようぞう)

昭和8年(1933)仙台市生まれ。

『仙台藩家臣録』全5巻を佐々 久先生とともに編集。

元 仙台市立川平小学校校長

仙台市史編さん室嘱託

仙台郷土研究会理事

宮城歴史教育研究会員

仙台藩家臣録 第三巻

1978年9月30日 初刷発行

2018年12月7日 第二刷発行

定 価——(全六巻揃)本体25、000円+税

編著者——相原陽三

発行者——斎藤 勝己

発行所——株式会社東洋書院

〒160-0003 東京都新宿区四谷本塩町15-8-8F

電 話 03-3353-7579

FAX 03-3358-7458

http://www.toyoshoin.com

印刷所——株式会社平河工業社

製本所——株式会社難波製本

落丁本乱丁本は小社書籍制作部にお送りください。

送料小社負担にてお取り替えいたします。

ISBN978-4-88594-524-3